U0556842

中国商事
制度改革
丛书

中国
营商环境
调查报告
（2022）

数字政府与"放管服"改革

徐现祥 毕青苗 周荃／编著

社会科学文献出版社
SOCIAL SCIENCES ACADEMIC PRESS (CHINA)

前　言

党中央、国务院高度重视"放管服"改革优化营商环境工作。自2015年5月12日国务院召开全国推进简政放权放管结合职能转变工作电视电话会议正式提出"放管服"改革以来，国务院每年印发"放管服"改革重点任务分工方案，确保重点任务落到实处。在国家社科基金专项"深化营商环境建设研究"（18VSJ069）和国家社科基金重大项目"现代信息技术驱动的我国营商环境优化研究"（20&ZD071）的资助下，课题组在2018年至2021年连续开展了四轮全国实地调研，持续追踪记录我国"放管服"改革的新进展和新问题。其中，第四轮调研在2021年7月至8月进行，覆盖全国14省26市。基于实地调研的一手素材，课题组撰写汇编《中国营商环境调查报告（2022）》。

《中国营商环境调查报告（2022）》由四个部分构成。第一部分为总报告，概述我国"放管服"改革的整体最新进展、面临的主要问题。第二部分为专题篇，从市场准入、市场监管、线下政务服务、数字政府建设、市场主体获得感、市场主体成长、公平竞争环境等七个方面详细报告我国2021年的"放管服"改革进展。第三部分为调研纪实篇，从市场主体的视角，记录了13省24市的"放管服"改革现状。第四部分为附录，包含理论框架、实地调研、相关数据等内容。

《中国营商环境调查报告（2022）》的主要发现如下：

2021年，市场主体登记注册时长平均为5.6天，较2018年下降1.4天；

2021 年，66%的市场主体经历上门检查，较 2020 年降低 17 个百分点；

2021 年，51%的市场主体"最多跑一次"，较 2018 年提升 21 个百分点；

2021 年，数字政府的使用率接近 60%，进入大规模使用阶段；

2021 年，数字政府的好用率约为 40%，尚未进入大规模好用阶段；

2021 年，91%的市场主体认为改革措施能节省与政府打交道的时间，较 2018 年提升 5 个百分点；

2021 年，13%的市场主体遇到过不公平竞争，其中，34%选择不作处理；

2018～2021 年，广东、上海、浙江、北京、江苏、福建 6 省市的营商环境认可度稳居全国前六；

市场主体的创业、创新、就业和业绩情况在 2019～2021 年呈"V"形恢复态势。

2018～2021 年全国"放管服"改革需求侧进展简表

一级指标	二级指标	三级指标	2018 年	2019 年	2020 年	2021 年
放管服	市场准入	完成登记注册所需时间(天)	7.0	6.9	6.2	5.6
		完成登记注册所需窗口数量(个)	1.8	1.8	1.7	1.7
		认为办理营业执照更快捷的市场主体占比(%)	75	81	78	
		办理许可证的数量(个)	2.0	1.8	1.8	1.8
		办理许可证所需最长时间(天)	26.5	21.7	17.7	
		认为办理许可证数量减少的市场主体占比(%)	37	25	21	16
	市场监管	国家企业信用信息公示系统使用率(%)	66	66	70	68
		被上门检查的市场主体占比(%)	79	81	83	66
		被上门检查次数增多的市场主体占比(%)	30	35	28	23
		被上门检查部门数量增多的市场主体占比(%)	20	24	20	15
	线下服务	进驻部门数量(个)	20.0	19.2	18.7	27.0
		窗口开放率(%)	92	85	85	81
		"最多跑一次"的市场主体占比(%)	30	42	44	51
		"一窗办理"的市场主体占比(%)	68	67	69	69
	数字政府	网上办事大厅和移动端办事系统想用率(%)		92	93	88
		网上办事大厅和移动端办事系统知晓率(%)	59	69	77	77
		网上办事大厅和移动端办事系统使用率(%)	42	53	62	59
		政务服务一体机数量(台)		1.1	1.7	1.8
		政务服务一体机上进驻部门数量(个)			5.4	10.2
	主观感受	认为与政府打交道时间降低的市场主体占比(%)	86	87	89	91
		认为与政府打交道费用降低的市场主体占比(%)	65	72	74	91
		认为商事制度改革对经营有积极影响的占比(%)	60	66	62	64
	经济绩效	过去半年员工增加的市场主体占比(%)		34	23	23
		过去半年进行创新的市场主体占比(%)		44	35	39
		过去半年业绩变好的市场主体占比(%)		49	27	38
	公平竞争	企业对本地公平竞争环境的打分(分)				79
		在与政府职能部门或其他企业打交道的过程中遇到不公平的企业占比(%)				13
		面临不公平竞争时,不进行处理的企业占比(%)				34

注：为使历年数据可比，课题组对 2018 年指标的计算方式进行了更新。

目　录

总　报　告

专　题　篇

调研纪实篇

附　录

总报告

全国"放管服"改革需求侧建设概况

一 报告概览[*]

2015 年 5 月 12 日，国务院召开全国推进简政放权放管结合职能转变工作电视电话会议，正式提出"放管服"改革，至今已经六年多。为考察全国"放管服"改革的进展，自 2018 年起，课题组连续四年实地走访全国 28 省 141 市的 462 个政务服务中心，面对面访谈 2.06 万家市场主体，真实记录市场主体的声音，从市场主体需求侧的视角持续追踪考察"放管服"改革的新进展和新问题。

基于连续四年的实地访谈，课题组发现，2018~2021 年我国"放管服"改革取得的主要进展有五个。一是企业开办更便利。2018~2021 年，完成登记注册平均耗时从 7 天减少至 5.6 天，实现"一天注册"的市场主体从 20%增加至 29%。二是信用监管显成效。2018~2021 年，被上门检查的市场主体比例从 79%下降到 66%。2021 年使用国家企业信用信息公示系统的市场主体比例达 68%。三是服务效率持续提升。2018~2021 年，线下"最多跑一次"的市场主体比例从 30%大幅提升至 51%；数字政府使用率从 42%提升至 59%，进入大规模使用阶段。四是助力"六稳""六保"见实效。2021 年，面对新冠肺炎疫情带来的罕见冲击，企业创业热情不减，新增市场主体占随机访谈样本的 17%；就业大局稳定，企业就业增长指数比上年

＊ 执笔人：张永光、符舜、刘懿瑾、毕青苗。

· 3 ·

提升 3 个百分点；企业业绩增长指数比上年提升 14 个百分点。五是企业获得感不断增强。2018~2021 年，认可"放管服"改革能节省与政府打交道的时间的市场主体比例从 86% 提升至 91%，认可"放管服"改革能节省与政府打交道的费用的市场主体占比从 65% 提升至 91%。

根据受访的市场主体反馈，上海、广东、北京、浙江、江苏、福建的营商环境排名近四年稳居全国前六。

同时，课题组也发现，"放管服"改革主要面临五个问题："减证"工作进入瓶颈期，数字政府建设还不够充分、不够好用，各地"放管服"改革进展差距较大，市场主体面临"成长难"，遇到不公平竞争时不作处理的市场主体多。

二 全国"放管服"改革的进展

（一）企业完成登记注册耗时持续压缩

1. 登记注册5.6天，四年压缩1.4天

本报告根据市场主体登记注册年份、登记注册所需时间的访谈数据，计算每年新登记注册的市场主体完成登记注册平均所需时间。如图1所示，2018 年市场主体平均需要 7.0 天完成登记注册；2019 年有小幅进步，平均耗时降至 6.9 天；到 2020 年，平均耗时进一步压缩至 6.2 天；到 2021 年已经压缩至 5.6 天，压缩企业开办时间工作取得了显著进展。

2. 29%的市场主体"一天注册"，四年提高9个百分点

本报告进一步计算，在每年受访的新登记注册市场主体中，只需一天即可完成登记注册的比例。如图 2 所示，在 2021 年的受访市场主体中，有 29% 表示可以实现一天登记注册。这一比例较上年提高了 5 个百分点，较 2018 年提高了 9 个百分点。"一天注册"进展成效显著。

从实地访谈来看，市场主体普遍感受到登记注册时间缩短带来的便

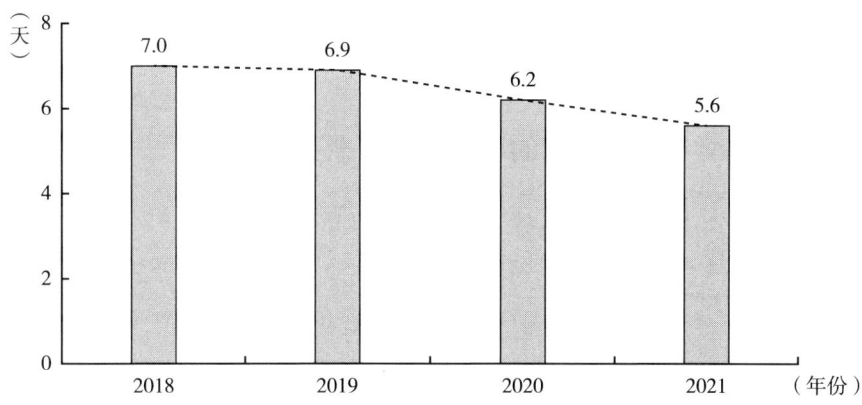

图 1 2018~2021 年市场主体登记注册所需时间对比

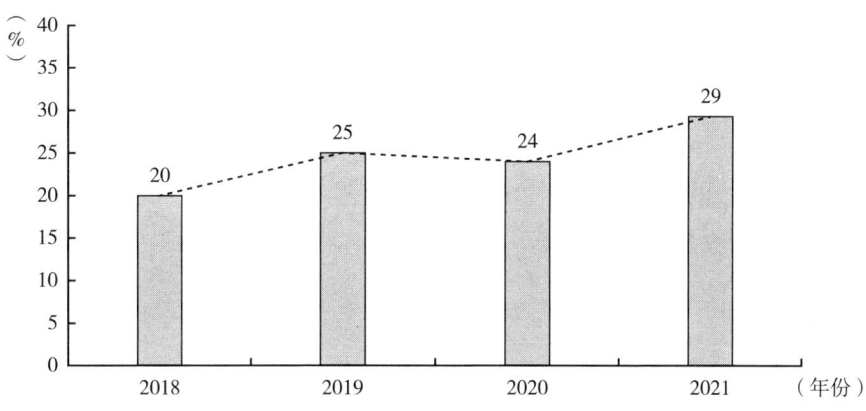

图 2 2018~2021 年市场主体"一天注册"比例对比

利。在东部地区，浙江省金华市的市场主体反映，"以前注册企业，拿到营业执照至少需要三四天，甚至一个月，现在拿营业执照基本只要跑一趟，花半小时到一小时，效率大大地提高了"。另一位正在办理业务的市场主体也表示，"我们也不懂这些，都是窗口的人教我们，拿证很快，一个上午就办好了，我就在这里等它打印出来"。广东省广州市的一位市场主体表示，"现在比之前快多了。原先注册企业至少得一个月，而且还要先办齐各类证件才能营业，现在办一个营业执照也就一天，后续的证件可以在营业后补齐，更方便了"。在西南地区，贵州省毕节市的大部分市场主体也有同样的感受，都表示"现在很快的，不需要多少天，一天能弄好"。

（二）企业被上门检查的比例大幅减少

1. 66%的市场主体被上门检查，比2020年下降17个百分点

数字时代下，智慧监管是当前监管创新的主要方向。在调研中，课题组访问市场主体"过去一年，您所在的企业有被政府职能部门上门检查过吗"，根据受访市场主体的反馈，如图3所示，过去一年间66%的受访市场主体表示有过被政府部门上门检查的经历，相较2020年下降17个百分点。这表明，各地推行的信用监管、"互联网+监管"等开始显现成效，对市场主体"无事不扰"。

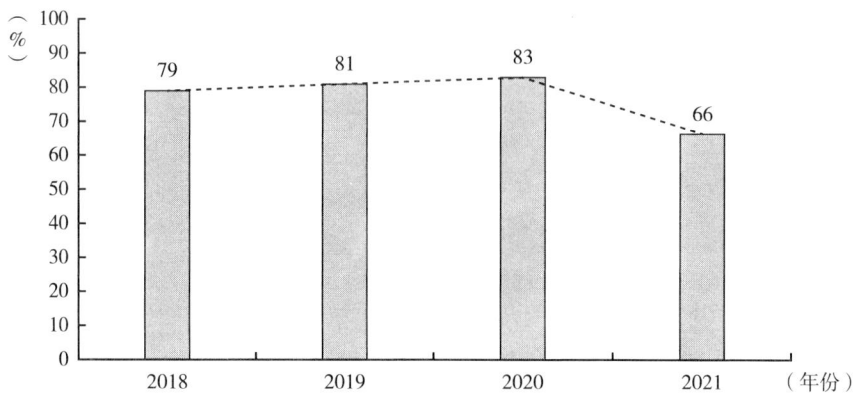

图3 2018~2021年受访市场主体有过被政府部门上门检查经历对比

2. 96%的市场主体认为政府部门的检查处理合理

在调研中，谈及政府部门的检查处理是否合理时，如图4所示，72%的受访市场主体认为政府部门的检查处理合理，24%认为比较合理，仅有4%认为不太合理。这较大程度上表明了市场主体对政府部门检查处理方式的认可。

从实地调研来看，市场主体普遍表示愿意配合政府部门的上门检查。东

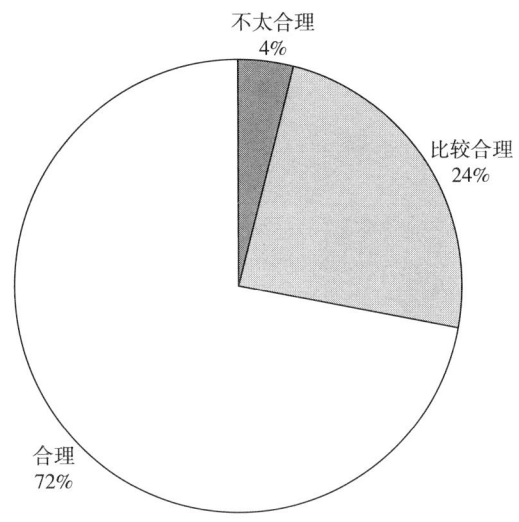

图4　2021年市场主体认为政府部门的检查处理是否合理情况

部地区的一位受访者表示，"当地政府对企业是很关心、很支持的。平时会来看看企业经营状况，问有没有需要帮助的地方，之前疫情还给我们提供了口罩，有时候还会给发展得好的企业奖励"。

（三）线下线上政务服务效率持续提升

1. 51%的市场主体"最多跑一次"，首次过半

在调研中，课题组访问市场主体"在过去半年，您来这个办事大厅办成一件事大致需要跑几次"，据此计算"最多跑一次"的市场主体占比情况。如图5所示，2018年，30%的受访市场主体表示办成一件事只需要跑一次，2019年这一比例增加至42%，2020年进一步上升至44%，2021年提升至51%，比四年前提高21个百分点，占比首次过半。这表明，2021年"最多跑一次"改革取得了明显的成效。

2. 46%的市场主体"半小时办结"，比2020年提升14个百分点

在问及市场主体"在过去半年，您来这个办事大厅办事每次大概几小时（不含交通时间）"，如图6所示，2021年有46%的市场主体表示办一件

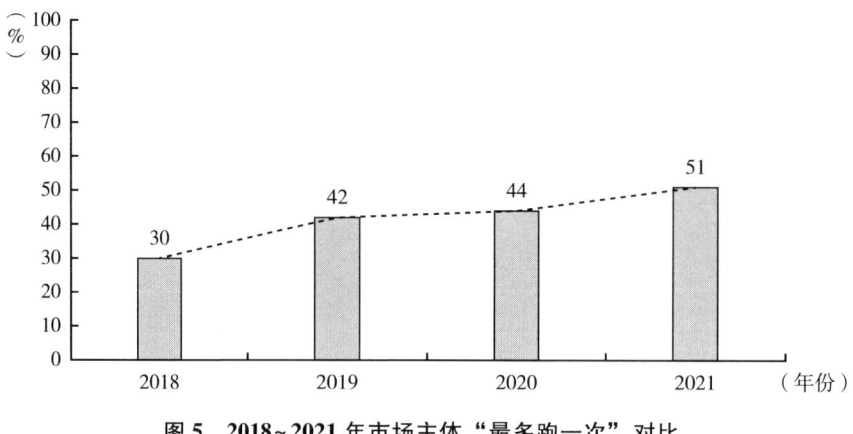

图 5　2018~2021 年市场主体"最多跑一次"对比

事需要三十分钟，较 2019 年提高了 13 个百分点。这表明，有接近一半的市场主体能够在三十分钟内办完一件事，办事效率大幅提高。

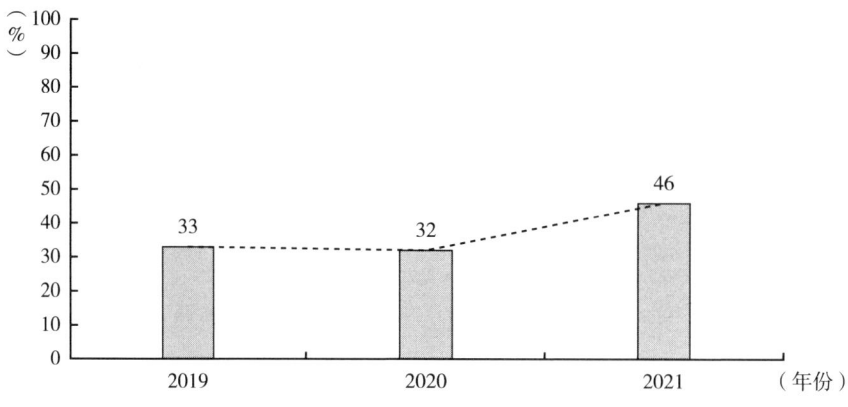

图 6　2019~2021 年市场主体半小时办结率对比

　　受访市场主体对线下政务服务大厅的办事效率提升表示肯定。湖南省怀化市的一位市场主体表示，"资料齐全的话十几二十分钟就能办理完成"。浙江省丽水市的一位市场主体也表示，"跟以前相比，现在真的是好多了。以前办一件很容易的事情，他就是知道你不会，才高高在上地给你办事，还让你多跑几次。现在办事很快，只用跑一次，有什么不满意的也可以投诉"。另一位浙江省丽水市的市场主体表示,"办证快啊,都不用一个小时,十几二十几分钟,拿材料到这里签字盖章就行了"。北京市西城区前来办事的群众普遍反映,在大厅办理整个业务所需时间基本都在半个小时以内,最多一个小时左右就能解决。贵州省毕节市的一位受访者夸赞道,"他们(工作人员)真的挺快的,材料交过去,十几分钟就可以了"。江苏常州、安徽淮北、广西钦州、浙江金华等多地的市场主体均表示办一件事只需要十几分钟,最长不会超过一个小时,办事大厅高效的业务办理给他们带来了很大的便利。

3. 59%的市场主体使用数字政府,数字政府处于大规模使用阶段

本报告将使用数字政府的市场主体占比定义为使用率。如图7所示,当被问及"您有在电脑上或手机上办理过业务吗"时,在2021年全国受访市场主体中,59%表示使用过数字政府,全国数字政府使用率较2019年提升了6个百分点,使用率连续两年保持在六成左右,数字政府进入大规模使用阶段。

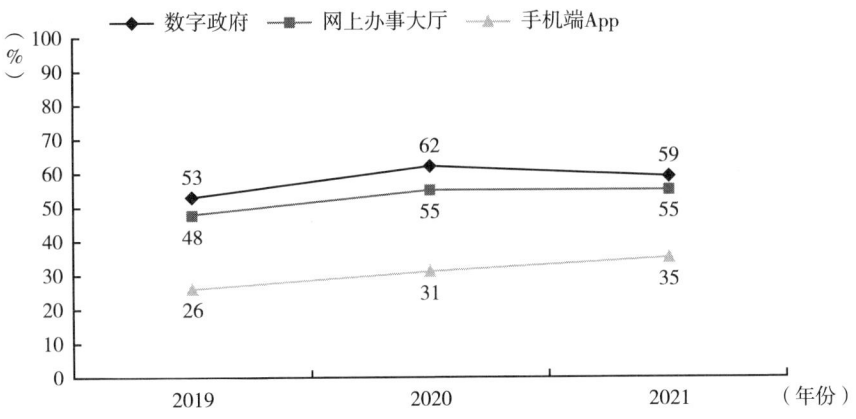

图7　2019~2021年数字政府的使用率对比

从不同平台来看,手机端App的使用率显著提高。2021年手机端App办事平台使用率为35%,较2020年提升了4个百分点,较2019年提升了9个百分点,手机端建设速度较快。

4. 超过30%的市场主体"一网通办"

"一网通办"是指打通不同部门的信息系统,办事群众只需操作一个办

事系统，就能办成不同领域的事项。本报告将市场主体中只使用一个办事系统的比例定义为"一网通办"。如图 8 所示，2021 年，31%的市场主体实现了"一网通办"，较 2019 年提升了 2 个百分点。四川省的一位市场主体表示，"从前小程序、App 都不知道用哪一个，现在基本上都能从这个 App（天府通办）上办，方便多了"。

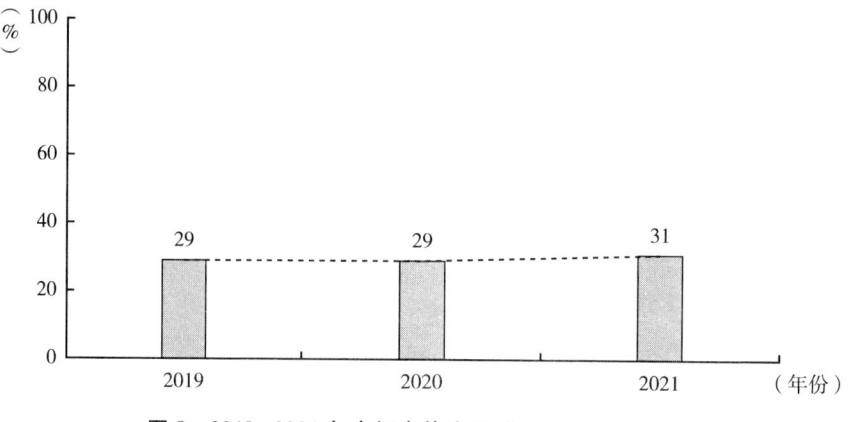

图 8 2019~2021 年市场主体实现"一网通办"对比

注：2019 年和 2020 年，一网通办率的计算方式为"手机端和电脑端使用的办事系统数量均不超过 1 个的市场主体占比"；2021 年，一网通办率的计算方式为"手机端或电脑端使用的办事系统总数为 1 的市场主体占比"。

三 全国"放管服"改革的成效

（一）助力保企业、稳就业、保增长显成效

1.市场活力恢复，2021 年新注册市场主体较 2020 年提高 7 个百分点

面对新冠肺炎疫情带来的罕见冲击，市场主体创业活力不减。如图 9 所示，在 2021 年 7~8 月全国调研随机访谈的市场主体中，2021 年 1~7 月新登记注册的市场主体占随机访谈样本的 17%。我们把当年 1~7 月注册的企业定义为当年新注册企业，如图 10 所示，2019~2021 年的当年新注册企业占

随机样本的比例分别为13%、10%和17%，呈现出明显的"V"形回升趋势，市场活力正在恢复。

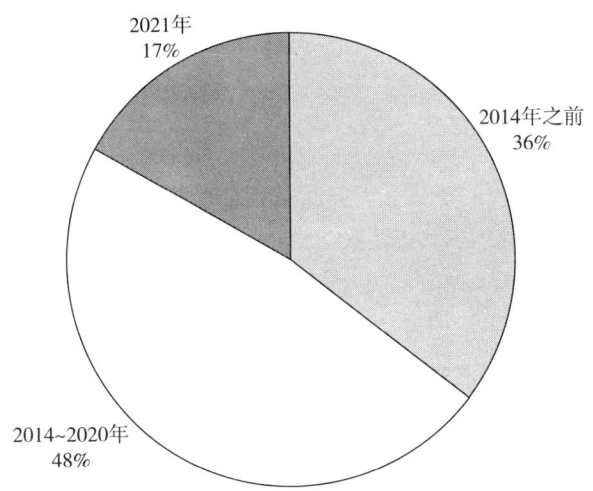

图9　2021年市场主体登记注册年份占比情况

注：本报告的数值保留至个位，故可能出现总和不为100%的情况。

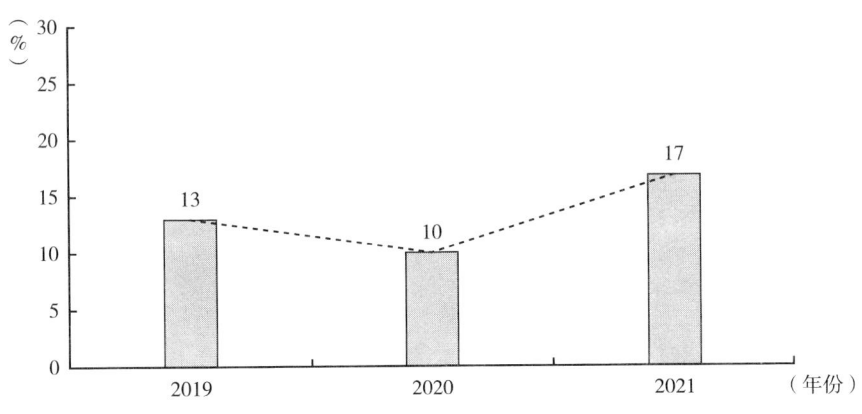

图10　2019~2021年新注册企业占比情况

2. 就业大局稳定，企业就业增长指数较2020年提高3个百分点

就业增长指数是通过对企业员工数量变化情况进行调查、汇总、计算得到的，反映就业人数变化趋势。在调研中，调研员询问市场主体"在过去

半年，企业的员工数量增多、不变还是减少"，基于此计算市场主体就业增长指数。如图11所示，2021年就业增长指数为55%，相较2020年上升3个百分点。其中，从各个选项来看，如图12所示，2021年有23%的企业员工数量增多，63%的企业员工数量不变，14%的企业员工数量减少。与2020年相比，2021年员工数量不变的企业比例上升了4个百分点，员工数量减少的企业比例下降了4个百分点。

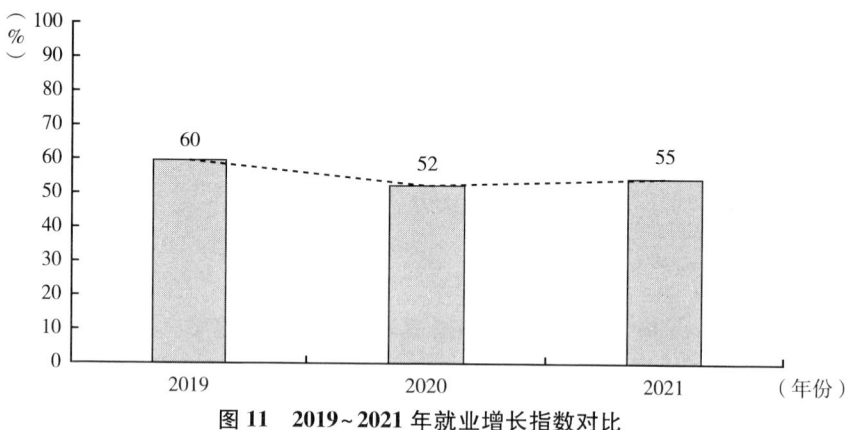

图11　2019~2021年就业增长指数对比

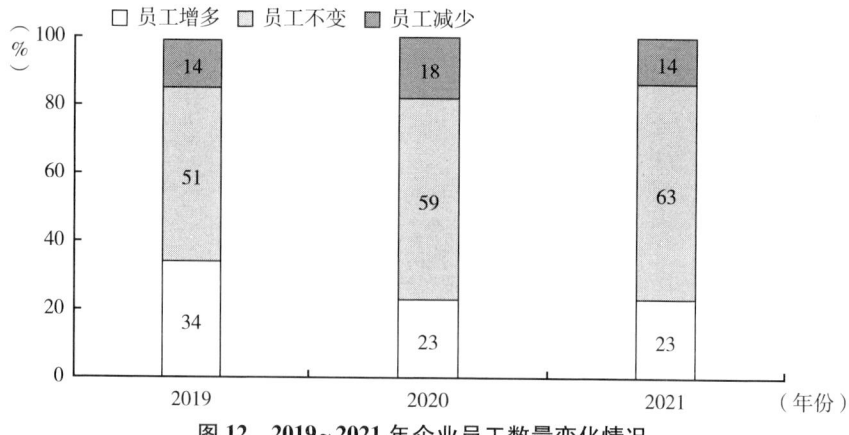

图12　2019~2021年企业员工数量变化情况

注：就业增长指数采用扩散指数法进行计算，计算"员工增多""员工不变""员工减少"三个选项占比，分别赋予权重1、0.5、0，将各项占比与相应权重相乘再相加得出最终指数。所有指数取值范围在0~100%。

3. 企业业绩提升，企业业绩增长指数较2020年提高14个百分点

业绩增长指数是通过对企业业绩变化情况进行调查、汇总、计算得到的，反映整体业绩变化趋势。如图13所示，2021年企业业绩增长指数较2020年提高14个百分点。从具体情况来看，如图14所示，2021年，有38%的企业业绩变好，比2020年高出11个百分点，25%的企业业绩变差，比2020年降低了16个百分点，这说明在整体上企业业绩向好发展，国家实施的保市场主体措施取得了成效。

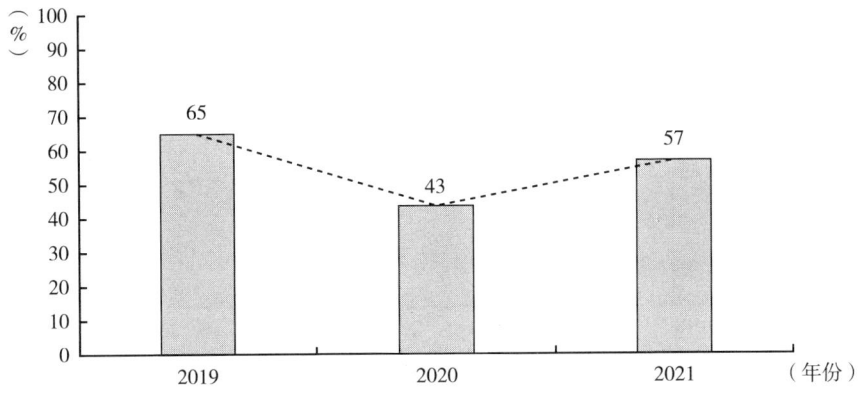

图13　2019~2021年业绩增长指数对比

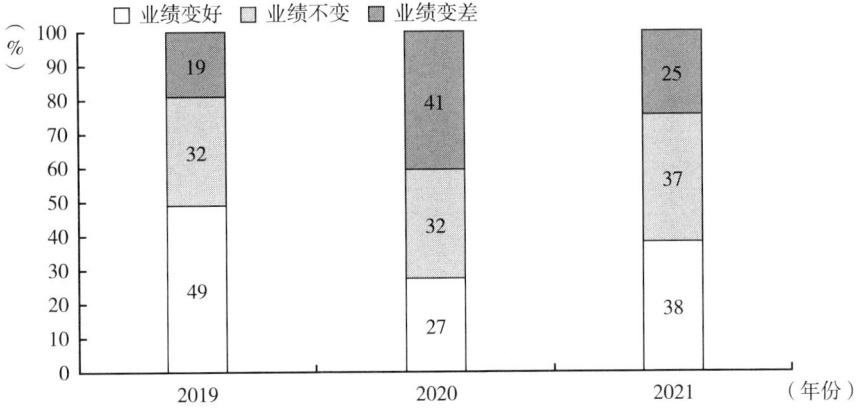

图14　2019~2021年企业业绩变化情况

注：业绩增长指数采用扩散指数法进行计算，计算"业绩变好""业绩不变""业绩变差"三个选项占比，分别赋予权重1、0.5、0，将各项占比与相应权重相乘再相加得出最终指数。所有指数取值范围在0~100%。

（二）市场主体获得感持续提升

91%的市场主体认可"放管服"改革省时、降费。如图15所示，2018年86%的市场主体认为"放管服"改革措施能够降低企业与政府打交道的时间，2019年该比例为87%，2020年该比例为89%，2021年该比例达到91%，在缩短办事时间上，全国市场主体获得感持续增强。

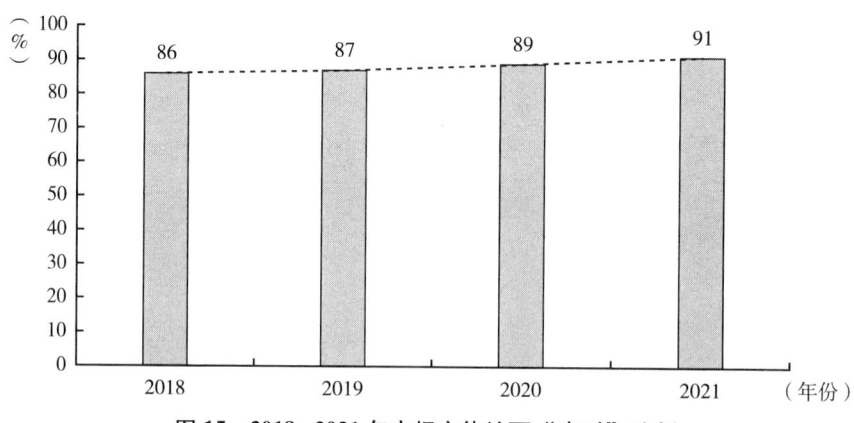

图15 2018~2021年市场主体认可"省时"比例

如图16所示，2018年65%的市场主体认为"放管服"改革措施能够降低与政府打交道的费用，2019年该比例增加至72%，2020年进一步提高到

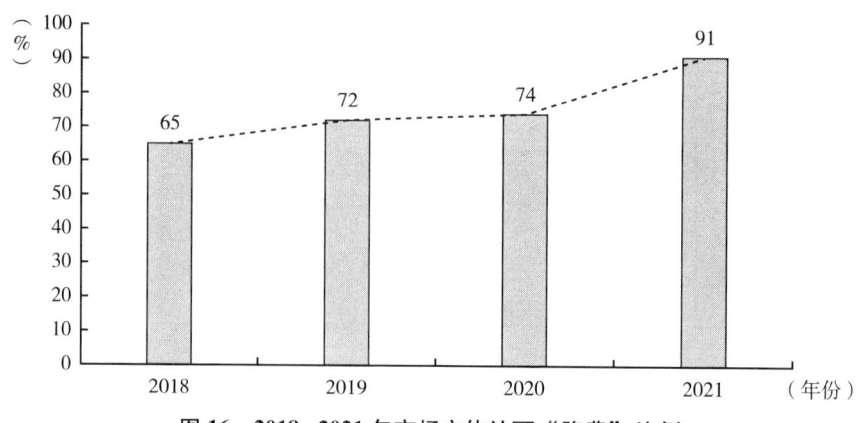

图16 2018~2021年市场主体认可"降费"比例

74%，2021 年大幅提升到了 91%，市场主体在减费上的获得感也持续增强。与此同时，如图 17 所示，2021 年有 50%的市场主体认为目前与政府打交道并不会产生费用，绝大多数市场主体认可"放管服"改革在降低费用方面取得的显著成效。

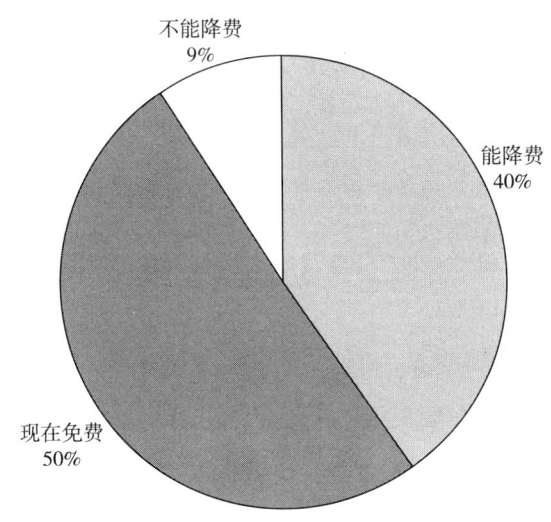

图 17　2021 年市场主体认可"放管服"改革情况

注：本报告的数值保留至个位，故可能出现总和不为 100%的情况。

四　全国"放管服"改革的头部地区较稳定

市场主体的认可是对各地"放管服"改革优化营商环境工作的最大肯定。在调研中，受访者给出了其所认为的"除本省份外，营商环境相对较好的三个省份"名单，图 18 报告了 2021 年全国各省份的得票率。从具体得票率看，全国 44%的非广东市场主体认为广东的营商环境较好；全国 42%的非上海市场主体认为上海的营商环境较好，与广东得票率差 2 个百分点；全国 35%的非浙江市场主体认为浙江的营商环境较好，排第三；北京、江苏等紧随其后。

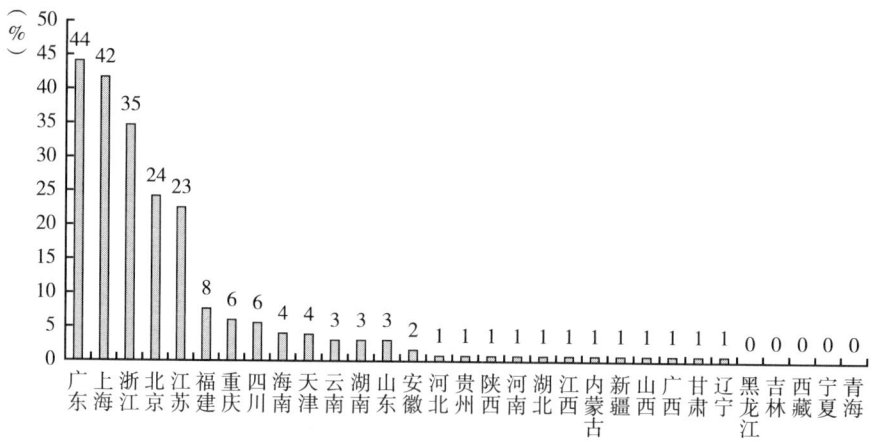

图18　2021年全国各省份营商环境得票率

从各地营商环境得票率变化来看，前六名连续四年保持不变，市场主体对营商环境较好的省区市认可度稳定。如图19所示，2018～2021年上海、广东、北京、浙江、江苏、福建在全国各省区市营商环境得票率中排名始终保持在前六名。2018～2020年，上海连续三年排第一，广东连续三年排第二，浙江与北京的排名在第三、第四名交替变化。2021年，广东得票率超越上海，排第一名。浙江得票率超越北京，排第三名。江苏与福建分别排第五、第六名。

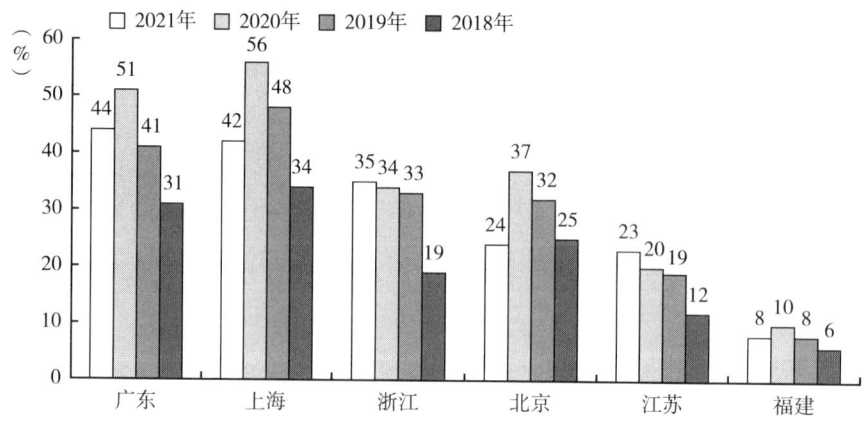

图19　2018～2021年营商环境排名前六省市的得票率变化

五　全国"放管服"改革面临的问题

根据市场主体的反馈，目前"放管服"改革主要面临五个问题和挑战：一是"减证"工作进入瓶颈期，二是数字政府建设还不够充分、不够好用，三是各地改革进展差距较大，四是市场主体面临成长难，五是遇到不公平竞争时不作处理的市场主体较多。

（一）"减证"工作进入瓶颈期

一是 2021 年市场主体完成登记注册平均办理许可证数量为 1.8 个。课题组访问市场主体"企业在开始营业前大致办了多少证"，计算每年新登记注册的市场主体平均需要办理的许可证（或涉证事项）数量。从图 20 可以看出，开办企业平均所需办理许可证（或涉证事项）数量由 2018 年的 2 个小幅下降至 2019 年的 1.8 个，2020 年和 2021 年仍然要办 1.8 个证，连续三年持平。

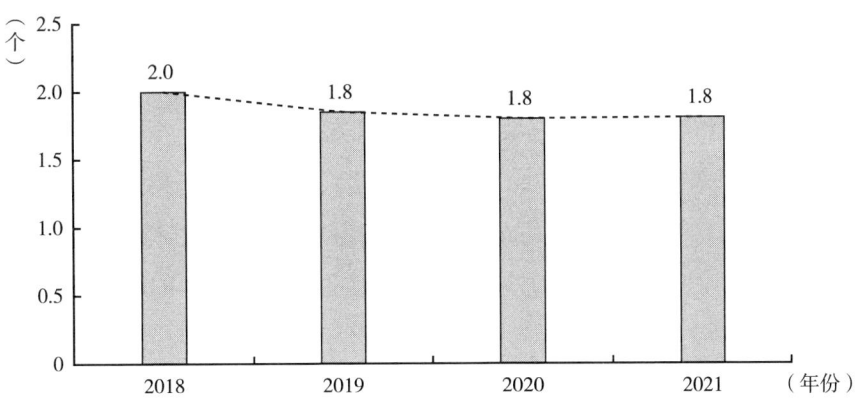

图 20　2018~2021 年企业所需办理许可证（或涉证事项）数量对比

二是市场主体对"减证"工作有很高的期待，但获得感降低。课题组访问市场主体"相对于上年，您所在行业办理许可证（或涉证事项）的数量如何变化"。如图 21 所示，认为办证数量减少的市场主体占比从 2018 年的37%逐年减少至2021年的16%。企业对减证工作的获得感降低，既反映了"证照分离""照后减证"所取得的成绩，也说明"减证"工作逐渐进入了瓶颈期，比如有企业表示，"我都来四五次了，还没办好，就营业执照办快一点，其他的事项办理时间都很长"。

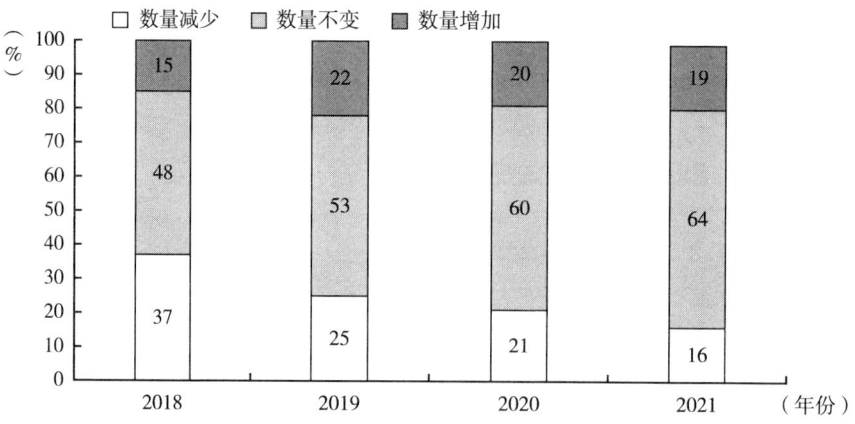

图21　2018~2021年办理许可证（或涉证事项）数量变化情况

注：本报告的数值保留至个位，故可能出现总和不为100%的情况。

三是高频事项的减证工作进展不明显。课题组询问受访市场主体"您所在行业增加和减少的证件（或涉证事项）类别是什么"，根据市场主体的投票结果，计算出每个类证件（或涉证事项）增加的得票率、减少的得票率，然后将两者相减，得到每个类证件（或涉证事项）净增加的得票率。由图22所示，税务、银行类相关证件（或涉证事项）增加的净得票率分别为-23%和-7%，说明市场主体认为在税务和银行这两方面涉证事项减少，"减证"工作成效显著。安全、消防、环保、卫生、食品类相关证件（或涉证事项）增加的净得票率分别为16%、16%、13%、12%、10%，说明市场主体认为这些领域的"减证"工作进展不明显。

（二）数字政府建设还不够充分、不够好用

数字政府需求侧建设不充分，2021年有29%的潜在需求未被满足。如

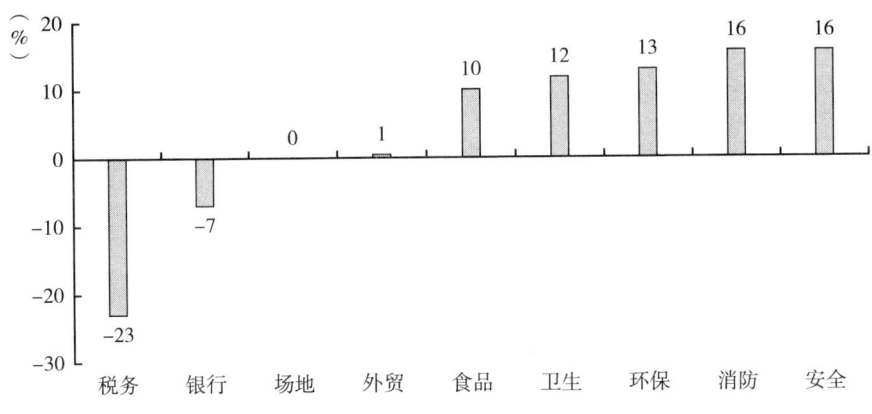

图 22 2021 年各类证件（或涉证事项）的净得票率情况

注：净得票率是通过将相关证件增加得票率减去相关证件减少得票率得到。

图 23 所示，在调研中，2019 年有 92% 的市场主体表示想用数字政府，但实际使用率为 53%，说明有 39% 的市场主体的潜在需求未得到满足。到了 2021 年，仍然有 29% 的市场主体的潜在需求没有得到满足。三年来，虽然缺口缩小了 10 个百分点，但仍有近 30 个百分点。

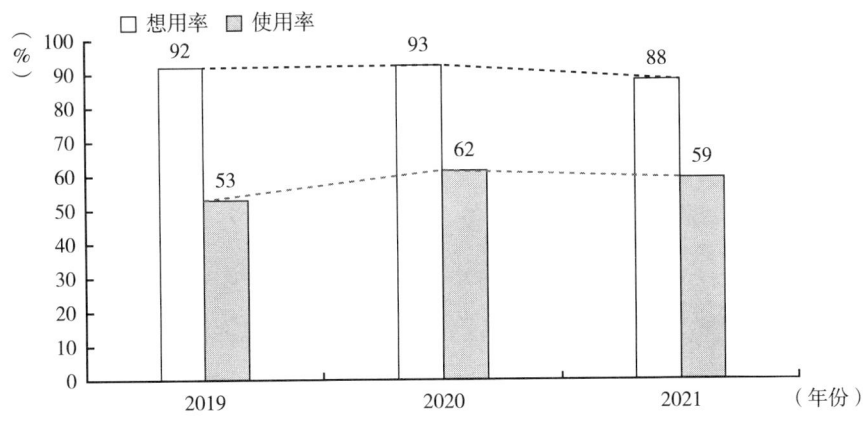

图 23 2019~2021 年市场主体数字政府想用率和使用率对比

从市场主体的视角看，数字政府需求侧建设不够充分、市场主体想用但不用的主要原因如下。

一是市场主体认为数字政府上的业务不全，一些业务办不了。如图 24 所示，问及市场主体"为什么本次业务没有在电脑或手机端上办理"时，2021 年有 42% 的市场主体认为数字政府上的业务不全，比 2020 年增加了 6 个百分点。部分地区的市场主体表示数字政府只上线了较为简单的业务，无法满足多样化的业务需求，"电脑上办不了""它那个程序啊，比如我要搞签章啊，在我的电脑上运行不了。就它这里的电脑能用，那我就跑过来了""网站上能办的某些事情必须要通过'搜索'才能找到"。还有市场主体表示，对于外资企业、登记地不在本省或者法人股东在省外的企业，目前不能在数字政府上办事，只能线下办理。

二是市场主体认为数字政府不能全流程办理，一些业务办不完。如图 24所示，2021 年有 28% 的市场主体认为数字政府不能全流程办理，比 2020 年增加了 1 个百分点。不能全流程办理的主要原因在于"线上办一半，线下交材料"，即办事不能完全线上办结，依旧需要签字确认或者递交领取材料。东部地区的一位市场主体表示，"不少业务仍未能实现全程网上办理，在线上审核通过后，我们还需要来线下进行签名确认或资料递交领取"。另一东部地区的市场主体表示，"这个平台不够灵活，我本来可以在平台上修改信息的，结果没通过，所以才来线下的"。

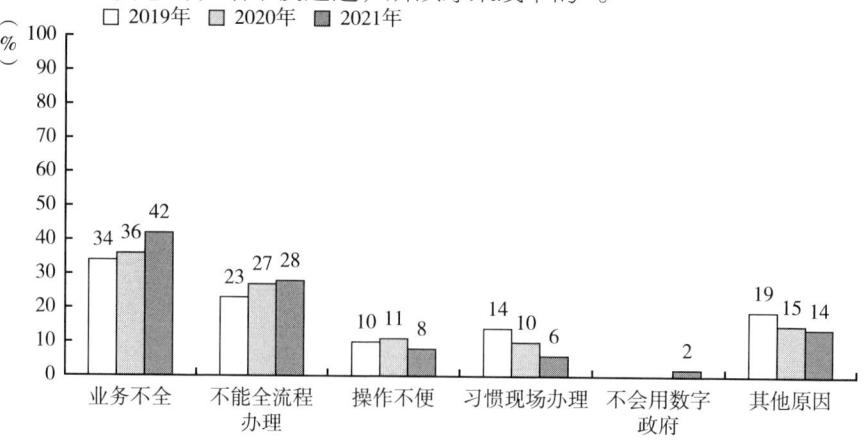

图 24　2019~2021 年市场主体不使用数字政府的原因

注：2021 年的调研中新增了"不会用数字政府"，故无往年数据。

值得指出的是，随着数字政府建设的加快，习惯现场办理的市场主体从2019 年的 14%下降到 2021 年的 6%；认为数字政府操作不便的市场主体也从 2019 年的 10%减少至 2021 年的 8%。

（三）各地改革进展差距较大

一是各地政务大厅办事效率差距较大。如图 25 所示，在 2021 年调研城市中，"最多跑一次"的市场主体占比最大值与最小值相差 46 个百分点；"一窗办理"的市场主体占比最大值与最小值相差 55 个百分点；"一小时办结"的市场主体占比最大值与最小值相差 46 个百分点。

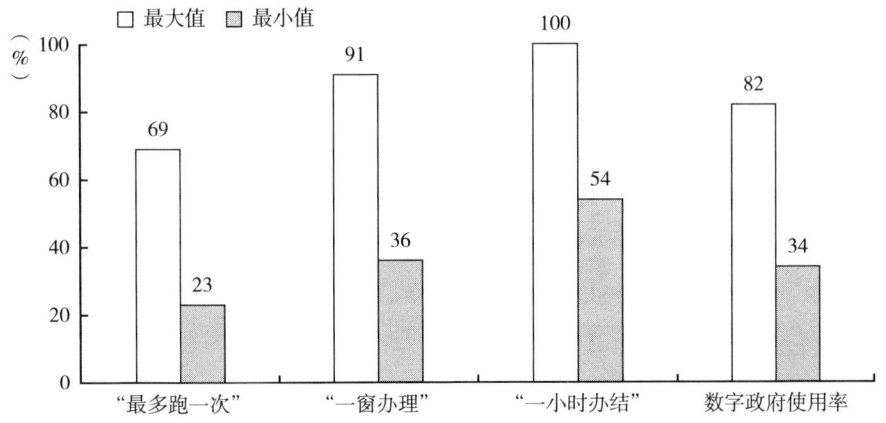

图 25　2021 年调研城市进展差距

二是各地数字政府使用率差距较大。在 2021 年调研城市中，数字政府使用率最大值与最小值相差 48 个百分点。尽管从全国范围来看，数字政府已经从大规模知晓阶段进入大规模使用阶段，但部分地区数字政府建设明显滞后。

三是市场主体获得感差距较大。根据市场主体关于"除本省份外，营商环境相对较好的三个省份"的投票结果来看，上海、广东、浙江、北京、江苏、福建近四年一直稳居前六，得票率几乎都高于 10%，而排名最后六位的省份的得票率也一直稳定，近四年基本都低于 1%，差距一直存在。

（四）市场主体面临成长难

市场主体面临市场竞争激烈、要素成本高的问题。课题组访问市场主体"您所在的企业当前面临的最大困难是什么"，如图26所示，从市场主体的反馈来看，2021年得票率最高的三个困难是"市场竞争激烈""房租成本高""劳动力成本高"，占比分别为22%、20%和15%，是全国市场主体所普遍面临的"新三难"。而"开办企业难""办理许可证难""退出市场难"三个困难的占比分别为2%、5%、2%，与2018年相比没有太大变化，不再是市场主体面临的主要困难，成为"旧三难"。市场主体难点和痛点的变化，既反映了"放管服"改革所取得的阶段性成效，也根植于"放管服"改革在短期内实现市场主体数量翻番的巨大成就。市场"准入""准营"越便利，新进入的市场主体数量越多，产品供给越多，竞争必然就越激烈；生产要素需求越多，生产要素价格必然越高，市场主体面临的成本就越高。

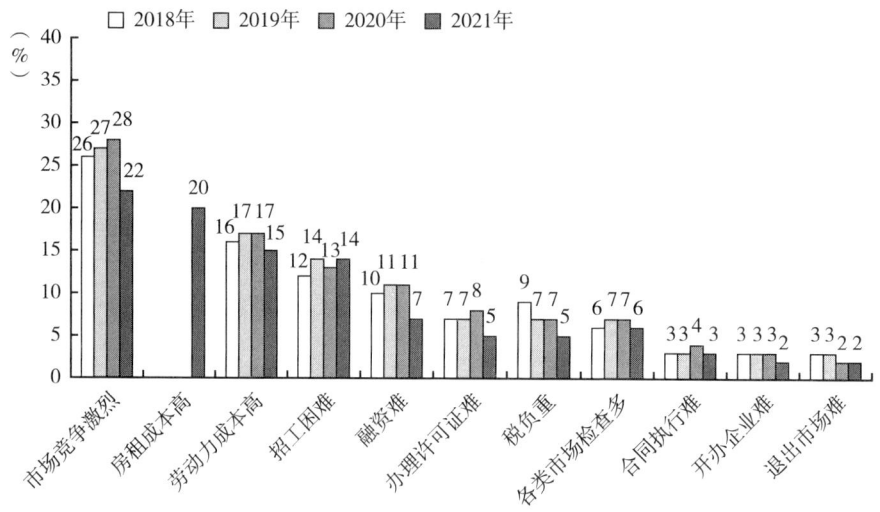

图 26 2018~2021 年市场主体面临的困难

注：2021 年的调研中新增加了"房租成本高"，故无往年数据。

微型企业面临市场竞争激烈、要素成本高的问题更为突出。如图27所示，针对"新三难"，将企业按规模划分，微型市场主体受到"新三难"影响的比例最大。其中，微型企业认为市场竞争激烈、房租成本高和劳动力成本高的比重分别是23%、22%和16%，均高于其他规模的市场主体。

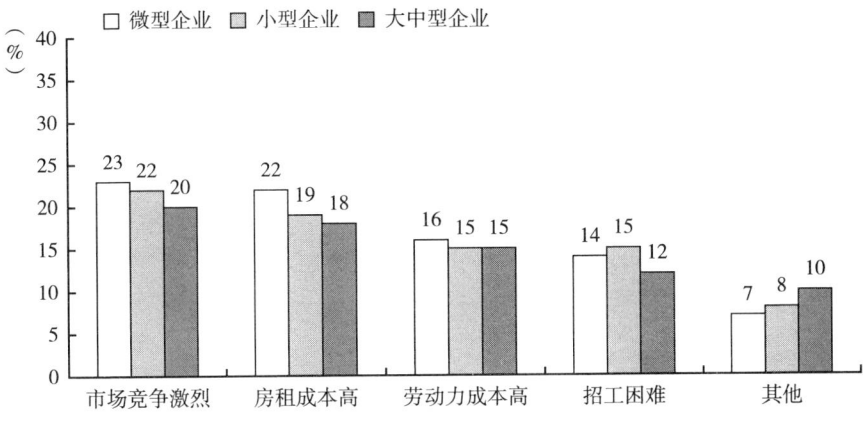

图 27　2021 年按规模划分市场主体面临的"新三难"占比

在调研中，几乎每个市场主体都会提及房租成本高这个问题，认为房租成本高增加了企业固定成本支出，加剧了企业经营压力，同时，房租成本高也加大了员工的生活压力，从而提高了员工对工资的要求，进而成为劳动力成本高的重要原因。招工困难同样困扰着企业的成长，有受访市场主体表示，"现在的人普遍期望薪资跟实力不匹配，他们想要很高的工资，自己能给企业提供的价值却担不起这么高的工资，所以我们招适合的员工就变得很困难。主要还是人才缺口的问题"。另一位受访小微市场主体表示，"对于我们这些小本经营的人来说，关键是有钱赚。可是现在运营成本高，招工难，很难赚钱啊"。

（五）遇到不公平竞争时不作处理的市场主体较多

在遇到不公平竞争时，有 34% 的市场主体选择不作处理。在调研中，课题组访问市场主体所在的企业是否遇到过不公平的经历，调研结果显示，有 13% 的受访市场主体明确表示，有过不公平的经历。进一步问及如何处理时，如图 28 所示，34% 的企业遇到不公平状况之后不作处理，28% 的企业遇到不公平状况之后选择"谈判协商"的方式，分别有 13% 和 6% 的市场主体选择"行政处理"和"司法途径"。这说明，司法行政等尚未成为市场主体解决不公平竞争问题的主渠道。

微型企业选择"不作处理"的比例高达 54%。如图 28 所示，当面对不公平竞争时，微型企业选择"不作处理"的比例高达 54%，而选择"仲裁解决""行政处理""司法途径""通过媒体曝光解决"等方式的比例很低，均不超过 6%。

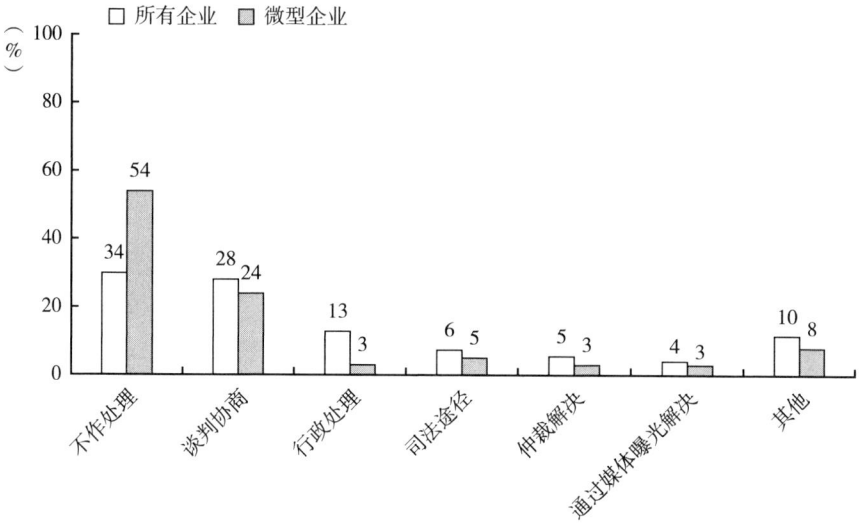

图 28　企业遇到不公平状况处理方式

注：报告将员工规模 10 人及以下的定义为微型企业，10~100 人的为小型企业，100 人以上的为大中型企业。

专题篇

全国减证照调查报告[*]

党中央、国务院高度重视深化"放管服"改革和优化营商环境工作。2018 年起，国家要求逐步在更大范围和更多行业推动"照后减证"和"简化审批"，不断激发市场主体活力和发展内生动力。国务院办公厅在 2020 年11 月印发的《全国深化"放管服"改革优化营商环境电视电话会议重点任务分工方案》中明确指出，改革创新审批方式，深化"证照分离"改革，大幅提高核准审批效率，在 2021 年底前实现全国"证照分离"改革全覆盖。"证照分离"等一系列改革措施是否真正实现了企业开办便利化、激发了市场主体发展活力，市场主体最有发言权。本报告以市场主体的获得感为标准，从市场主体的视角出发，考察全国企业开办中的减证照工作进展。

现将 2021 年度调查的主要发现报告如下。

一 全国企业办理营业执照的进展

（一）完成登记注册所需时间持续下降，2021年减少至5.6天

近四年，全国企业完成登记注册所需时间持续缩短，2021 年平均为 5.6天。在调研中，调研员访问市场主体"企业注册成立时，完成企业注册（拿到工商营业执照）所需的时长为多少"。本报告基于市场主体登记注册年份、登记注册时所需时间的访谈数据，计算每年新登记注册的市场主体完

---

* 执笔人：林树鹏、肖泽林、王子晗。

成登记注册所需平均时间。如图 1 所示，2021 年全国市场主体完成登记注册平均所需时间为 5.6 天，比 2020 年的 6.2 天缩短 0.6 天，比 2019 年的6.9 天缩短 1.3 天，比 2018 年的 7.0 天缩短 1.4 天，市场主体完成注册登记所需的时间持续缩短，压缩企业开办时间工作取得了显著进展。

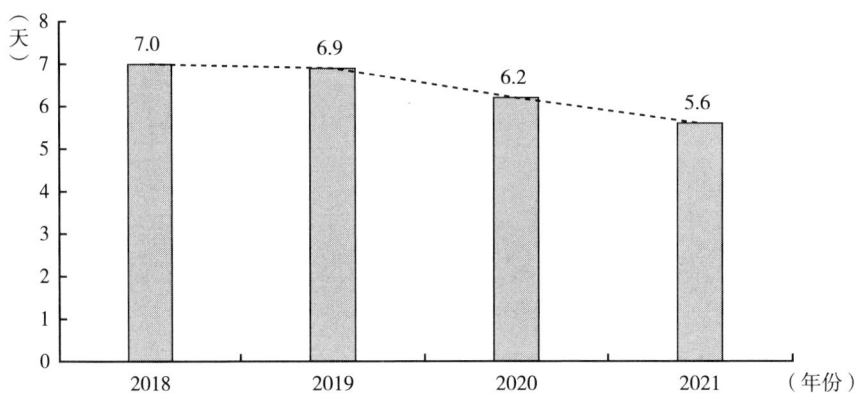

图 1　2018～2021 年市场主体登记注册所需时间

（二）"一天注册"市场主体持续增加，2021年达到29%

近四年，全国一天完成登记注册的市场主体比例持续增加。在调研中，调研员访问市场主体"企业注册成立时，完成企业注册（拿到工商营业执照）所需的时长为多少"。本报告基于市场主体登记注册年份、登记注册时所需时间的访谈数据，计算每年新登记注册的市场主体中一天完成登记注册所占的比例。如图 2 所示，2021 年全国 29% 的受访市场主体表示可以实现一天完成登记注册，与 2020 年相比，一天完成登记注册的比例提高了 5 个百分点。

调研中，在谈及完成企业注册（拿到工商营业执照）所需的时长时，市场主体们时常提起"一天注册"这一关键词。广东省广州市的一位市场主体感叹道，"现在比之前快多了，原先注册企业至少得一个月，而且还要先办齐各类证件才能营业，现在办一个营业执照也就一天，后续的证件可以

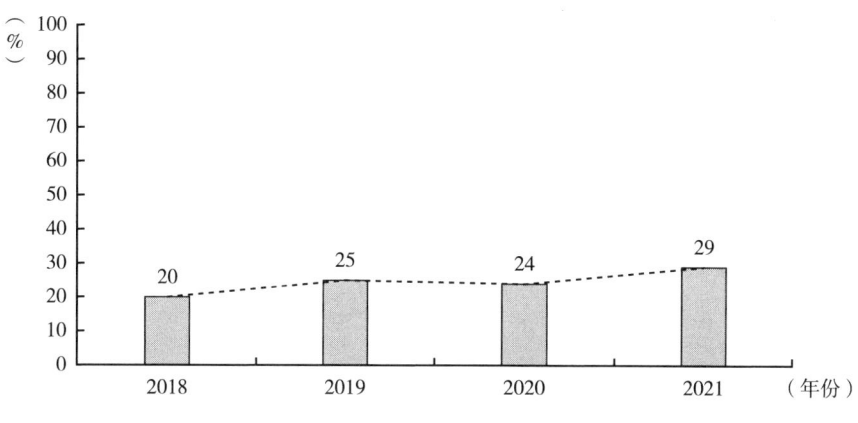

图2　2018~2021年市场主体一天完成登记注册比例

在营业后补齐，更方便了"。在湖南省岳阳市，市场主体表示，"只要资料准备齐全，一天就能完成注册登记"。据当地窗口服务人员介绍，"最快的时候可以4个小时内就办理完成，部分市场主体早上办理，下午就能拿到证件了"。在陕西省安康市的调研过程中，"比原来快多了""现在挺方便的，以前得跑几次""从时间来说极大地缩短了"等类似的声音不绝于耳。从调研情况来看，全国各地市场主体都对"一天注册"赞不绝口。

（三）登记注册所需窗口稳步减少，2021年为1.7个窗口

近四年，全国企业登记注册所需窗口数量呈平稳下降态势。在调研中，调研员访问市场主体"企业注册成立时，完成企业注册所需交涉和沟通的办事窗口数量有多少"。本报告基于市场主体登记注册年份、登记注册时所需打交道窗口数量的访谈数据，计算每年新登记注册的市场主体完成登记注册平均所需打交道的窗口数量。如图3所示，全国平均而言，2021年市场主体登记注册所需窗口数量为1.7个，与2020年持平，比2018年的1.8个减少了0.1个，总体呈下降趋势。

（四）"一窗注册"比例稳中有增，2021年达到56%

近三年，全国市场主体"一窗注册"的比例大体保持在六成。在调研

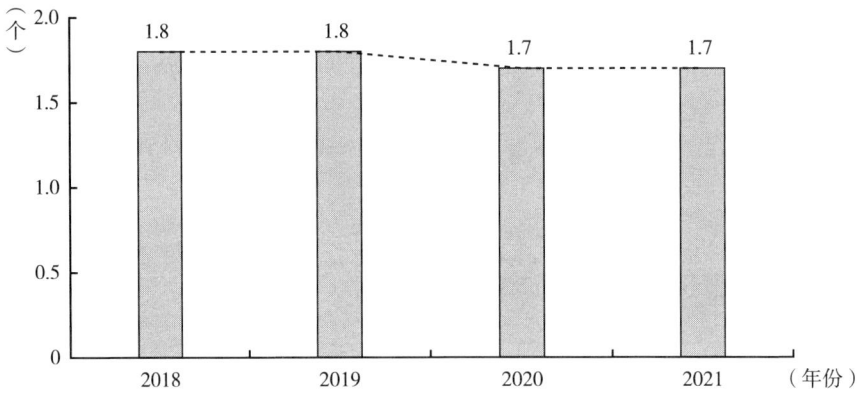

图3　2018~2021年市场主体登记注册所需窗口数

中，调研员访问市场主体"企业注册成立时，完成企业注册所需交涉和沟通的办事窗口数量有多少"。本报告基于市场主体登记注册年份、登记注册时所需打交道窗口数量的访谈数据，计算每年新登记注册的市场主体中"一窗注册"的比例。如图4所示，实现"一窗注册"的市场主体占比由2018年的51%逐步提高至2021年的56%。

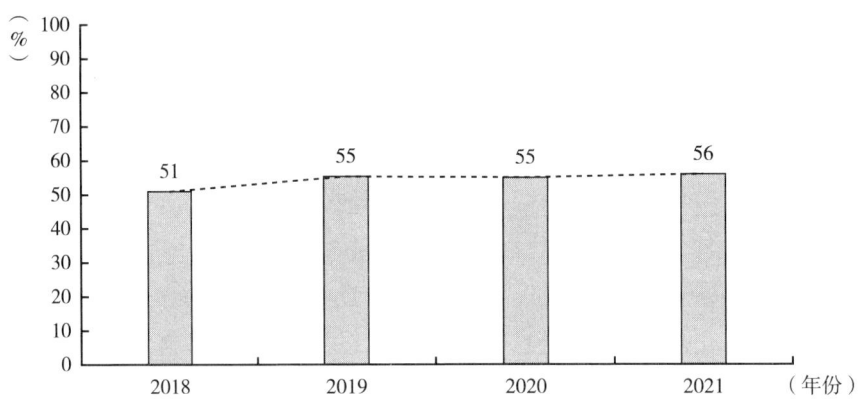

图4　2018~2021年市场主体"一窗注册"的比例

从市场主体的反馈来看，数字政府建设有助于实现"一窗注册""一窗通取"。在调研中，不少市场主体表示通过数字政府平台线上办理好需要处理的业务，如企业注册登记，然后到现场领取营业执照即可。广东省广州市的一位市场主体表示，"只要在网上正确提交相应的资料，很快就能办完，到现场领取营业执照就可以了"。浙江省衢州市一位市场主体反映，"现在办证速度很快，我这次就只是来线下拿执照的，之前在网上就已经办完了"。在湖南省常德市，调研员观察发现，办事大厅内下午工作时段最繁忙的窗口是执照领取窗口，在大厅采访到的一位市场主体也表示，"我网上交完资料办好手续，今天过来拿个证就走了"。

二 全国减证工作的进展

（一）在数量上，企业平均办理许可证1.8个，连续三年保持不变

2019~2021 年，企业注册登记平均所需办理的许可证数量保持不变。在调研中，调研员访问市场主体"企业在开始营业前，大致办了多少证"。本报告基于市场主体登记注册年份、登记注册时所需办理许可证数量的访谈数据，计算每年新登记注册的市场主体平均需要办理的许可证（或涉证事项）数量。如图 5 所示，开办企业平均所需办理许可证（或涉证事项）数量由 2018 年的 2 个下降为 2021 年的 1.8 个，2019~2021 年，所需办理的许可证数量大体持平。

（二）在结构上，市场主体最认可税务部门涉证事项减少

在调研中，调研员首先询问市场主体"您认为相对于上年，所在行业所需办理的许可证（或涉证事项）增加、减少还是不变"。对于认为许可证（或涉证事项）数量增加的市场主体，调研员进一步访问"您所在行业增加的许可证（或涉证事项）类别是什么"，并针对每一类许可证（或涉证事项）计算认为其增加的市场主体占比。同理，对于认为许可证（或涉证事项）数量减少的市场主体，调研员进一步访问"您所在行业减少的许可证（或涉证事项）类别是什么"，并针对每一类许可证（或涉证事项）计算认

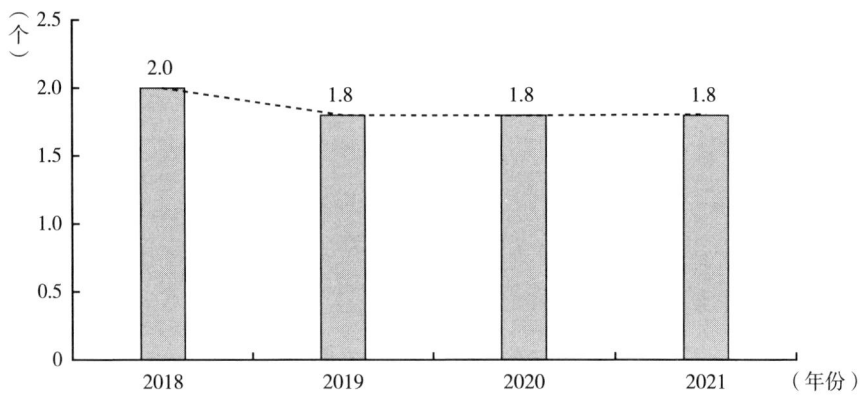

图 5　2018~2021 年登记注册的市场主体平均办理许可证（或涉证事项）

为其减少的市场主体占比。将两个比例相减，可得到市场主体认为相关证件（或涉证事项）"净增加"的比例。由图 6 可知，市场主体中认为税务相关许可证（或涉证事项）"净增加"的比例最低，为−23%，意味着市场主体最认可税务部门涉证事项减少；认为银行开户相关证件"净增加"的比例次之，为−7%。

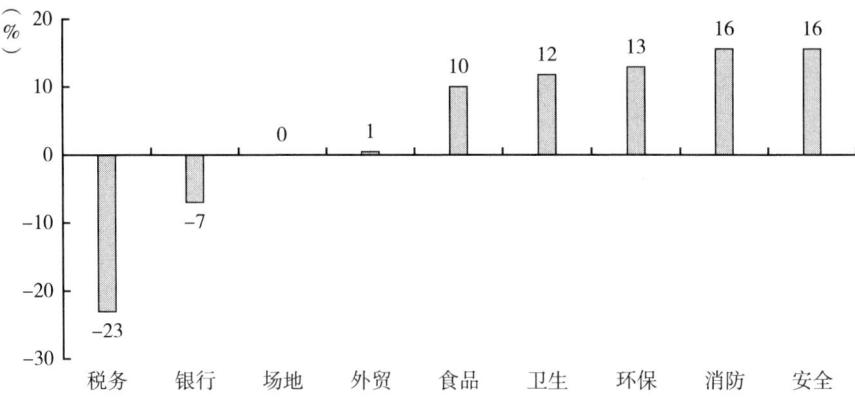

图 6　2021 年认为所需许可证（或涉证事项）"净增加"的比例

注：图中正数代表认为所需许可证（或涉证事项）数量增加，负数代表认为所需许可证（或涉证事项）数量减少。

三 全国减证工作的市场主体获得感

（一）企业减证获得感指数持续下降，2021年为48%

2018～2021年，企业减证获得感指数持续下降。调研中，调研员访谈市场主体"您所在企业办理许可证的数量如何变化"，按照市场主体的回答将市场主体划分为"数量减少""数量不变""数量增加"三类，计算减证获得感指数。如图7所示，2021年市场主体减证获得感指数为48%，比2020年下降3个百分点，比2019年下降4个百分点，比2018年下降13个百分点，呈现明显的下降趋势。其中，从各个选项来看，如图8所示，2021年，有16%的市场主体认为许可证数量有所减少，19%的市场主体认为许可证数量增加，64%的市场主体认为许可证数量没有发生变化。

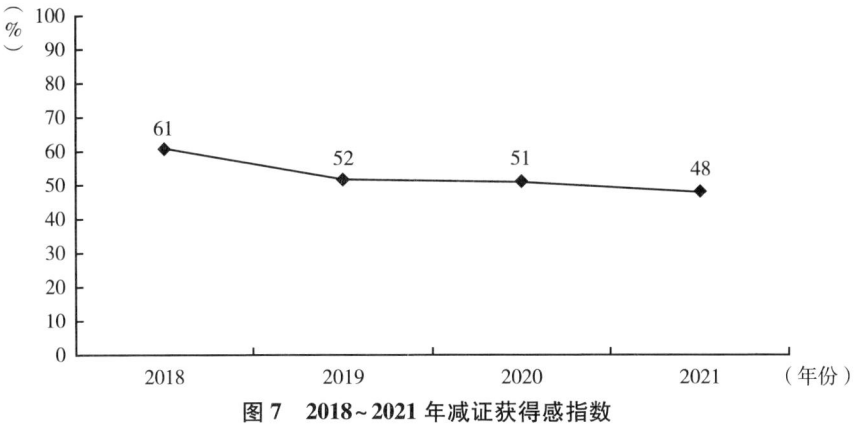

图7 2018～2021年减证获得感指数

注：减证获得感指数采用扩散指数法进行计算，即计算许可证"数量减少""数量不变""数量增加"三个选项占比，分别赋予权重为1、0.5、0，将各项的占比与相应的权重相乘再相加得出最终的指数。所有指数取值范围在0～100%。

（二）2021年新设企业的减证获得感指数高于前两年，达到53%

2021年新设企业的减证获得感指数略微高于前两年，达到53%，认为

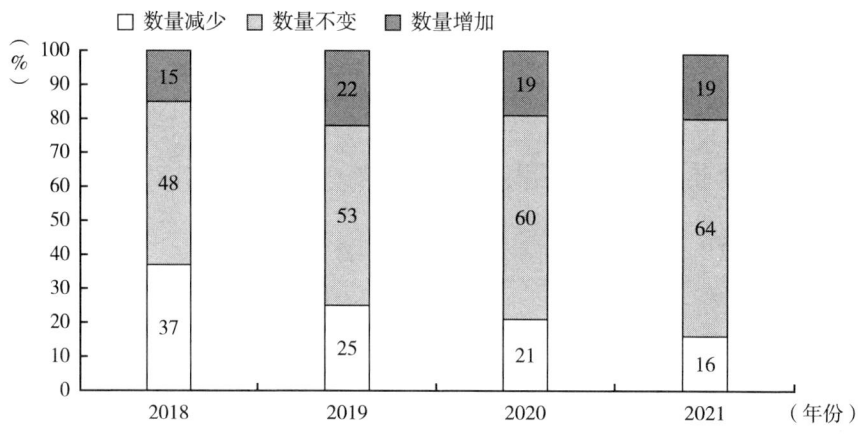

图8　2018~2021年市场主体对许可证数量变化的认知

许可证数量减少的比例达到23%。本报告按企业成立时间将企业划分为调研"当年注册企业"和"非当年注册企业"两类，按照市场主体的回答划分为"数量减少""数量不变""数量增加"三类，计算2018年、2019年、2020年、2021年注册成立的企业的减证获得感指数。如图9所示，2021年设立的企业减证获得感指数相较于前两年设立的企业上升2个百分点，减证获得感略微提高；2021年非当年注册企业减证获得感指数为49%，与前几年相比有所降低。如图10所示，2021年设立的企业比2020年设立的企业认为当年所需许可证减少的比例上升了4个百分点，说明"证照分离""先照后证"等相关政策的落实给市场主体带来了便利，激发了市场活力。

（三）小微企业减证获得感指数高，达到51%

2021年，小微企业的减证获得感指数达到51%，比大中型企业高10个百分点。本报告按照市场主体的规模划分，计算小微企业与大中型企业的减证获得感指数。如图11所示，2018~2020年，小微企业的减证获得感指数与大中型企业相近，但在2021年大幅度高于大中型企业。具体来看，如图12所示，在小微企业中，2021年认为许可证数量减少的比例为17%，认为许可证数量不变的比例为67%。

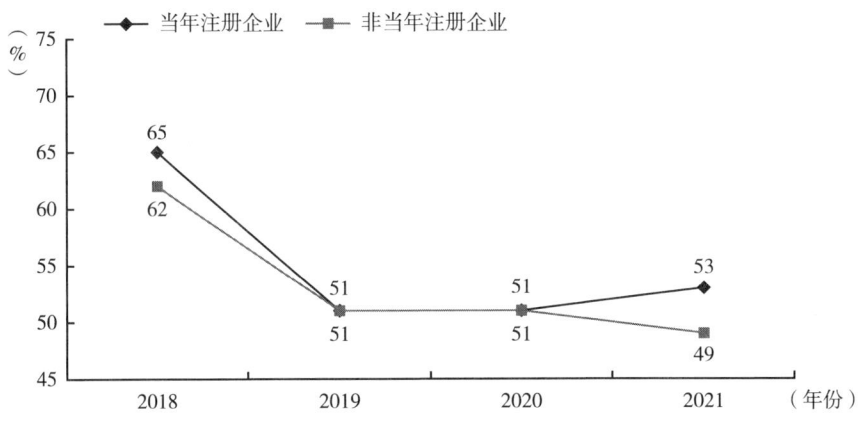

图9　按成立年份划分的减证获得感指数

注：减证获得感指数采用扩散指数法进行计算，即计算许可证"数量减少""数量不变""数量增加"三个选项占比，分别赋予权重为1、0.5、0，将各项的占比与相应的权重相乘再相加得出最终的指数。所有指数取值范围在0~100%。

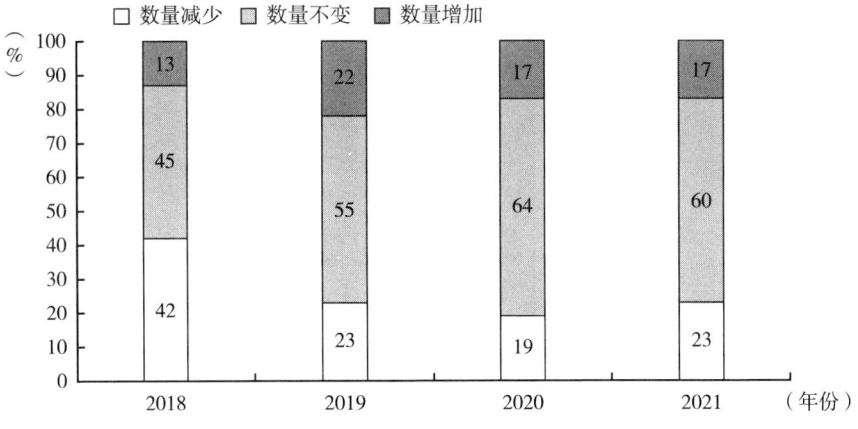

图10　按成立年份划分的企业对许可证数量变化的认知

（四）服务业的减证获得感指数高，达到50%

服务业的减证获得感指数最高。本报告按照市场主体登记注册所在的行业将其分为工业建筑业、服务业、新兴行业三类。如图13所示，2021年服

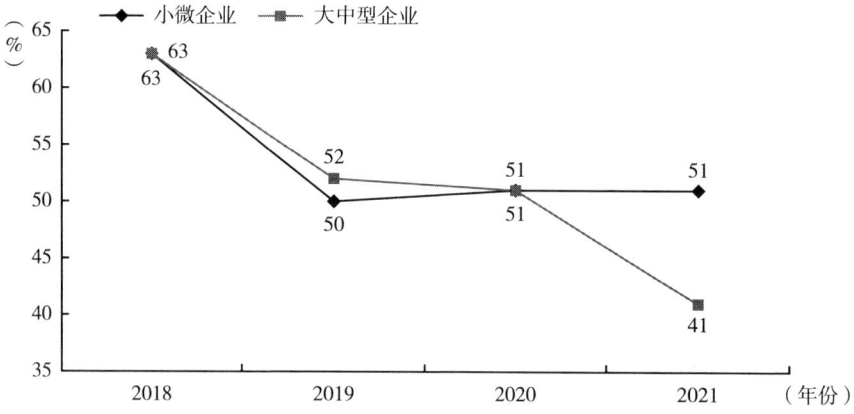

图 11　2018~2021 年不同规模企业减证获得感指数

注：本报告中，员工人数 10 人及以下为微型企业；10~100 人为小型企业；100 人以上为大中型企业。减证获得感指数采用扩散指数法进行计算，即计算许可证"数量减少""数量不变""数量增加"三个选项占比，分别赋予权重为 1、0.5、0，将各项的占比与相应的权重相乘再相加得出最终的指数。所有指数取值范围在 0~100%。因受访企业市场主体样本不足 30 个，结果未予汇报，下同。

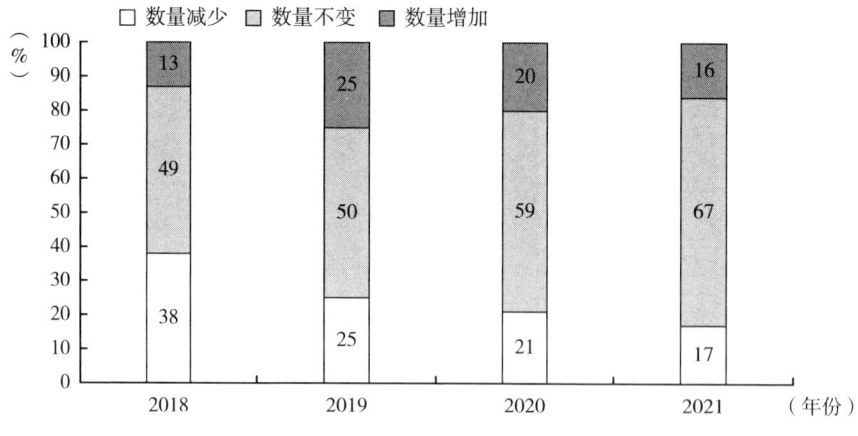

图 12　小微市场主体的许可证（事项）数量变化

务业的市场主体减证获得感指数最高，达到 50%，略高于其他行业。与过去几年相比，如图 14 所示，2021 年服务业市场主体中认为许可证数量增加的比例为 17%，较 2019 年和 2020 年分别下降了 5 个和 4 个百分点。

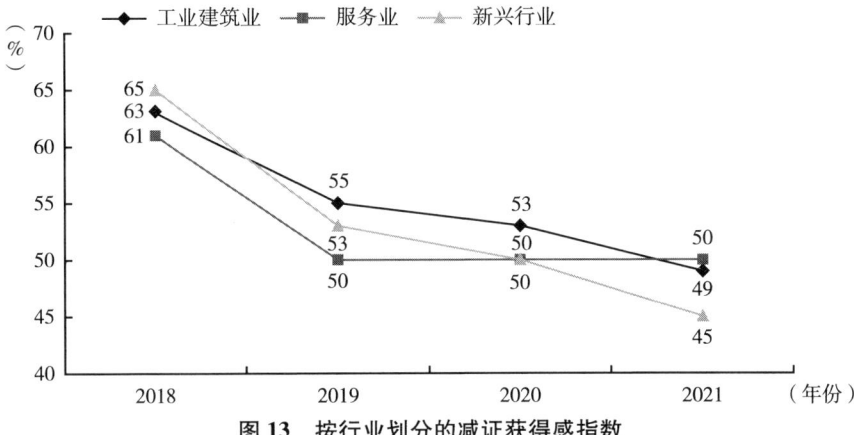

图 13　按行业划分的减证获得感指数

注：减证获得感指数采用扩散指数法进行计算，即计算许可证"数量减少""数量不变""数量增加"三个选项占比，分别赋予权重为 1、0.5、0，将各项的占比与相应的权重相乘再相加得出最终的指数。所有指数取值范围在 0~100%。

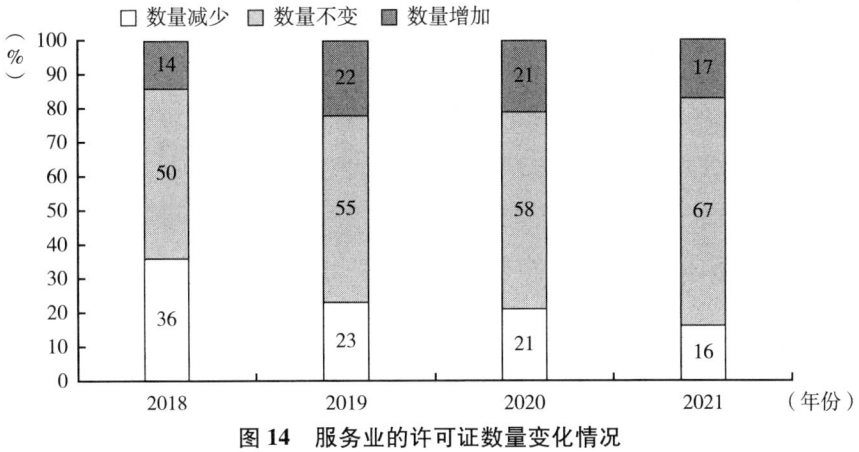

图 14　服务业的许可证数量变化情况

四　全国减证工作面临的主要问题

（一）2021年完成登记注册时间为5.6天，办证"最后一米"问题有待解决

调研数据显示，2021 年市场主体平均完成登记注册时间为 5.6 天，虽然企业

登记注册时间 2018~2021 年不断缩短，但仍有改善空间，需要打通"最后一米"。

从调研来看，提交材料要求不明确、标准不统一，是市场主体抱怨最多的问题，制约了登记注册所需时间进一步缩短。西部地区的另一位市场主体反映，"他们不会一次性告知你要准备的所有材料，往往是问一点答一点，不问就不答，我因为资料没准备齐都跑了好几趟了，你说气不气嘛"。据受访市场主体反馈，窗口标准不统一、跨区标准不统一是准备材料耗时比较长的主要原因之一，西部地区的另一位市场主体抱怨道，"我有一次询问到了所需的材料后，下一次再来却说我准备的不对，又要让我再跑一趟"。

（二）2019~2021年平均办理证件数量均为1.8个，减证工作进入瓶颈期

一是，2021 年企业开办所需办证数量的减少幅度不大。商事制度改革以来，先后出台了"先照后证""三证合一""五证合一""多证合一""证照分离""照后减证"等一系列改革措施，不断压缩审批时间、简化审批流程。但从市场主体的反馈来看，2019~2021 年需要办理的许可证数量未见明显变化，市场主体依然需要办理 1.8 个许可证。

二是，市场主体的减证获得感指数持续下降。2021 年市场主体减证获得感指数为 48%，比 2020 年下降 3 个百分点，比 2019 年下降 4 个百分点，比 2018 年下降 13 个百分点，市场主体减证获得感指数持续下降。2018 年有 37% 的市场主体认为办理的许可证数量减少，2019 年该比例下降 12 个百分点，2020 年进一步下降 4 个百分点，到 2021 年，只有 16% 的市场主体认可办理的许可证数量减少，认为办理的许可证数量减少的市场主体比例持续下降。

三是，部分事项的减证工作进展不明显，市场主体中认为消防和安全类许可证（或涉证事项）增加的得票率最高。本报告计算了市场主体认为所在行业各类许可证（或涉证事项）"净增加"的比例。在安全、消防、环保、卫生、食品等相关证件（或涉证事项）方面，市场主体认为均有所增加，其中，安全、消防类"净增加"均为 16%，环保类"净增加"为 13%，卫生类"净增加"为 12%，食品类"净增加"为 10%。

全国市场监管调查报告[*]

随着商事制度改革的不断推进，我国市场监管体系不断完善。2014年6月，国务院下发《关于促进市场公平竞争维护市场正常秩序的意见》，要求坚持放管并重，实行宽进严管。2015年10月，国务院下发《关于"先照后证"改革后加强事中事后监管的意见》，明确了"谁审批、谁监管，谁主管、谁监管"的市场监管原则，初步构建了事中事后监管新模式。2016年9月，国家工商总局推进监管方式改革创新，要求全国工商和市场监管部门全面实施"双随机、一公开"监管。2017年1月，国务院发布《"十三五"市场监管规划》，为市场监管提供了明确的框架，确立了六项监管原则。同年8月，国务院公布《无证无照经营查处办法》，调整了监管查处范围，明确了监管部门职责。在新冠肺炎疫情背景下，我国持续加快市场监管能力建设，为统筹疫情防控和经济社会发展作出了积极贡献。

2021年全国市场监管工作会议要求，着力强化事中事后监管长效机制，着力坚守安全底线、提升质量高线，着力构建现代化市场监管体系，进一步促进营商环境市场化、法治化、国际化。在此背景下，本报告以市场主体的获得感为标准，从市场主体的视角出发，考察全国市场监管工作的最新进展。

现将2021年度调查的主要发现报告如下。

---

* 执笔人：林海涵、张弛、肖泽林、李粤麟。

一　全国市场监管的进展

（一）2021年66%的市场主体被上门检查，较上年下降17个百分点

2018~2021年，市场主体被上门检查的占比先升后降。在调研中，课题组访问市场主体"过去一年，您所在的企业有被政府职能部门上门检查过吗"，如图1所示，过去一年66%的市场主体有被政府部门上门检查的经历，较2020年下降17个百分点，较2019年下降15个百分点，较2018年下降13个百分点。国家市场监督管理总局在2020年9月举行的国务院政策例行吹风会上指出，考虑到疫情防控和企业复工复产的总体形势，2020年国家把双随机抽查的比例从上年的5.98%调整到3%。因此，正如调研数据所展现的，2021年被上门检查的市场主体比例显著下降。

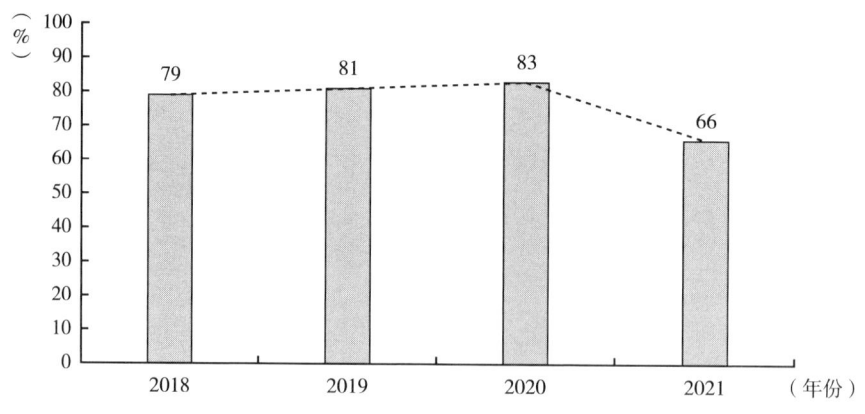

图1　2018~2021年被上门检查的市场主体占比

（二）2021年政府上门检查频次增长指数为43%，较上年下降9个百分点

整体而言，政府上门检查的频次呈现下降趋势。在调研中，调研员访问

市场主体"在过去一年间，政府部门上门检查贵企业的次数"，将市场主体
对被上门检查频次的主观感受分为"增加了""基本没有变化""减少了"
三类，基于此计算上门检查频次增长指数。如图 2 所示，政府上门检查频次
增长指数从 2019 年的 55%降至 2020 年的 52%，2021 年进一步降至 43%，
政府上门检查频次增长指数整体呈下降趋势。

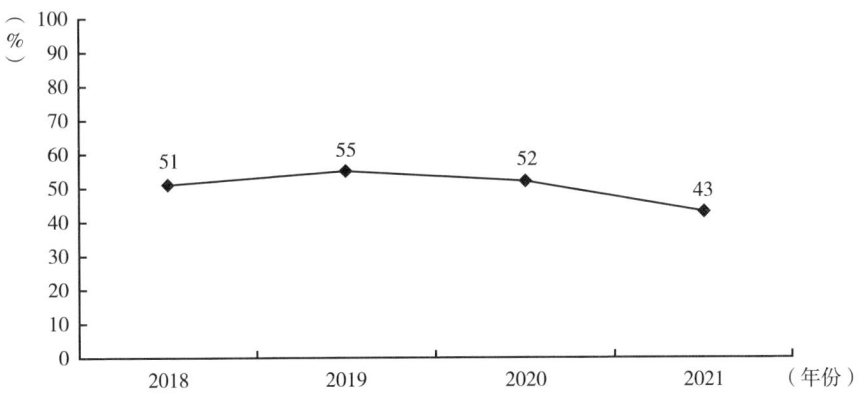

图 2   2018~2021 年政府上门检查频次增长指数

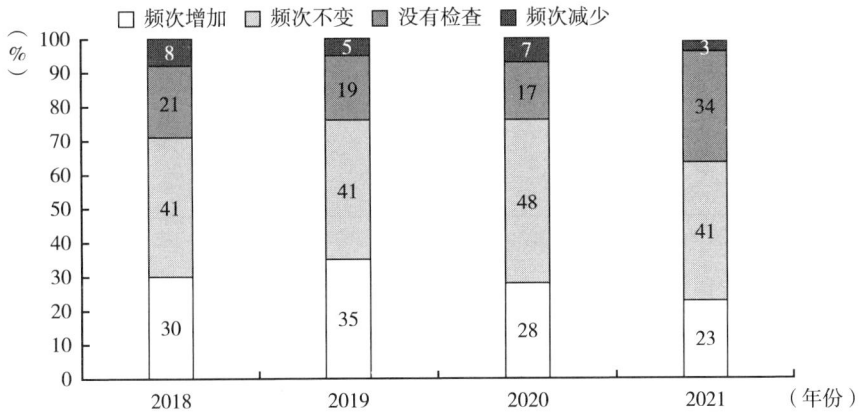

图 3   2018~2021 年政府上门检查频次占比

具体而言，如图 3 所示，2021 年 23%的市场主体认为政府上门检查频
次增加，相比于 2020 年减少 5 个百分点，相较 2019 年减少 12 个百分点；

3%的市场主体认为上门检查频次减少，比 2020 年减少 4 个百分点，相较 2019 年减少 2 个百分点；有 41%的市场主体认为检查频次不变，相比于 2020 年减少 7 个百分点；有 34%的市场主体认为没有检查，比 2020 年上升了 17 个百分点。

按行业划分，不同行业被上门检查频次增长指数整体下降，工业建筑业被上门检查频次增长指数最高。如图 4 所示，2021 年工业建筑业被上门检查频次增长指数最高，为 49%，比 2020 年下降 10 个百分点，比 2019 年下降 9 个百分点，比 2018 年下降 4 个百分点。2021 年新兴行业被上门检查频次增长指数为 46%，比 2020 年下降 9 个百分点，比 2019 年下降 4 个百分点，比 2018 年下降 7 个百分点。2021 年服务业被上门检查频次增长指数为 40%，比 2020 年下降 10 个百分点，比 2019 年下降 17 个百分点，比 2018 年下降 10 个百分点，被上门检查频次增长指数整体下降趋势较为明显。

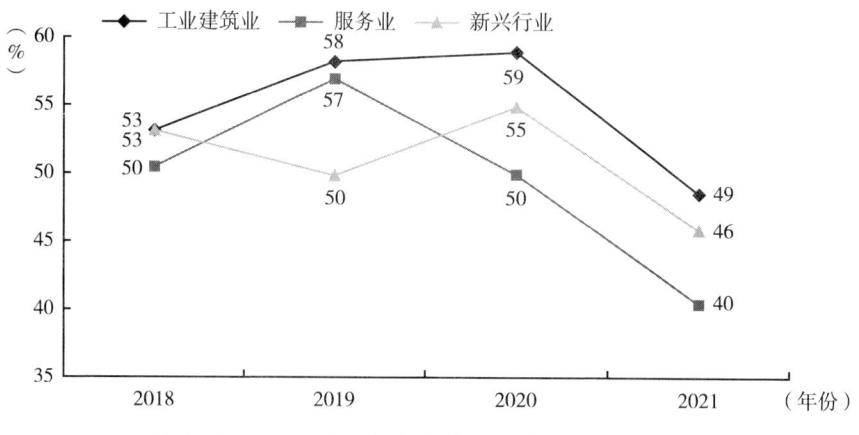

图 4　2018~2021 年不同行业被上门检查频次增长指数

注：被上门检查频次增长指数采用扩散指数法进行计算，即计算"频次增加""频次不变""频次减少"三个选项占比，分别赋予权重为 1、0.5、0，将各项的占比与相应的权重相乘再相加得出最终的指数。所有指数取值范围在 0~100%。

按企业规模划分，大中型企业被上门检查频次增长指数变化较平稳，小微企业被上门检查频次增长指数整体呈下降趋势。如图 5 所示，2021 年大中型企业被上门检查频次增长指数最高，为 63%，与 2020 年持平，比 2019

年下降 1 个百分点，比 2018 年提高 2 个百分点。2021 年小型企业被上门检查频次增长指数为 42%，比 2020 年下降 12 个百分点，比 2019 年下降 14 个百分点，比 2018 年下降 12 个百分点。2021 年微型企业被上门检查频次增长指数为 35%，比 2020 年下降 10 个百分点，比 2019 年下降 15 个百分点，比 2018 年下降 11 个百分点。其中，小型企业被上门检查频次增长指数下降趋势较为明显。

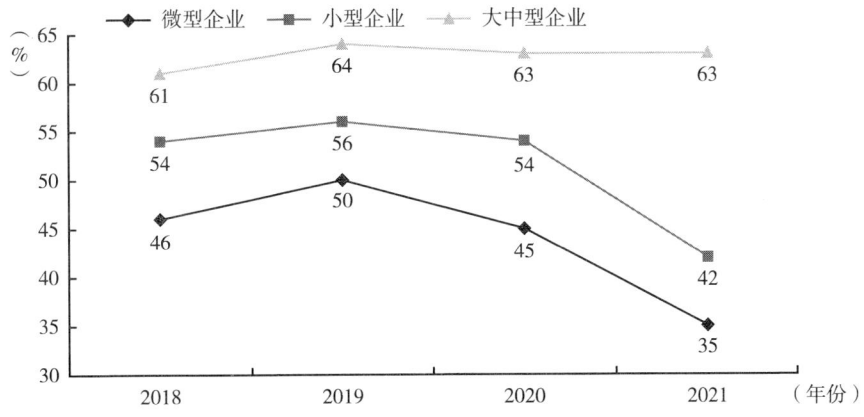

图 5　2018~2021 年按企业规模划分的被上门检查频次增长指数

注：①报告将员工规模 10 人及以下的定义为微型企业，10~100 人的为小型企业，100 人以上的为大中型企业。②被上门检查频次增长指数采用扩散指数法进行计算，即计算"频次增加""频次不变""频次减少"三个选项占比，分别赋予权重为 1、0.5、0，将各项的占比与相应的权重相乘再相加得出最终的指数。所有指数取值范围在 0~100%。

（三）2021年政府上门检查部门数量增长指数为39%，比上年下降9个百分点

2020~2021 年，政府上门检查部门数量有所下降。在调研中，调研员访问市场主体"在过去一年间，来贵企业检查的政府各个部门的数量"，将市场主体对政府上门检查部门数量变化的主观感受分为"增多了""基本没有变化""减少了"三类，基于此计算政府上门检查部门数量增长指数。如图 6 所示，2021 年政府上门检查部门数量增长指数为 39%，较 2020 年下降了

9 个百分点，比 2019 年下降了 11 个百分点，比 2018 年下降了 8 个百分点，总体而言，政府上门检查部门数量呈现下降趋势。如图 7 所示，从具体选项来看，2021 年，认为政府上门检查部门数量增加的市场主体占比为 15%，比 2020 年下降 5 个百分点；认为政府上门检查部门数量减少的市场主体占比为 2%，比 2020 年下降 4 个百分点；认为政府上门检查部门数量不变的占比为 49%，比 2020 年下降 8 个百分点；表示政府没有上门检查的占比为 34%，较 2020 年增加了 17 个百分点。

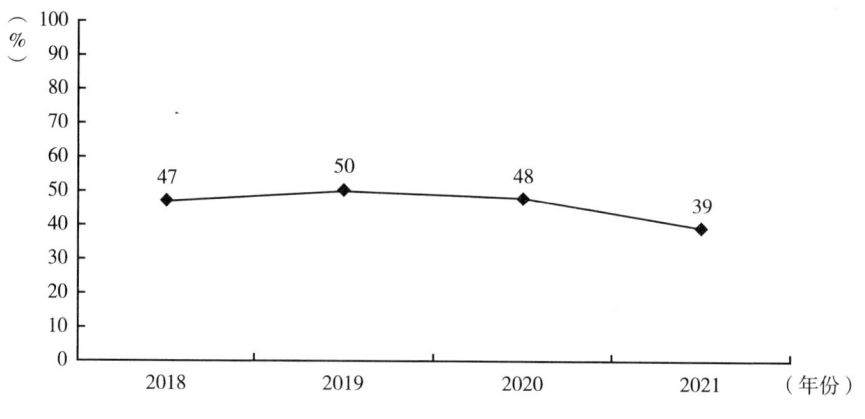

图 6　2018~2021 年政府上门检查部门数量增长指数

注：政府上门检查部门数量增长指数采用扩散指数法进行计算，即计算"数量增加""数量不变""数量减少"三个选项占比，分别赋予权重为 1、0.5、0，将各项的占比与相应的权重相乘再相加得出最终的指数。所有指数取值范围在 0~100%。

从具体的部门来看，认为市场监督管理局上门检查次数增加的市场主体占比最大。调研数据显示，当被问及"在过去一年间，来贵企业检查次数增加（减少）的政府部门是哪个部门"。如图 8 所示，认为市场监督管理局上门检查次数增加的市场主体占比最大，为 28%。其次，有 22% 的市场主体认为应急管理局上门检查的次数增加，有 13% 的市场主体认为卫生健康委员会上门检查的次数增加，有 11% 的市场主体认为生态环境局上门检查的次数增加，有 8% 的市场主体认为税务局上门检查的次数增加，有 8% 的市场主体认为其他部门上门检查的次数增加，有 7% 的市场主体认为

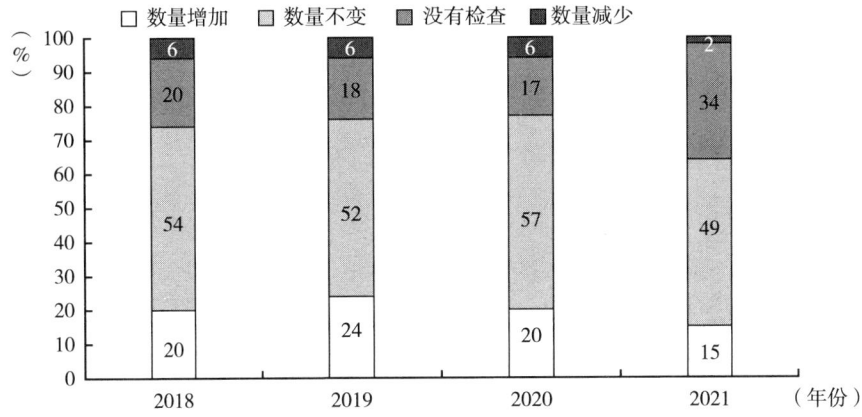

图7 2018~2021年政府上门检查部门数量变化

公安局上门检查的次数增加，有3%的市场主体认为人力资源和社会保障局上门检查的次数增加。

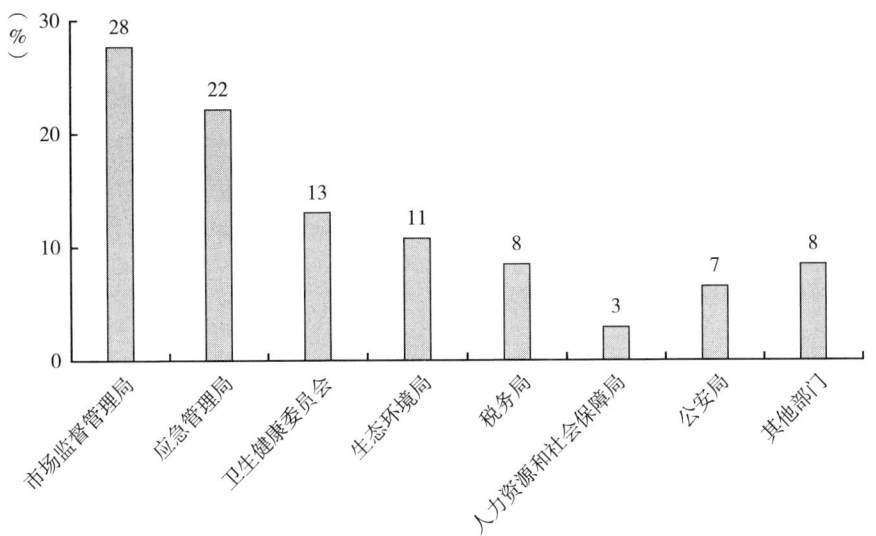

图8 2021年检查次数增加的政府部门比例

按行业划分，2021年新兴行业被上门检查部门数量增长指数最高，各行业的被上门检查部门数量增长指数整体呈下降趋势。如图9所示，2021

年新兴行业被上门检查部门数量增长指数最高，为43%，比2020年下降7个百分点，比2019年下降4个百分点，比2018年下降6个百分点。2021年工业建筑业被上门检查部门数量增长指数为41%，比2020年下降14个百分点，比2019年下降11个百分点，比2018年下降8个百分点。2021年服务业被上门检查部门数量增长指数为37%，比2020年下降9个百分点，比2019年下降14个百分点，比2018年下降9个百分点。其中，服务业被上门检查部门数量增长指数下降趋势较为明显。

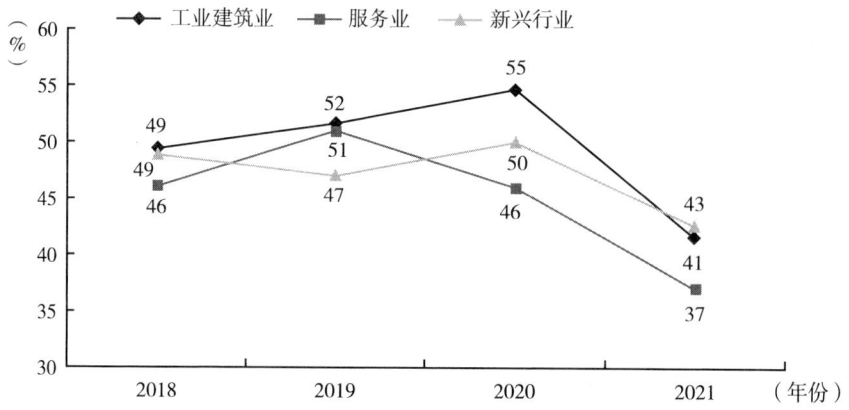

图9 2018~2021年按行业划分被上门检查部门数量增长指数

注：被上门检查部门数量增长指数采用扩散指数法进行计算，即计算"数量增加""数量不变""数量减少"三个选项占比，分别赋予权重为1、0.5、0，将各项的占比与相应的权重相乘再相加得出最终的指数。所有指数取值范围在0~100%。

按企业规模划分，2018~2021年大中型企业被上门检查部门数量增长指数最高，小微企业被上门检查部门数量增长指数整体呈下降趋势。如图10所示，2021年大中型企业被上门检查部门数量增长指数最高，为57%，与2020年持平，比2019年下降1个百分点，比2018年提高2个百分点。2021年小型企业被上门检查部门数量增长指数为38%，比2020年下降12个百分点，比2019年下降13个百分点，比2018年下降11个百分点。2021年微型企业被上门检查部门数量增长指数为32%，比2020年下降10个百分点，比2019年下降13个百分点，比2018年下降11个百分点，下降趋势较为明显。

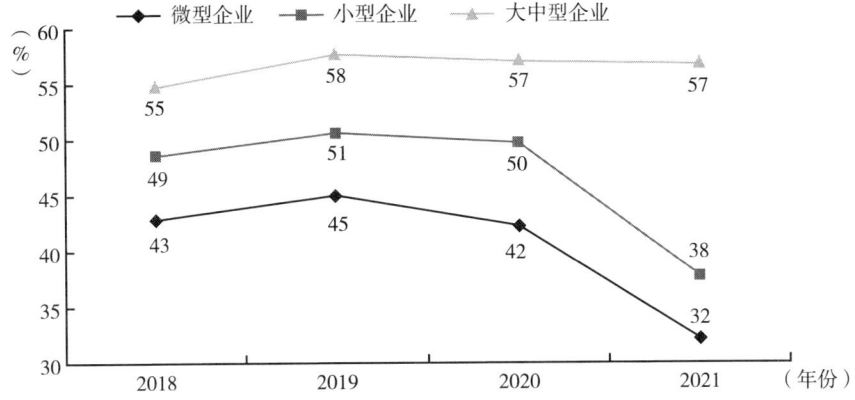

图10　按企业规模划分被上门检查部门数量增长指数

注：①报告将员工规模10人及以下的定义为微型企业，10~100人的为小型企业，100人以上的为大中型企业。②被上门检查部门数量增长指数采用扩散指数法进行计算，即计算"数量增加""数量不变""数量减少"三个选项占比，分别赋予权重为1、0.5、0，将各项的占比与相应的权重相乘再相加得出最终的指数。所有指数取值范围在0~100%。

（四）2021年96%的市场主体认为政府上门检查的处理结果合理或比较合理

2021年，绝大部分的市场主体认为政府上门检查的处理结果相对合理。在调研中，调研员访问市场主体"在过去一年间，您认为政府部门的检查处理是否合理"，将市场主体对上门检查处理结果的主观感受分为"合理""比较合理""不太合理"三类。如图11所示，接受访问的市场主体中，96%认为政府上门检查的处理结果合理或比较合理，有4%认为政府上门检查的处理结果不太合理。

在访谈中，办事群众基本都认为上门检查是合理的，应当配合。他们认为作为企业有接受政府监管的义务，政府在检查企业的过程中也展现了对本地企业发展状况的关心。在东部地区，有受访者表示，"当地政府对企业是很关心很支持的，平时会来看看企业经营状况，问有没有需要帮助的地方。之前疫情还给我们提供了口罩。有时候还会给发展得好的企业奖励"。

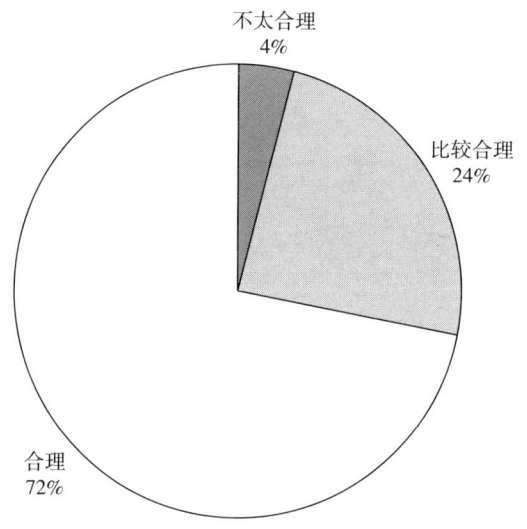

图 11　2021 年市场主体对政府上门检查处理是否合理的认知

（五）2021年国家企业信用信息公示系统使用率为68%，近年来保持平稳

随着大数据和现代信息技术的发展，信用信息的使用为市场监管提供了新的场景和方式。在调研中，课题组访问市场主体"企业在与其他企业打交道时，会查看对方的信用信息吗"，如图 12 所示，2018 年有 66% 的市场主体表示，在与其他市场主体交易前会主动通过国家企业信用信息公示系统查看对方的信用信息，2020 年提升了 4 个百分点，达到 70%。尽管到 2021 年该比例相较上年有所下降，但仍达 68%。这表明，国家企业信用信息公示系统已经成为市场主体查看信用信息的主要渠道。

二　市场监管对市场主体的影响

（一）被上门检查的市场主体中，员工增加、进行创新的比例更高

为考察政府部门上门检查行为对市场主体经营情况产生的影响，课题组

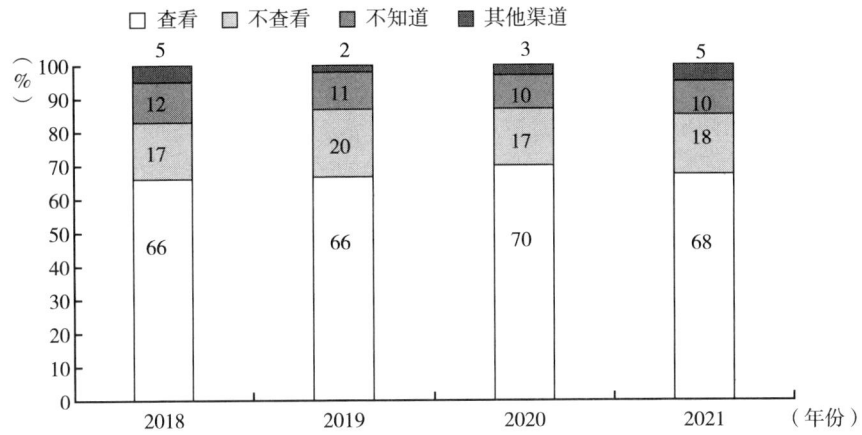

图 12　市场主体查看国家企业信用信息公示系统情况

将市场主体分为"未被上门检查"和"被上门检查"两组，分别从员工数量、业绩、创新这三个方面进行考察。

被上门检查的市场主体中，员工数量增加的比例更高。如图 13 所示，2021 年被上门检查的市场主体中，24%的市场主体员工数量增加，比未上门检查的市场主体高 4 个百分点。2020 年被上门检查的市场主体中，23%的市场主体员工数量增加，比未被上门检查的市场主体高 4 个百分点。2019 年被上门检查的市场主体中，33%的市场主体员工数量增加，比未上门检查的市场主体高 5 个百分点。

在业绩提高比例方面，被上门检查和未被上门检查的市场主体的差别不大。如图 14 所示，2021 年未被上门检查的市场主体中，38%的市场主体业绩提高了，比被上门检查的市场主体高 1 个百分点。2020 年未被上门检查的市场主体中，27%的市场主体业绩提高了，比被上门检查的市场主体低 1 个百分点。2019 年未被上门检查的市场主体中，48%的市场主体业绩提高了，比被上门检查的市场主体高 6 个百分点。

被上门检查的市场主体中，进行创新的市场主体比例更高。如图 15 所示，2021 年被上门检查的市场主体中，43%的市场主体会进行创新，比未

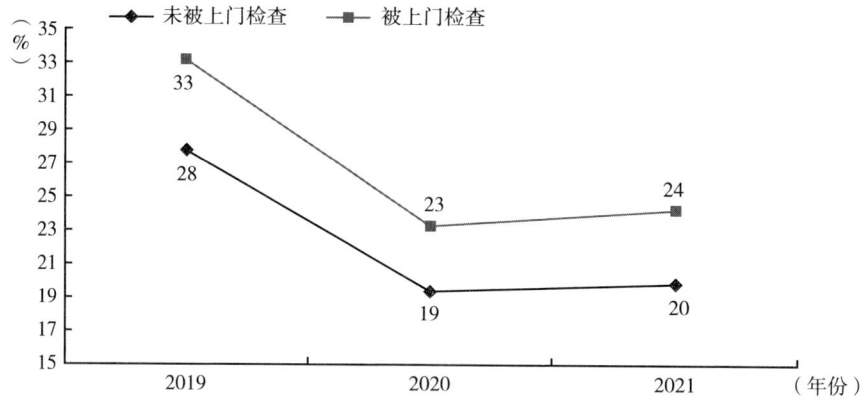

图 13　2019~2021 年员工数量增加的市场主体占比

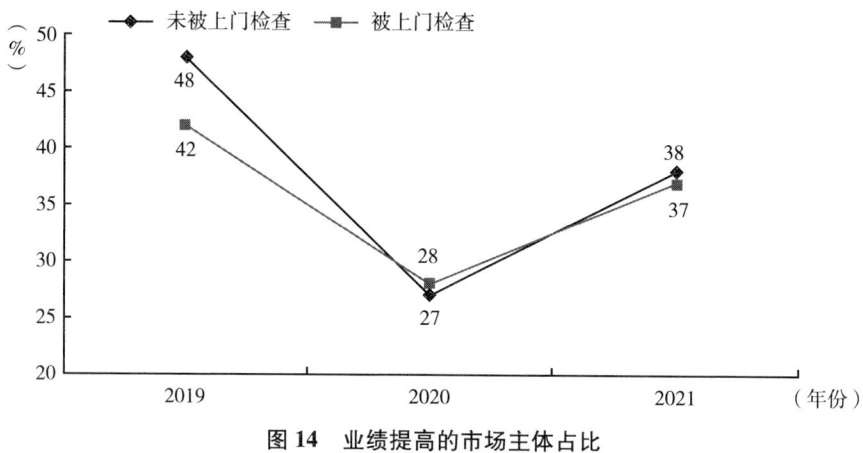

图 14　业绩提高的市场主体占比

被上门检查的市场主体高 17 个百分点。2020 年被上门检查的市场主体中，38% 的市场主体会进行创新，比未被上门检查的市场主体高 12 个百分点。2019 年被上门检查的市场主体中，47% 的市场主体会进行创新，比未被上门检查的市场主体高 13 个百分点。

（二）查看国家企业信用信息公示系统的市场主体中，员工增加、业绩提高、进行创新的比例更高

为考察查看国家企业信用信息公示系统的行为对市场主体经营情况产生

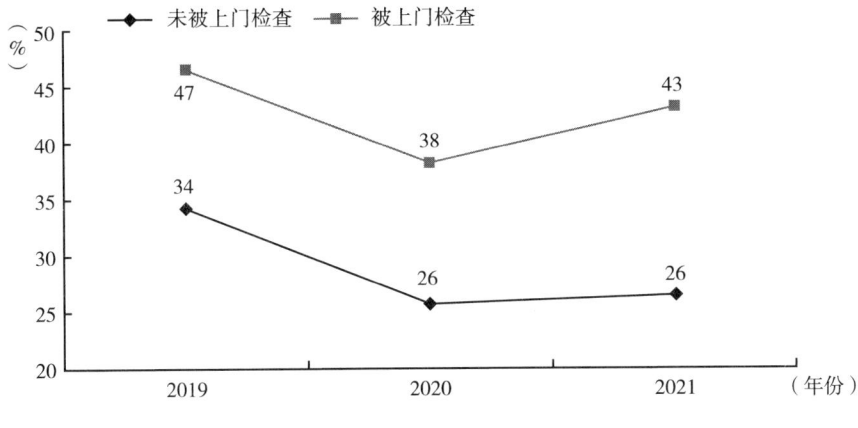

图 15　进行创新的市场主体占比

的影响，课题组将市场主体分为"查看信用信息"和"不查看信用信息"两组，分别从员工数量、业绩、创新这三个方面进行考察。

查看信用信息的市场主体中，员工数量增加的市场主体占比更高。如图 16 所示，2021 年查看信用信息的市场主体中，25% 的市场主体员工数量增加，比不查看信用信息的市场主体高 6 个百分点。2020 年查看信用信息的市场主体中，24% 的市场主体员工数量增加，比不查看信用信息的市场主体高 4 个百分点。2019 年查看信用信息的市场主体中，37% 的市场主体员工数量增加，比不查看信用信息的市场主体高 8 个百分点。

查看信用信息的市场主体中，业绩提高的市场主体占比更高。如图 17 所示，2021 年查看信用信息的市场主体中，43% 的市场主体业绩提高了，比不查看信用信息的市场主体高 15 个百分点。2020 年查看信用信息的市场主体中，29% 的市场主体业绩提高了，比不查看信用信息的市场主体高 6 个百分点。2019 年查看信用信息的市场主体中，52% 的市场主体业绩提高了，比不查看信用信息的市场主体高 9 个百分点。

查看信用信息的市场主体中，有创新的市场主体占比更高。如图 18 所示，2021 年查看信用信息的市场主体中，40% 的市场主体有创新，比不查看信用信息的市场主体高 5 个百分点。2020 年查看信用信息的市场主体中，

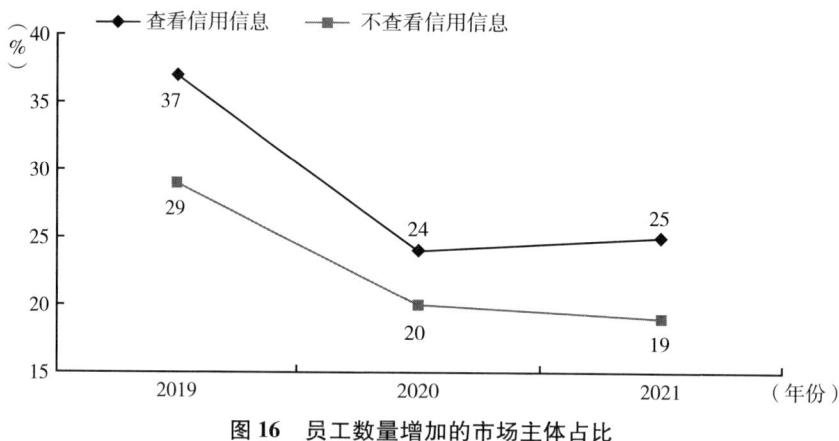

图 16　员工数量增加的市场主体占比

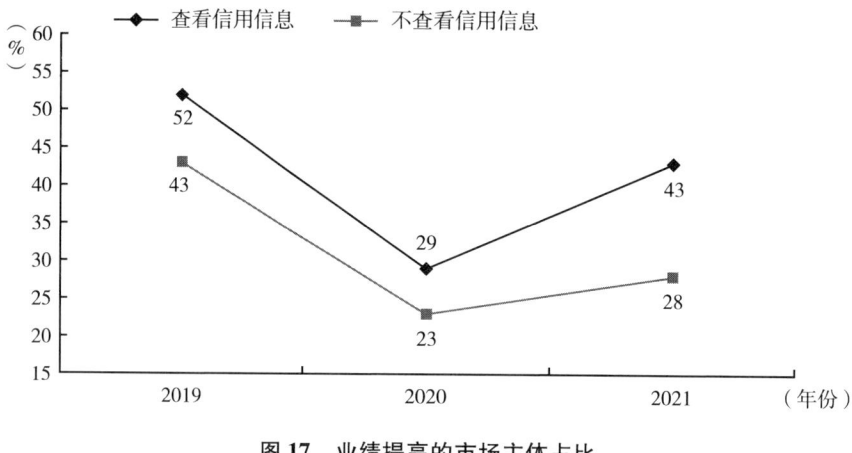

图 17　业绩提高的市场主体占比

38%的市场主体有创新，比不查看信用信息的市场主体高 8 个百分点。2019年查看信用信息的市场主体中，48%的市场主体有创新，比不查看信用信息的市场主体高 12 个百分点。

三　全国市场监管面临的主要问题

根据调研数据，目前全国信用监管存在的主要问题是信用信息公示系统使用情况不充分、不平衡。

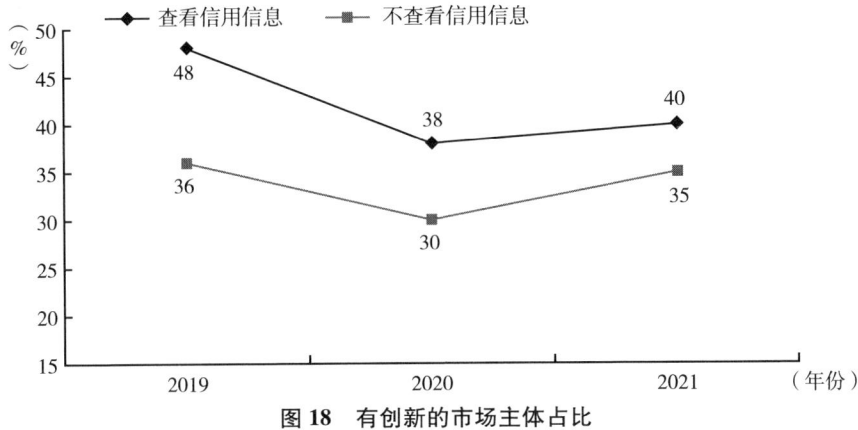

图 18　有创新的市场主体占比

（一）国家企业信用信息公示系统使用率不充分，近三成企业不查看信用信息

从整体情况来看，虽然 2021 年国家企业信用信息公示系统的使用率为 68%，但仍有 32% 的市场主体表示在与其他市场主体交易前不会主动查看对方的信用信息，存在国家企业信用信息公示系统的使用情况总体上不充分的问题。

（二）国家企业信用信息公示系统使用率不平衡，新兴行业、微型企业使用率低

就市场主体所处行业而言，新兴行业的市场主体在市场交易活动中使用国家企业信用信息公示系统的比例相对较低，工业建筑业和服务业在市场交易活动中使用国家企业信用信息公示系统的比例相对较高。如图 19 所示，2021 年调研数据显示，69% 的工业建筑业的市场主体会主动查看交易对象的信用信息，69% 的服务业的市场主体会主动查看交易对象的信用信息，63% 的新兴行业的市场主体会主动查看交易对象的信用信息。国家企业信用信息公示系统在各行业之间的使用率差异表明，该系统的使用情况在不同行业企业间存在不平衡的问题。

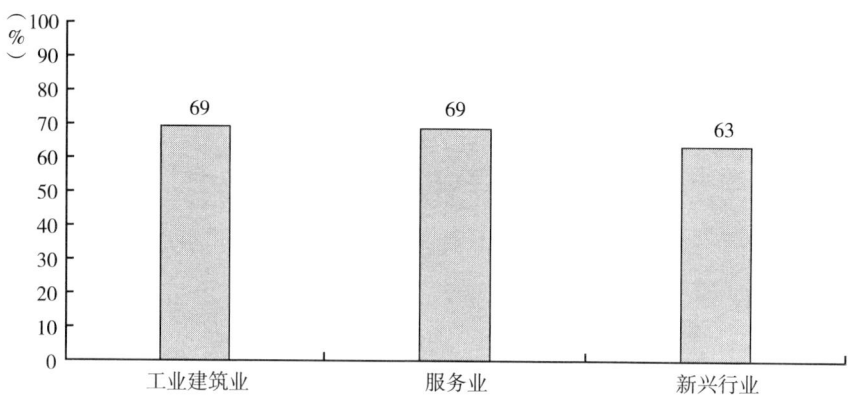

图 19　2021 年分行业市场主体的国家企业信用信息公示系统使用率

就企业的规模而言，微型企业在市场交易活动中使用国家企业信用信息公示系统的比例相对较低。如图 20 所示，2021 年调研数据显示，74%的小型企业会主动查看交易对象的信用信息，70%的大中型企业会主动查看交易对象的信用信息，60%的微型企业会主动查看交易对象的信用信息。国家企业信用信息公示系统在不同规模企业之间的使用率差异表明，不同规模企业之间的使用情况存在不平衡的问题。

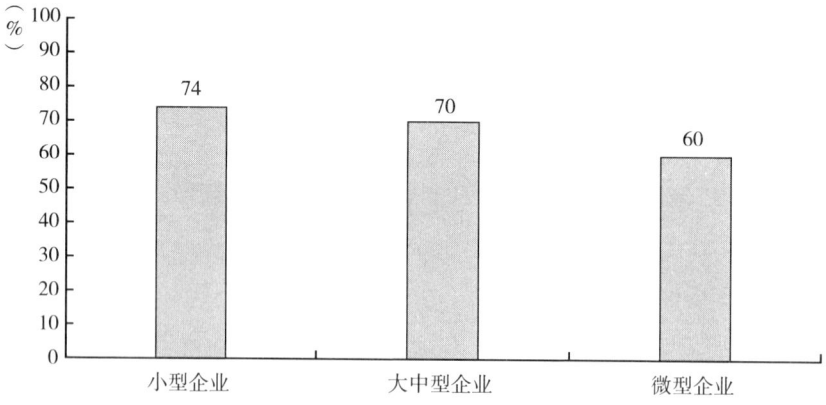

图 20　2021 年分规模企业的国家企业信用信息公示系统使用率

注：报告将员工规模 10 人及以下的定义为微型企业，10~100 人的为小型企业，100 人以上的为大中型企业。

全国线下政务服务建设调查报告[*]

提高政府服务效率和水平一直是"放管服"工作的核心内容。2021年3月，李克强总理强调，政府要进一步优化政务服务，让市场主体有更强活力，社会有创造力。2021年4月14日国务院常务会议通过《中华人民共和国市场主体登记管理条例（草案）》，要求提升登记便利度，推行当场办、一次办、限时办、网上办、异地可办等。创新政务服务方式、推进审批服务便民化的成效如何，市场主体最有发言权。本报告从市场主体需求侧的视角出发，考察全国线下政务服务建设的最新进展。

现将2021年度调查的主要发现报告如下。

一 全国线下政务服务大厅建设的基本情况

（一）新硬件逐步引入，71%的大厅配备政务服务一体机，比2020年提升13个百分点

政务服务大厅近年来不断引入政务服务一体机。政务服务一体机在一台机器上集成多个部门的业务，为企业办事提供了新选择。如图1所示，在2021年调研的全国68个政务大厅中，有71%的大厅引入了政务服务一体机，较2020年增加13个百分点，较2019年增加20个百分点，呈现上升趋势。

---

* 执笔人：黄子璐、黄学纯、韩思昊、李粤麟。

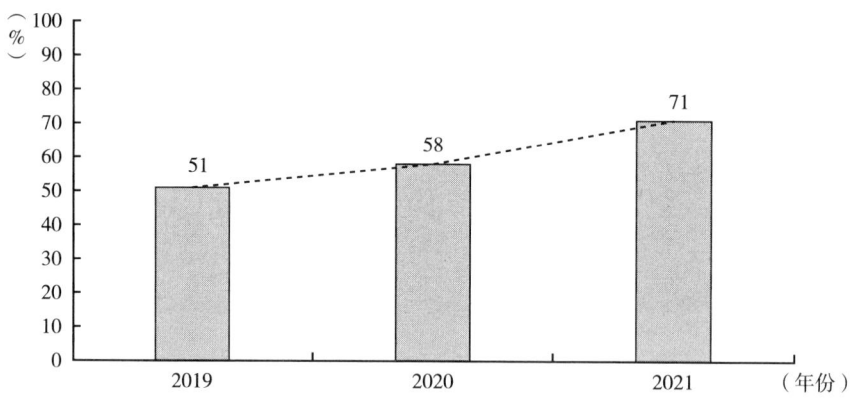

图1　2019~2021年引入政务服务一体机的大厅占比

（二）传统硬件完备，电脑、取号机、打印复印机等设备配备率接近100%

大厅效能硬件设施的评估涵盖电脑、取号机、打印复印机、照相处、LED显示屏五个方面，各项效能指标即各设施在政务大厅的配备率，指标得分越高，说明该项硬件设施的配备率越高。

总体来看，全国各政务大厅不断完善效能硬件设施。如图2所示，2021

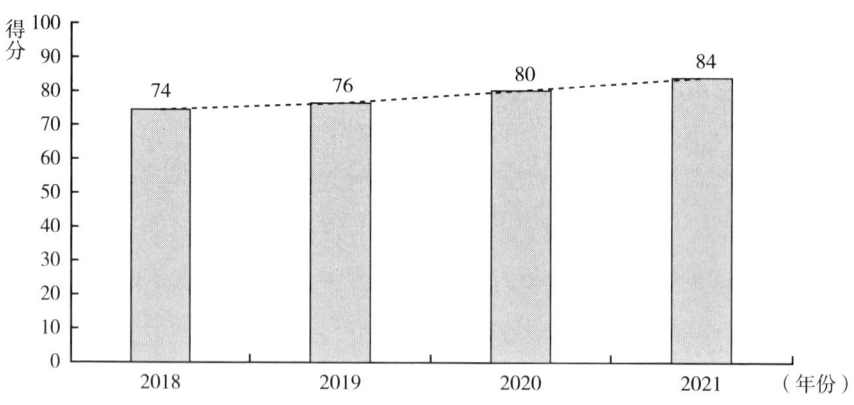

图2　2018~2021年全国政务大厅效能设施齐备度指标得分

年全国政务大厅效能设施齐备度指标得分为 84，2020 年为 80，2019 年为 76，2018 年为 74，整体呈上升趋势。完备的效能设施缩短了办事者的等待时间，便于办事者准备材料，并且有助于推进线上政务服务。

以下具体分析电脑、取号机、打印复印机三个设施的覆盖情况。

配备电脑的政务大厅数量总体呈上升趋势。如图 3 所示，2021 年电脑指标得分为 91，2020 年为 81，2019 年为 88，2018 年为 78，虽然在 2020 年电脑指标得分略有下降，但该指标得分总体呈现上升趋势。

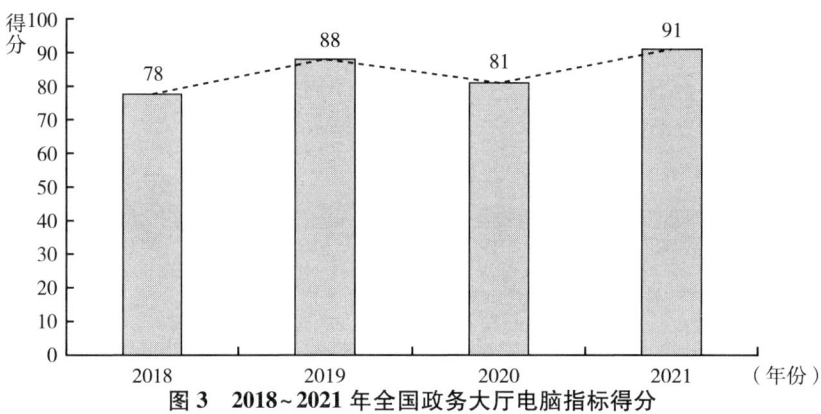

图 3　2018~2021 年全国政务大厅电脑指标得分

政务大厅配备电脑的平均数量逐年增加。如图 4 所示，2021 年全国办事大厅平均供市场主体操作的电脑数量为 7.8 台，与 2020 年相比增加 0.7

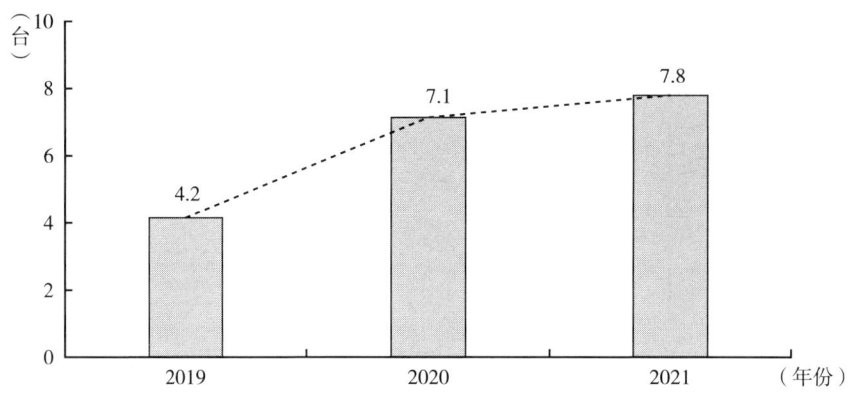

图 4　2019~2021 年全国办事大厅平均供市场主体操作的电脑数量

台，与 2019 年相比增加 3.6 台，整体呈现上升趋势。这说明，全国办事大厅的电脑数量逐渐增加，且电脑数量逐年增加。

安装取号机系统的政务大厅数量逐年增加。如图 5 所示，2021 年取号机指标得分为 94，2020 年为 90，2019 年为 87，2018 年为 80，整体呈现上升趋势。

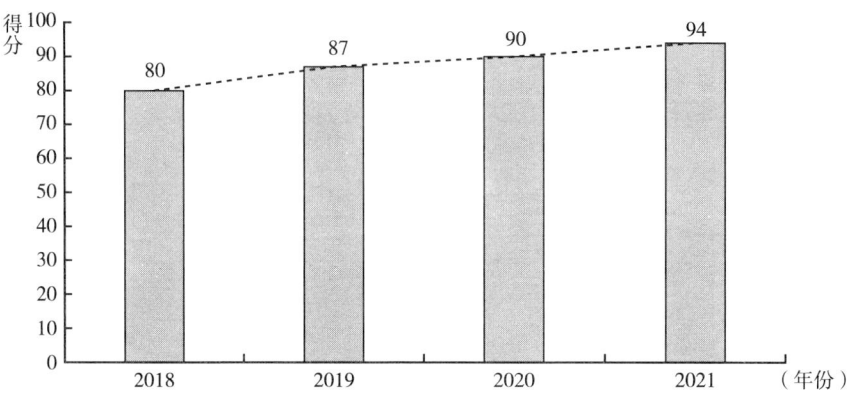

图 5　2018~2021 年全国政务大厅取号机指标得分

配备打印复印机的政务大厅占比整体呈增加态势。如图 6 所示，2021 年打印复印机指标得分为 97，2020 年为 91，2019 年为 87，2018 年为 91，整体呈现上升趋势。2021 年打印复印机指标得分接近 100，政务大厅的打印复印机基本普及。

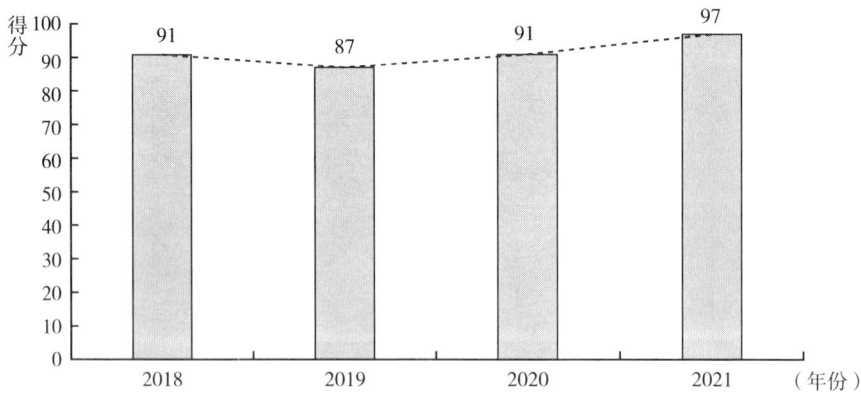

图 6　2018~2021 年全国政务大厅打印复印机指标得分

二 全国线下政务服务效率的最新进展

（一）办一件事平均跑1.7次，次数持续下降

此次调研中，调研员们问及办事主体"在过去半年中，您来这个办事大厅办成一件事大致需要跑几次"。如图7所示，2021年市场主体办成一件事平均跑1.7次，与2020年平均跑1.8次相比下降0.1次，与2019年平均跑1.9次相比下降0.2次，与2018年平均跑2.3次相比下降0.6次，整体呈现下降趋势。

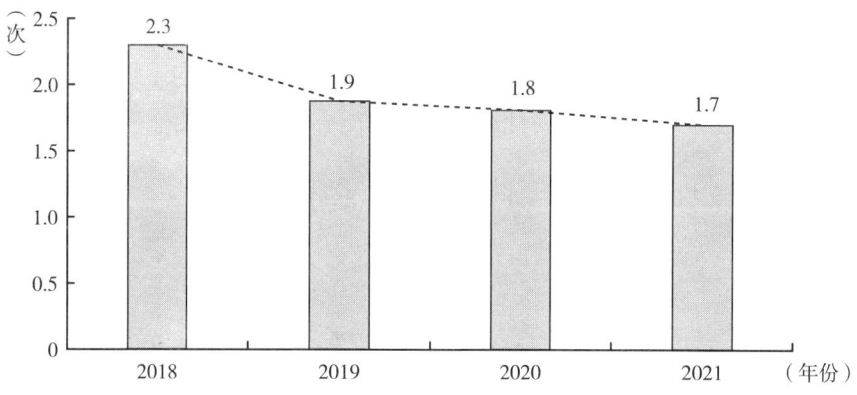

图7　2018~2021年市场主体办成一件事平均需要跑的次数

（二）51%的市场主体实现一件事"一次办"，比例持续提升

如图8所示，2021年市场主体办成一件事只跑一次的比例为51%，与2020年的44%相比提高了7个百分点，与2019年的42%相比提高了9个百分点，与2018年的30%相比提高了21个百分点，整体呈现逐年上升趋势。

按企业规模划分，2018~2021年各类企业一件事"一次办"的比例均呈上升趋势。如图9所示，2021年微型企业一件事"一次办"比例最高，为55%；大中型企业，一件事"一次办"比例为52%；小型企业一件事

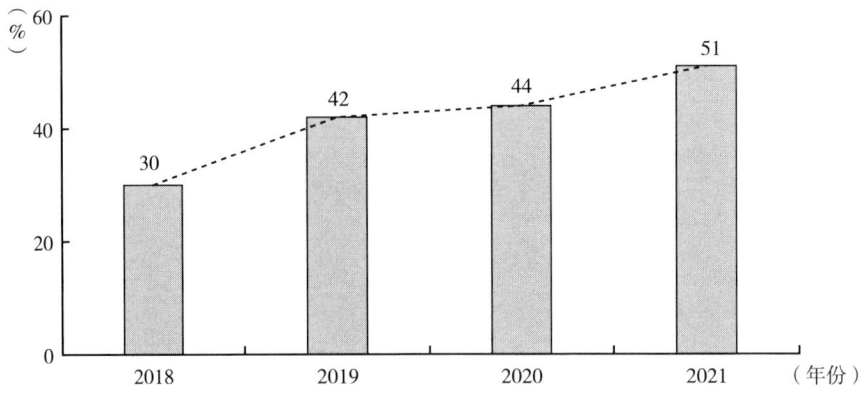

图8　2018~2021年市场主体实现一件事"一次办"比例

"一次办"的比例为48%，接近五成。从2018~2021年的调研结果来看，微型企业、小型企业、大中型企业一件事"一次办"比例均逐年提高，其中微型企业从31%增长到55%，增加了24个百分点，提升幅度最大。

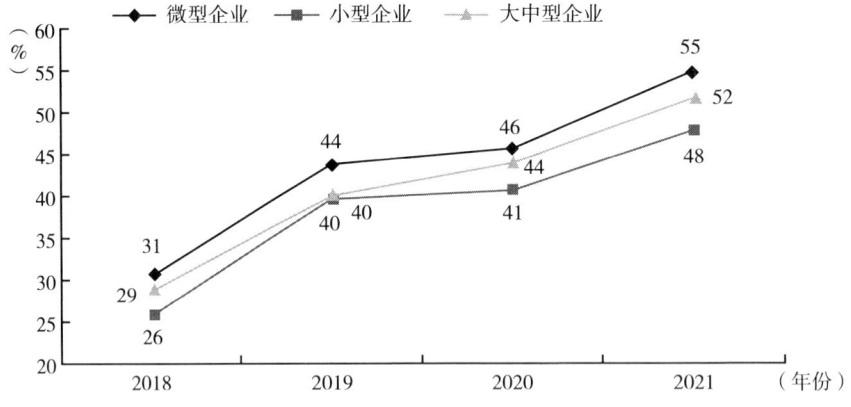

图9　2018~2021年不同规模市场主体一件事"一次办"比例

注：报告将员工规模10人及以下的定义为微型企业，10~100人的为小型企业，100人以上的为大中型企业。

按行业划分，2018~2021年各行业一件事"一次办"比例均呈上升趋势。如图10所示，2021年工业建筑业和服务业一件事"一次办"比例均为 51%，分别比 2020 年提高了 8 个和 7 个百分点。2021 年新兴行业一件事"一次办"比例为 49%，比 2020 年提高了 9 个百分点。从 2018~2021 年的调研结果来看，各行业一件事"一次办"的比例均呈上升趋势。

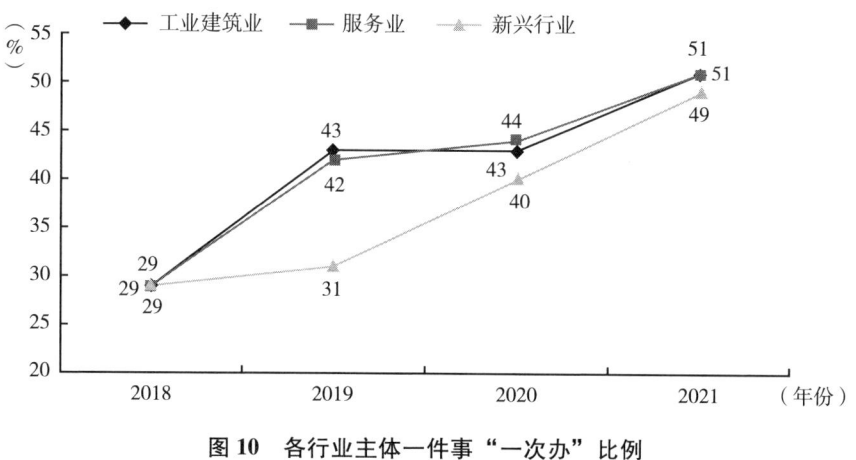

图 10　各行业主体一件事"一次办"比例

在访谈中，不少市场主体反映办事需要跑的次数变少。例如，在湖南省常德市，绝大多数受访市场主体都表示，办成一件事情，只要跑一次、一个办事窗口就可以完成，时间最多一个小时，甚至 10 分钟左右就可以完成；在广西防城港市，受访者对政务服务均表示较为满意，办一件事基本只需跑一次，一次基本只需半个小时左右。

（三）每次办事平均1.1个小时，比上年降低0.2个小时

此次调研中，调研员们采访办事主体"在过去半年中，除去交通往返时间，您每次来办事大厅办事要花费多长时间"。如图 11 所示，2021 年市场主体办一件事平均每次花费 1.1 个小时，比 2020 年减少了 0.2 个小时，比 2019 年减少了 0.1 个小时，比 2018 年减少了 0.3 个小时，总体呈现下降趋势。

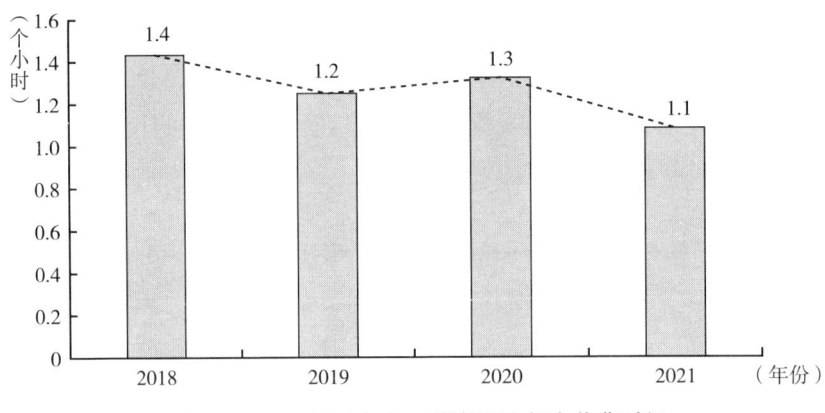

图 11　2018~2021 年办一件事平均每次花费时间

（四）78%的市场主体实现"一小时办结"，比上年增长8个百分点

如图 12 所示，2021 年 78% 的市场主体办理一件事在一个小时以内完成，比 2020 年增加了 8 个百分点，比 2019 年增加了 3 个百分点，比 2018 年增加了 6 个百分点，总体呈现上升趋势。

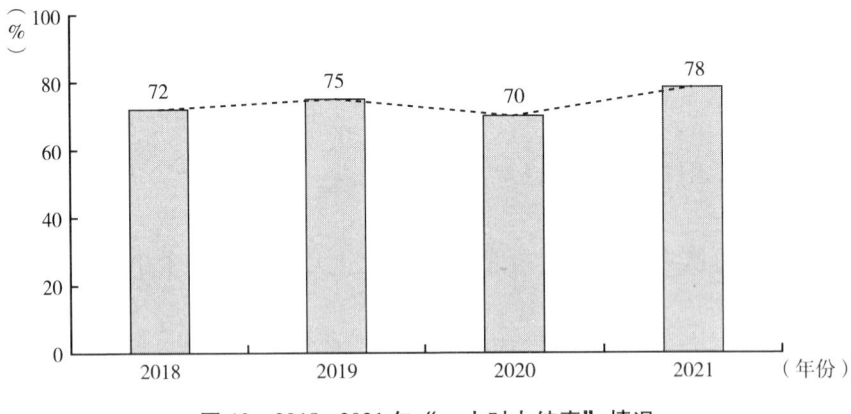

图 12　2018~2021 年"一小时办结率"情况

按企业规模划分，2018~2021 年各类企业一件事"一小时办"的比例整体呈上升趋势，且 2021 年各类企业一件事"一小时办"的比例均高于 70%。

如图 13 所示，2021 年微型企业、小型企业和大中型企业办成一件事只用一小时的比例分别为 80%、80% 和 72%，均在七成以上。从 2018~2021 年的调研结果来看，微型企业、小型企业、大中型企业一件事"一小时办"比例整体呈上升趋势，其中小型企业从 71% 增长到 80%，增加了 9 个百分点，提升幅度最大。微型企业一件事"一小时办"比例连续四年超全样本平均值。

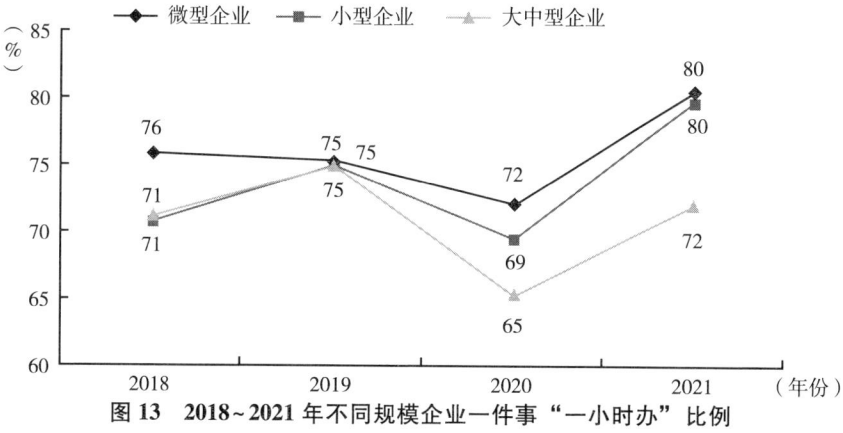

图 13　2018~2021 年不同规模企业一件事"一小时办"比例

按行业划分，2018~2021 年各行业一件事"一小时办"比例整体呈上升趋势，且 2021 年各行业一件事"一小时办"的比例均高于 70%。如图 14

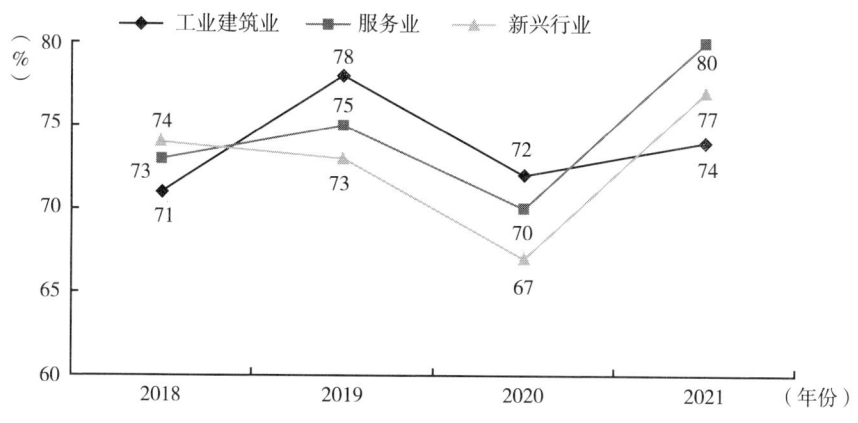

图 14　2018~2021 年各行业一件事"一小时办"比例

所示，2021 年服务业一件事"一小时办"比例最高，为 80%。2021 年新兴行业和工业建筑业一件事"一小时办"比例分别为 77% 和 74%。整体来看，各行业一件事"一小时办"比例均高于 70%。从 2018~2021 年的调研结果来看，各行业一件事"一小时办"的比例整体呈上升趋势，略有起伏，其中服务业一件事"一小时办"的比例从 73% 增长到 80%，增加了 7 个百分点，增速最快。

（五）使用数字政府，"一次办结""一窗办理""一小时办结"比例均提升

本报告将网上办事大厅、手机端办事 App 和小程序等数字政府办事平台统称为数字政府，按市场主体是否使用数字政府，将样本划分为"未使用""使用"两类。如图 15 所示，2021 年使用数字政府的市场主体中，办一件事只跑一次的比例为 52%，比未使用数字政府的市场主体高 2 个百分点；使用数字政府的市场主体中，只与一个窗口打交道的比例为 71%，比未使用数字政府的市场主体高 6 个百分点；使用数字政府的市场主体中，一件事在一个小时内办结的比例为 79%，比未使用数字政府的市场主体高 1 个百分点。这表明，使用数字政府提高了"一次办结""一窗办理""一小时办结"的比例。

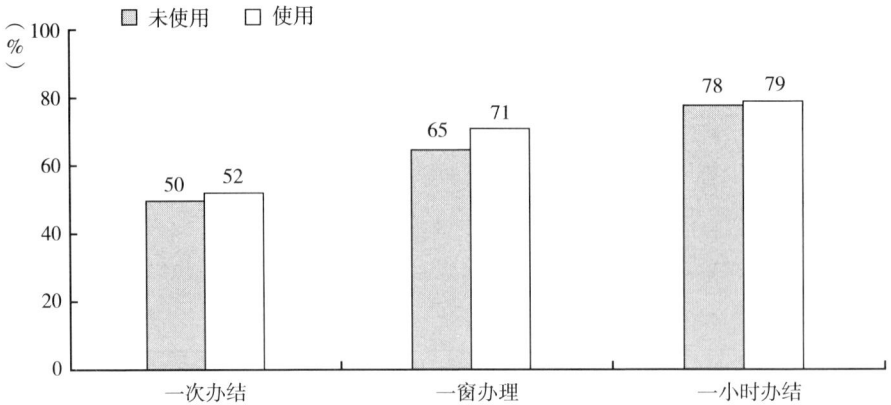

图 15　2021 年使用数字政府的市场主体"一次办结"
"一窗办理""一小时办结"情况

三 各地提升线下政务服务效率的典型做法

根据调研员的实地走访，报告梳理了在此次调研中发现的一些典型做法。

（一）北京市：早晚弹性办，午间不间断，周六不休息

为了方便上班族或各企业办事，北京市政务服务中心提供了"早晚弹性办，午间不间断"的弹性办理服务以及周六延时服务，方便办事主体办事。北京市政务服务中心的周六延时服务为9时至13时，服务范围为在政务服务中心办理的所有事项，即除使用国家审批系统且不对外开放和有指定办理时间的事项外的所有事项，给工作时间不方便前往大厅的群众提供了极大的便利，是一项非常人性化的举措。

（二）上海市："机动"窗口，专人专项

上海市虹口区行政服务中心最大的特点之一是综合受理窗口"机动"化配置，即根据即时需求调整窗口的服务，有效地提高了办事效率和窗口利用率，压缩了办事主体排队、办事的时间。据该中心的志愿者介绍，机动窗口是为了更好地服务不同时段的办事群众，当来办理相关业务的市场主体较多而相关的办事窗口数量不足时，机动窗口会调整为相应的热门窗口，并且安排相应的工作人员前来值班，更好地贴合办事群众的需求，解决办事窗口与办事群众数量不匹配的问题。

此外，上海市浦东新区也延续了"一人专管专项"的举措，即一个市场主体所需办理的同一业务由同一窗口办理且后续业务不换人的方式。这个举措在上年的报告中已经有所体现，此次调研我们又听到了来自办事主体的赞许"……这样大大缩减了很多无效的时间，就是你这个事情换个窗口还要登记一次，浪费了时间。也就是一个人专管专项，那么他告诉你这个问题，后续你就是按照他的要求补上材料，基本上都没有问题，因为是他第一

个看的，他对你当初拿过来的材料虽说不能百分百地了解，但是最起码相对来说比较清晰了，比较有特色"。这说明浦东新区的这一举措具有很大的借鉴意义，值得其他政务大厅效仿学习。

（三）广东省广州市：企业开办专区

广州市在黄埔区、越秀区、海珠区的政务服务中心都设置了开办企业专区，规模也比较大。给开办企业的办事主体提供"一站式一条龙服务"，免去群众开办企业时需要"多头跑""跑多次"的烦恼。

图16　广州市黄埔区政务服务中心

（四）湖南省常德市：线上为主、线下为辅，让等候区的办事主体不再等候

调研员实地调查得知，大部分区政务大厅办理业务的主体都是以咨询为主，了解业务办理流程和所需资料。常德市人民政务服务中心的一位工作人员说："现在工商业务线上办理占比达80%，基本实现全程电子化，线下来的（市场主体）都是咨询业务如何办理。"武陵区的工作人员告知线上业务

图 17　广州市海珠区政务服务中心

是 2017 年 10 月开始推行的，市场主体一般均可线上办理业务，只有网上办理失败、股东或总公司在外省无法线上办理业务的才会来线下工商窗口办理业务。

以办理营业执照为例，办事主体在网上登记企业名称后，线上平台会提供详尽的资料填写模板，其只需要打印填写后在线上平台提交审核，审核完成就可以获得营业执照。即使办事过程遇到问题，也可以选择电话咨询，只有实在没有办法完成的群众，才会选择到政务大厅当面询问。

（五）浙江省衢州市：人性化服务，贴近群众心

衢州市政务大厅在许多小细节上都做得很有温度。大厅内除了设施完善以外，还配备有书吧、西饼屋等休闲区域供人们休息。对于需要拍照的办事主体，厅内不仅提供免费的拍照服务，还贴心地提供图片美颜、化妆等服务。

大厅内除了其他城市大多配备有的母婴室、银行等外，还配备了残疾人轮椅，可谓应有尽有。在叫号服务上，相较于其他大厅，衢州区政务大厅采用了更加人性化的"电子无声叫号+短信叫号+窗口人员"三次提醒方式，有效解决了大厅声音嘈杂和办事主体错过叫号通知这两个看似难以同时解决的问题。

其中一位办理营业执照的市场主体觉得现在的整体营商环境很好，效率越来越高了，只要按照专人指导的操作，马上就能拿到营业执照了。另一位个体户在接受调研采访期间，频频流露出对该厅工作人员的赞美，"我啥也不会，小姑娘帮我办事，还客客气气的，这已经是非常好了"。工作人员帮助不擅用手机和电脑的大伯处理各种文件，前来办事的群众只需要按照工作人员的指导填写完相关材料，不到一个小时就能把业务办理好。

图 18　衢州市衢江区自助服务区

图 19　衢州市衢江区自助免费拍照区

图 20　衢州市衢江区银行

图 21　衢州市衢江区书吧

四　全国线下政务服务建设中面临的主要问题

（一）人工窗口开放率下降

在此次调研中，调研员实地统计了正在开放办理业务的人工窗口数量和市场监管人工窗口数量，两者相除获得了人工窗口开放率。如图 22 所示，2021 年全国政务大厅平均人工窗口开放率为 81%，与 2019 年和 2020 年相比均下降 4 个百分点，与 2018 年相比下降 11 个百分点，整体呈现下降趋势。

人工窗口开放率下降说明线下大厅闲置不用的窗口越来越多，在大厅容量不变的情况下，需要进行物理空间调整，比如将关闭的窗口改为放置政务服务一体机。人工窗口开放率降低可能有三个原因：一是企业所需办理事项减少；二是人工窗口办事效率提高；三是数字政府替代了传统人工窗口办事方式。

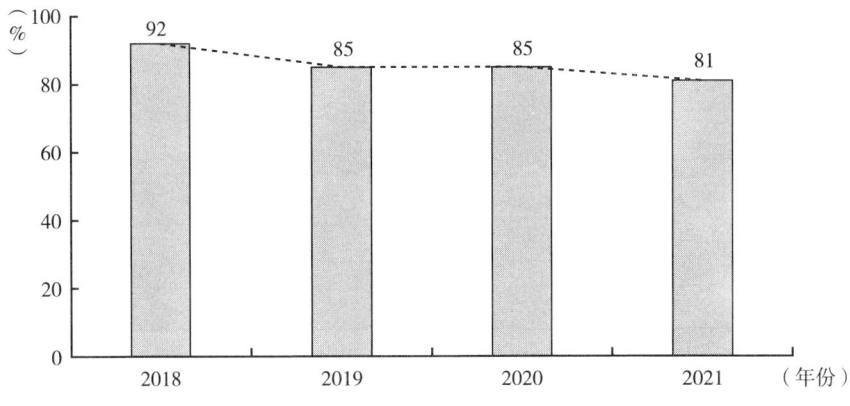

图22　2018~2021年全国政务大厅窗口开放率

（二）"一窗办"改革进入瓶颈期

从调研结果来看，2018~2021年"一窗办"比例基本保持不变，没有明显的进步。具体而言，在实地调研中，当调研员访问市场主体"在过去半年，您来这个办事大厅每次大致与几个窗口打交道"时，如图23所示，2021年市场主体办一件事平均和1.4个窗口打交道，与2018~2020年的1.4个窗口持平。如图24所示，2021年市场主体办一件事"一窗办"的比例为69%，与2020年持平，比2019年提高2个百分点，比2018年提升1个百分点。

按企业规模划分，各类企业一件事"一窗办"比例均在70%左右。如图25所示，2021年微型企业办成一件事只和一个窗口打交道的比例为66%，相比于2020年下降7个百分点；小型企业办成一件事只和一个窗口打交道的比例为72%，相比于2020年上升5个百分点；大中型企业办成一件事只和一个窗口打交道的比例为66%，相比于2020年下降5个百分点。从2018~2021年的调研结果来看，只有小型企业一件事"一窗办"的比例逐年上升，微型企业和大中型企业一件事"一窗办"的比例2018~2020年整体呈上升趋势，2021年该比例有所回落。

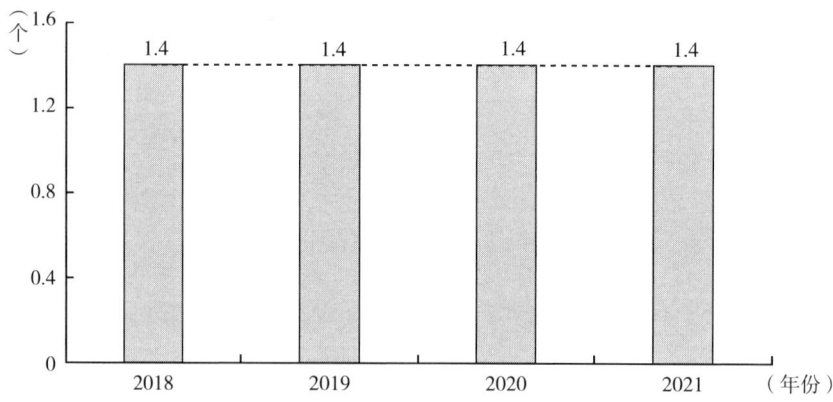

图23 2018~2021年办一件事平均需要打交道的窗口数量

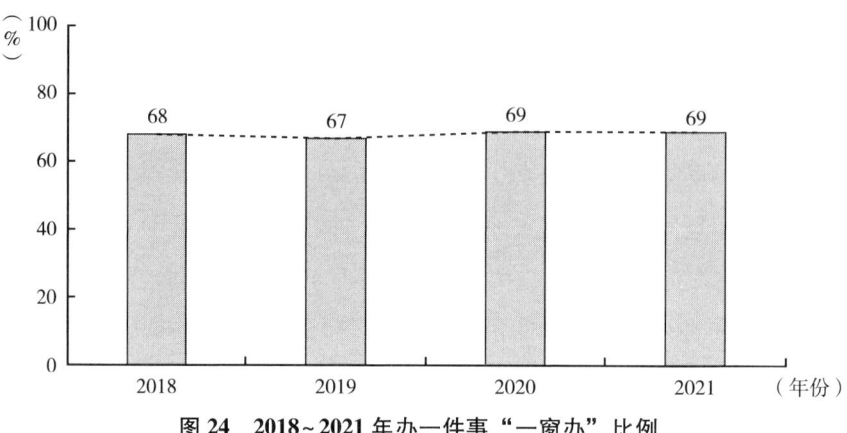

图24 2018~2021年办一件事"一窗办"比例

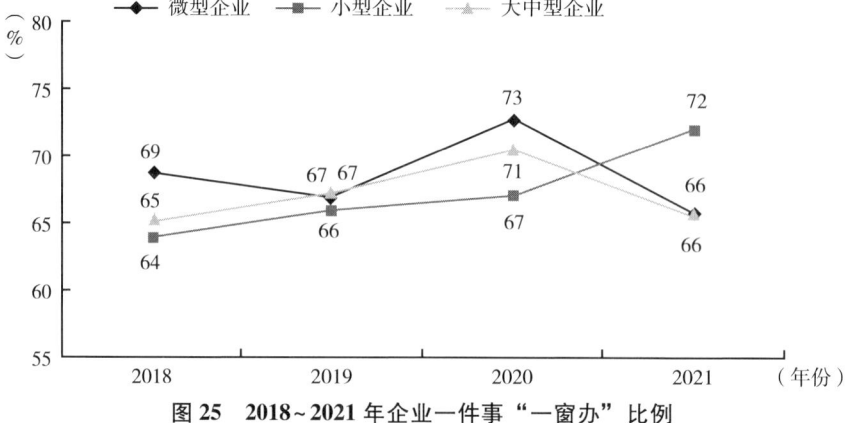

图25 2018~2021年企业一件事"一窗办"比例

按行业划分，各行业一件事"一窗办"比例均在70%左右。如图26所示，2021年工业建筑业一件事"一窗办"比例最高，为70%；其次分别是服务业、新兴行业，一件事"一窗办"比例分为69%、66%。从2018~2021年的调研结果来看，各行业一件事"一窗办"的比例略有起伏，但整体均在70%左右。

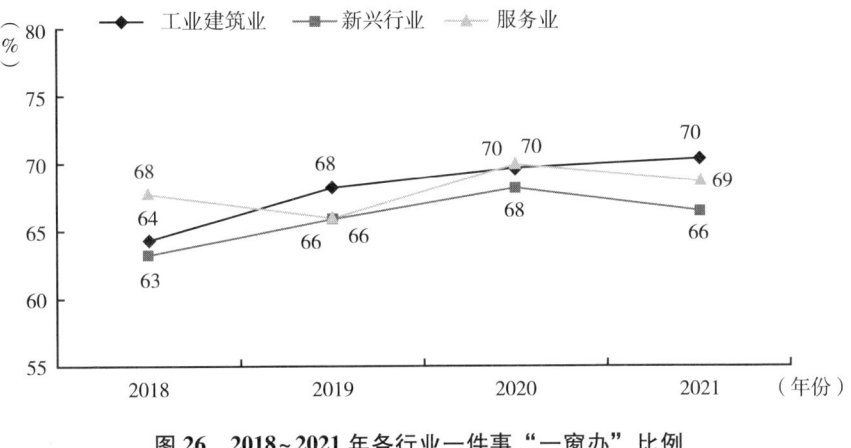

图26　2018~2021年各行业一件事"一窗办"比例

（三）市内政务服务供需不均衡

即使是在同一个城市，不同区也存在政务服务供给与办事主体需求的不平衡。在同一个市内，有的区服务中心设施完善，休息区域宽敞舒适，但是前来办事的群众却寥寥无几，一个窗口甚至30分钟内都不会接待一位办事群众，一体机也常常无人使用；而另一个区的办事大厅则人满为患，休息区坐满了群众，办事主体大都要等上近一个小时才能开始办理业务，窗口的办事人员不停地操作着电脑，厅内的志愿者来回走动不断地为群众提供帮助。

例如，中部地区某市不同区的办事大厅场景各不相同。A区政务服务大厅办事窗口不多，也未出现排队现象。B区政务服务大厅占地面积最大，但是办理业务的群众较少，调研员在调研当日未见群众排队等号。而C区政务服务大厅占地面积最小，但办理业务群众最多。D区政务服务大厅在调研当日实际开放可办理业务的窗口只有六七个，办理群众较多，有排队的现象。

再如，东部地区某市 E 区政务中心内办事群众寥寥无几，甚至出现一小时内一个人也没有，工作人员提前下班的情况；而在 F 区政务中心，高峰期内电脑旁坐满了人，还有不少群众在等候区等待。

全国数字政府建设调查报告[*]

党中央、国务院高度重视数字政府建设。2021 年，政府工作报告强调要"实现更多政务服务事项网上办、掌上办、一次办"，各地大力推进全国一体化政务服务平台的建设，尤其重视移动端建设。市场主体是数字政府的需求者、使用者和评价者，本报告以市场主体的获得感为标准，从市场主体需求侧的视角出发，考察全国数字政府需求侧建设的新进展和新问题。

现将 2021 年度调查的主要发现报告如下。

一 全国数字政府处于大规模使用阶段

本报告从"想用、知晓、使用、好用"四个方面考察全国数字政府需求侧建设的新进展。从市场主体的反馈看，全国数字政府使用率为 59%，处于大规模使用阶段。

（一）88% 的市场主体想用数字政府，想用率连续三年保持在九成左右

本报告将电脑端政务服务网、手机端各类 App 和小程序等办事平台统称为数字政府，将受访市场主体中愿意使用数字政府的比例定义为想用率。如图 1 所示，当被问及"如果数字政府能办理您所需的业务，您愿意

---

* 执笔人：李楚昭、谢颖莹、韩思昊、周荃。

使用吗"时，在 2021 年全国受访市场主体中，88% 表示愿意使用数字政府。从 2019~2021 年的全国实地调研结果来看，数字政府想用率保持在 90% 左右。这表明，市场主体对数字政府的使用意愿一直比较高。

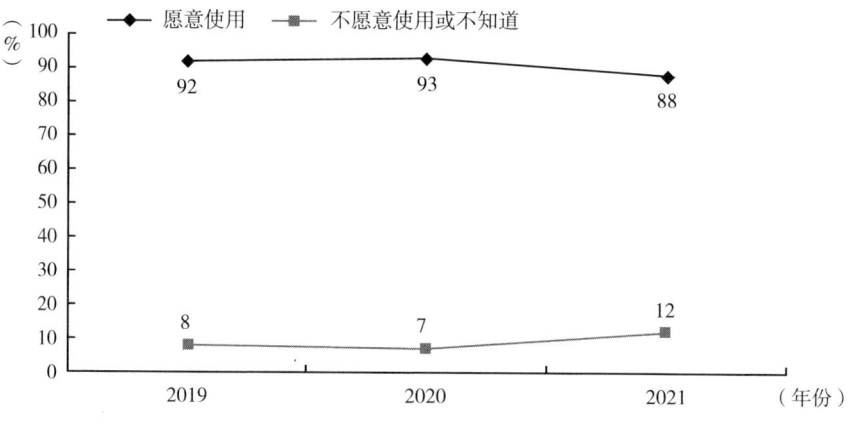

图1　2019~2021 年数字政府想用率

市场主体对数字政府的高需求是各地政府推行数字化政务服务的前提和基础。在实地调研中，调研员发现各地市场主体对于数字化建设的接受度都很高。无论是否了解过、是否尝试过线上办事，被访的办事群众大多表示愿意尝试线上办事。比如，江苏常州的市场主体表示，"（线上办事）就不用特地出门跑一趟了，那肯定是愿意的"。湖南常德的市场主体表示，"大家在家里都能办理的事情，就没必要大热天的来大厅跑一趟"。

（二）数字政府知晓率维持在77%，手机 App 知晓率显著提升

本报告将知道数字政府的市场主体比例定义为知晓率。如图 2 所示，当被问及"本区是否可以在电脑或手机上办理业务"时，在 2021 年全国受访市场主体中，77% 知晓数字政府，该比例与 2020 年持平，较 2019 年提高 8 个百分点。这表明，全国数字政府需求侧建设已经进入大规模知晓阶段。

从不同操作平台来看，一方面，市场主体对电脑端网上办事大厅熟

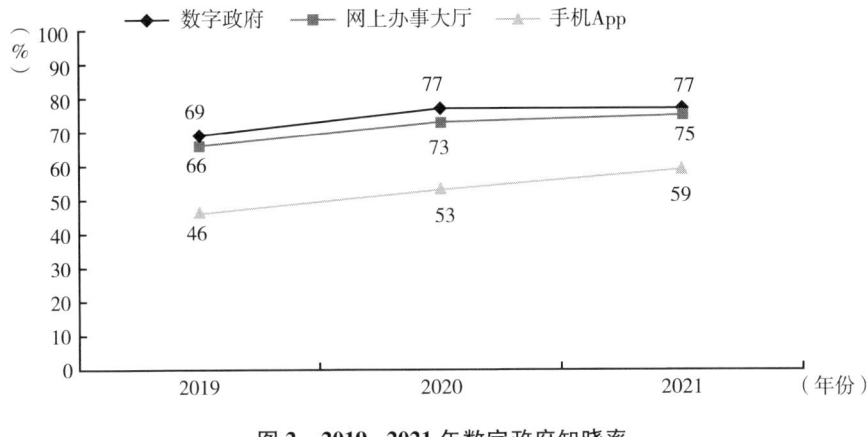

图2 2019~2021年数字政府知晓率

知程度仍然更高。2021年，网上办事大厅知晓率为75%，比手机App的知晓率高16个百分点。另一方面，市场主体的手机App知晓率的提升程度尤为突出。2021年，手机App的知晓率为59%，相比2020年增加了6个百分点，比2019年增加了13个百分点，手机App的知晓率持续提升。

各地政府重视数字政府宣传工作，是其知晓率提升的重要原因之一。根据调研员的反馈，各地政务大厅都有对数字政府进行相关的宣传，如设置数字政府的宣传栏、放置数字政府的宣传册及开放专门的成果展示区等。比如，福建泉州丰泽区的政务服务中心张贴了"个体工商户手机微信照办了""微信预约已开通"等数字政府宣传海报，让更多办事群众开始接触数字政府；北京市各个大厅都设立了数字政府宣传栏引导，鼓励办事群众使用电脑端、移动端自助服务。

（三）数字政府使用率为59%，与2020年基本持平，手机App使用率显著提升

本报告将使用数字政府的市场主体比例定义为使用率。如图3所示，当被问及"您有在电脑上或手机上办理过业务吗"时，在2021年全国受访市场主体中,59%表示使用过数字政府,全国数字政府使用率与2019年相比提升6个百分点。

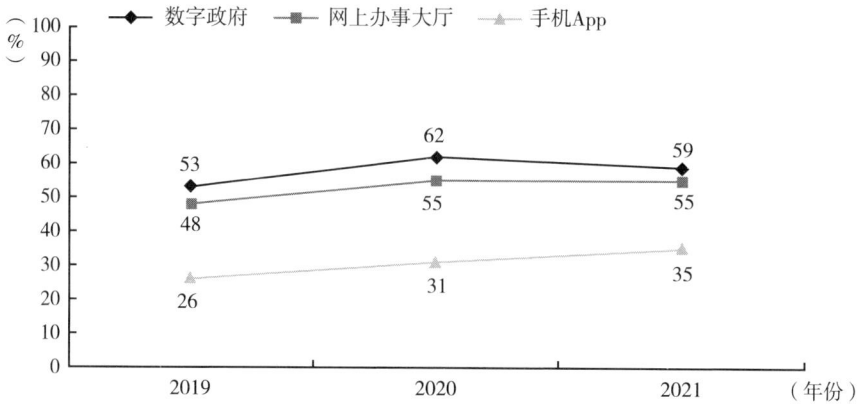

图3　2019~2021年数字政府使用率

从不同操作平台来看,一方面,电脑端网上办事大厅仍为市场主体的主流办事方式。2021年,网上办事大厅的使用率为55%,较手机App高20个百分点。另一方面,手机端App的使用率显著提高。2021年,手机App的使用率为35%,较2020年提升4个百分点,较2019年提升9个百分点,手机App的使用率稳步提升,即将进入大规模使用阶段。

在实地调研中,一些地区的调研员发现政务大厅的办事群众"消失"了。比如,随着数字政府的发展,广西钦州与贵州毕节等地的线下政务大厅都只有寥寥数人前来办理业务,办事窗口竟给人一种空旷的感觉,与过去"一号难求"的场面形成鲜明对比。

从使用频率来看,如图4所示,过去半年市场主体使用电脑端网上办事大厅办理业务的平均次数为8.3次,使用手机App办理业务的平均次数为4.8次。市场主体使用电脑端办理业务的次数是手机端的1.73倍,电脑端网上办事大厅仍然是当前主要的办事方式。

在调研中,湖南岳阳政务服务中心的一位工作人员表示,"我们推广应用全程电子化已经有两年了,去年大家可能还不太熟悉这个平台,但今年以

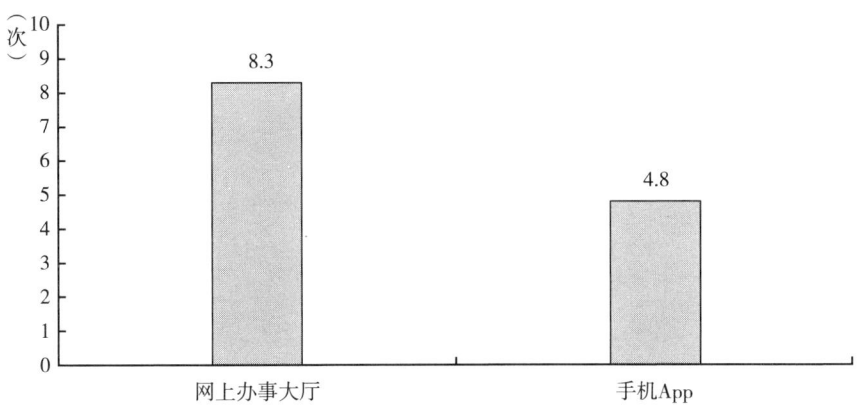

图4 过去半年使用电脑端网上办事大厅和手机 App 平均办理业务的次数

来大家都很习惯在网站上办理这些业务，能不跑政务大厅就都不跑，电脑上用的办事系统现在还比较多，手机 App、微信小程序现在也在慢慢普及中，凡事都有一个过程"。

（四）40%的市场主体认为数字政府好用

本报告将认为数字政府好用的市场主体比例定义为好用率。当被问及"您认为现在电脑上或手机上的办事系统好用吗"时，如图5所示，14%的市场主体认为数字政府非常好用，26%的市场主体认为数字政府比较好用，两者相加，有40%的市场主体认为数字政府好用。除此之外，还有14%的市场主体认为一般，3%的市场主体认为部分好用，3%的市场主体认为不好用。

相对而言，女性、40岁以下人群、民营企业和小型企业认为数字政府好用的比例更高。如图6所示，分性别看，男性和女性受访者认为数字政府好用的比例分别为38%和42%，女性略高4个百分点。分年龄看，40岁以下受访者中，41%的认为数字政府好用，比40岁以上受访者高5个百分点，这与年轻群体更容易接受数字服务有关。分所有制看，民营企业市场主体认为数字政府好用的比例最高，为44%，较国有企业和个体户分别高7个和

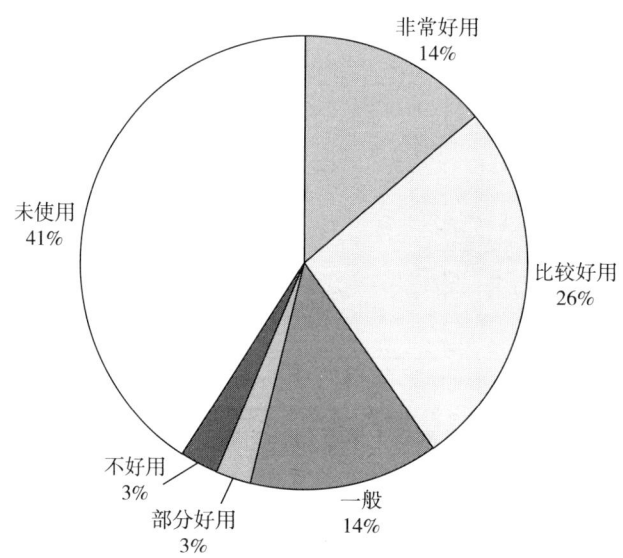

图5 2021年数字政府好用情况的评价占比

注：本报告的数值保留至个位，故可能出现总和不为100%的情况。

14个百分点。分规模看，小型企业认为数字政府好用的比例最高，为42%，较微型企业和大中型企业均高3个百分点。

在实地调研中，许多受访市场主体都对数字政府的好用程度表示肯定。比如，广东广州的市场主体表示，"现在用电脑系统非常方便，我忘带了一份材料，原来需要再跑一次，但是现在直接从网络上传给办事人员就可以了，很方便"。在陕西安康，市场主体普遍表示，"整个流程走下来只需要两三天"，总体上感觉"很快""网上办事还是更便利的"。

二 全国数字政府"一网通办"程度稳步提升

全面推进"一网通办"是2021年的重点工作之一。《2021年政务公开工作要点》明确要求推动更多政务服务事项网上办、掌上办、一次办，实现一网通查、一网通答、一网通办、一网通管。

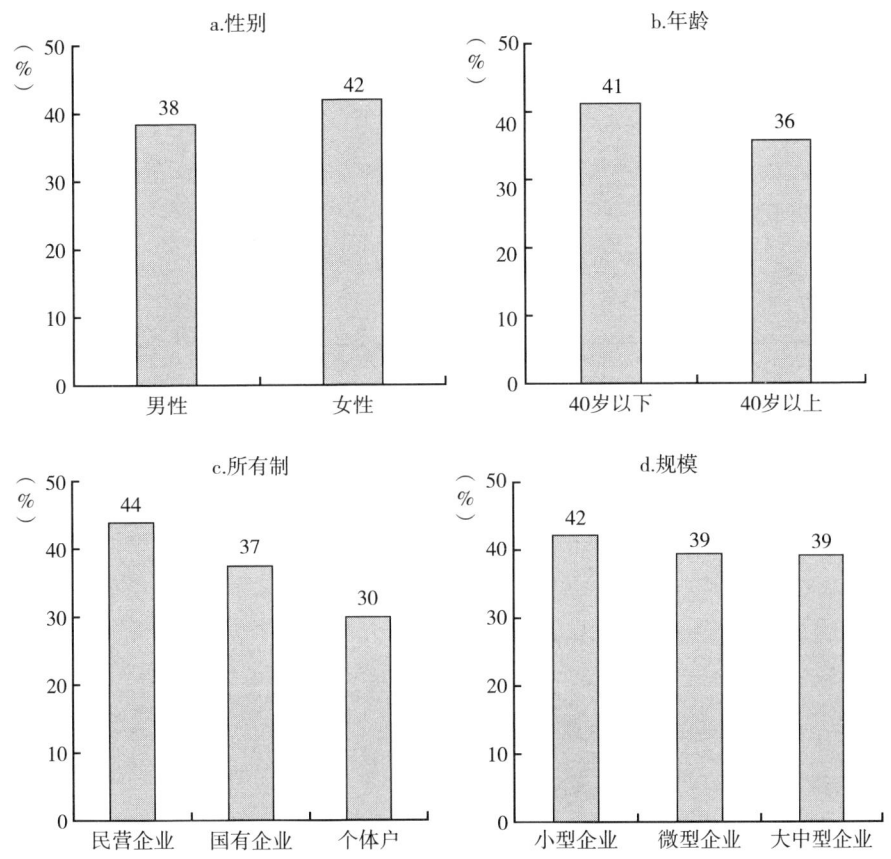

图 6 各类市场主体均有约 40%认为数字政府好用

从市场主体的反馈来看，如图 7 所示，当被问及"您常用的政府提供的电脑（或手机）上的办事系统（App、小程序等）一共有几个"时，31%的市场主体表示共使用 1 个线上办事系统，较 2020 年和 2019 年均上升 2 个百分点。这说明，数字政府在"一网通办"建设中取得了一定成效。

2021 年，近七成市场主体使用 2 个及以上线上办事系统。如图 8 所示，除 31%的市场主体已经实现"一网通办"之外，还有 26%的市场主体使用 2 个办事系统，21%的市场主体使用 3 个办事系统，10%的市场主体使用 4 个办事系统，12%的市场主体使用 5 个及以上办事系统。

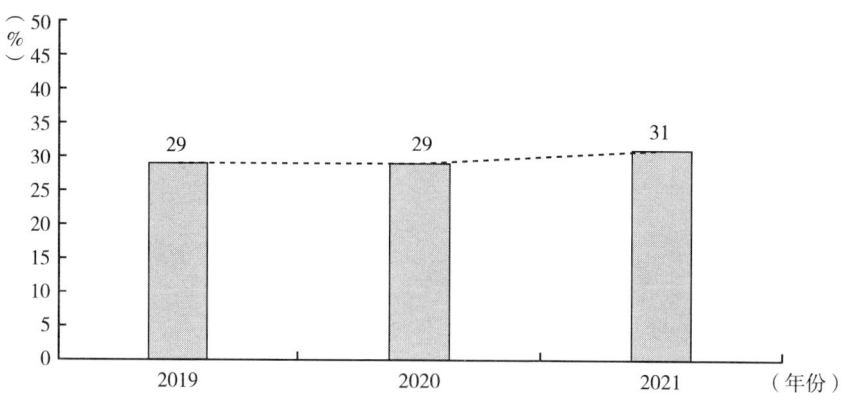

图7　2019~2021年一网通办率情况

注：2019年和2020年，一网通办率为"手机端和电脑端使用的办事系统数量均不超过1个的市场主体占比"；2021年，一网通办率为"手机端和电脑端使用的办事系统总数为1个的市场主体占比"。

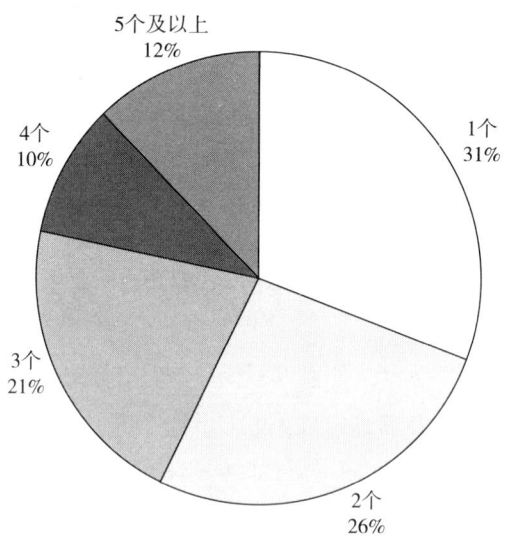

图8　市场主体使用线上办事系统的数量占比

在实地调研中，上海市"一网通办"建设给调研员留下了深刻的印象。上海市的市场主体纷纷表示，"现在都是线上先办，然后再到窗口

图 9 上海虹口区行政服务中心"一网通办"政务服务一体机

来"。小型的办事大厅设置有多台"一网通办"柜员机或自助电脑,大型的行政中心甚至会为"一网通办"单独开设业务分区或者 24 小时自助服务大厅。同时,大厅还配备了一定数量的工作人员协助办事群众操作柜员机或自助电脑。广东广州也在大力推行"一网通办,一窗通取"的办事模式,以"一网通,一窗取,零成本,半天结"为目标,致力于提升政务服务效率,随处可见"一网通办"的宣传,收获了来自市场主体的"开办企业一天就能拿到证书,很快""比之前快多了,这个模式很有必要"等肯定。

三 全国政务服务一体机建设快速推进

(一)71%的大厅引入政务服务一体机,比上年提升13个百分点

近年来,政务服务一体机在政务服务大厅快速普及。该设备能够在一台

硬件机器上集成多个部门的业务，为企业提供了除人工窗口、电脑、手机端App之外的办事新方式。如图 10 所示，在 2021 年全国调研的 68 个政务大厅中，71% 的大厅引入了政务服务一体机，较 2019 年提升了 20 个百分点，这表明政务服务一体机正在全国范围内快速普及。

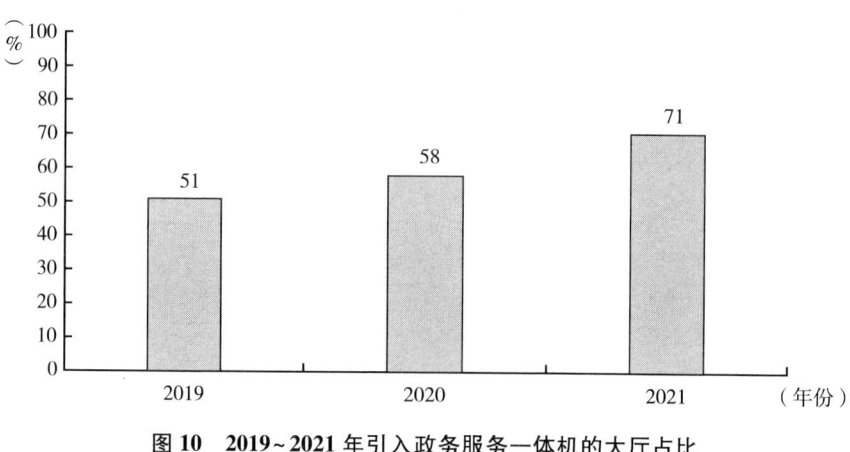

图 10　2019~2021 年引入政务服务一体机的大厅占比

（二）每个政务大厅平均引入1.8台政务服务一体机，比上年增加0.1台

在调研中，调研员实地统计了各个政务大厅引入的政务服务一体机数量。如图 11 所示，2021 年全国调研的 68 个政务大厅平均引入了 1.8 台政务服务一体机，比 2020 年增加了 0.1 台，较 2019 年增加了 0.7 台。

（三）政务服务一体机平均可办理10.2个部门的业务，比上年增加近一倍

2021 年，政务服务一体机上集成的部门数量倍增。在调研中，调研员实地统计了各个政务大厅的政务服务一体机上集成的部门数量。如图 12 所示，与 2020 年相比，市场主体可在政务服务一体机上办理业务的部门数量从 5.4 个上升至 10.2 个。其中，在本次调研的 68 个政务大厅中，河南省驻

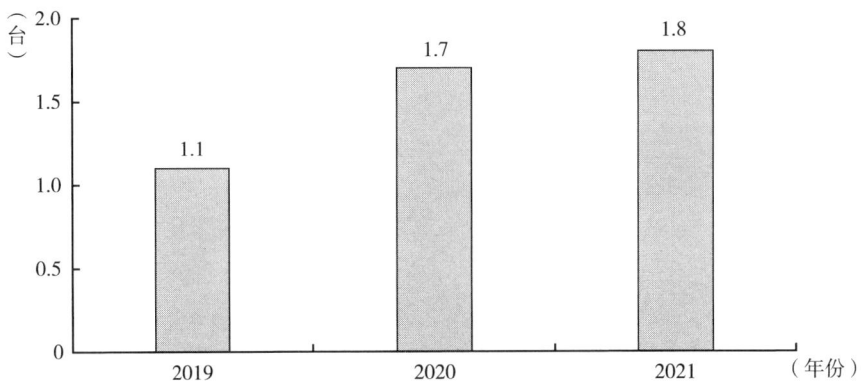

图 11 2019~2021 年每个政务大厅平均引入的政务服务一体机数量

马店市行政服务中心的政务服务一体机上集成的部门数量最多，可办理 46 个部门的业务。

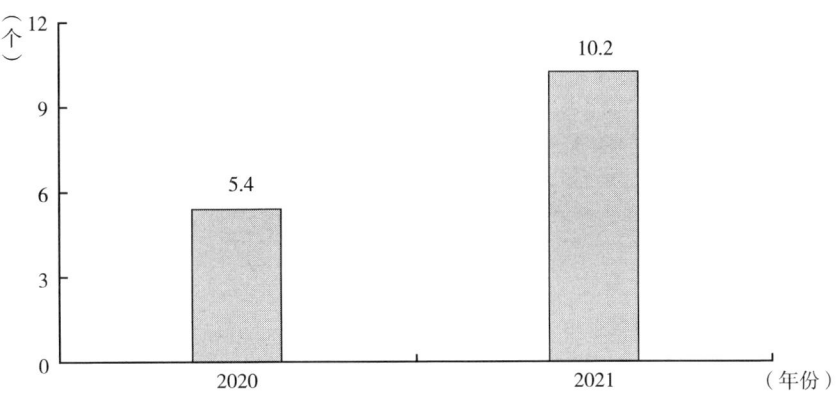

图 12 2020~2021 年政务服务一体机上可办理的部门数量

四 全国数字政府建设面临的主要问题

从市场主体的视角来看，全国数字政府需求侧建设中主要存在以下问题。一是数字政府建设不充分，仍有 29% 的市场主体需求未得到满足；二是政务服务一体机推广不充分，这一新硬件的使用率还不高。

图 13　河南驻马店市政务服务中心政务服务一体机

图 14　广州市黄埔区政务服务中心政务服务一体机

图15　江苏常州市武进区政务服务中心政务服务一体机

（一）11%的市场主体想用但不知道数字政府

知晓是使用的前提和基础。如图16所示，2021年有88%的市场主体想用数字政府办理业务，77%的市场主体知晓数字政府，这表明，有11%的市场主体想用数字政府但不知道。

分行业看，如图17所示，2019~2021年工业建筑业、服务业与新兴行业中想用但不知道数字政府的市场主体占比逐年下降。总体上看，新兴行业的该缺口是最大的，为16%。

分企业规模看，如图18所示，在2019~2021年的调研中，各类企业中想用但不知道数字政府的市场主体占比均呈下降趋势。其中，大中型企业想用但不知道数字政府的市场主体占比始终最大，2021年为16%，较微型企

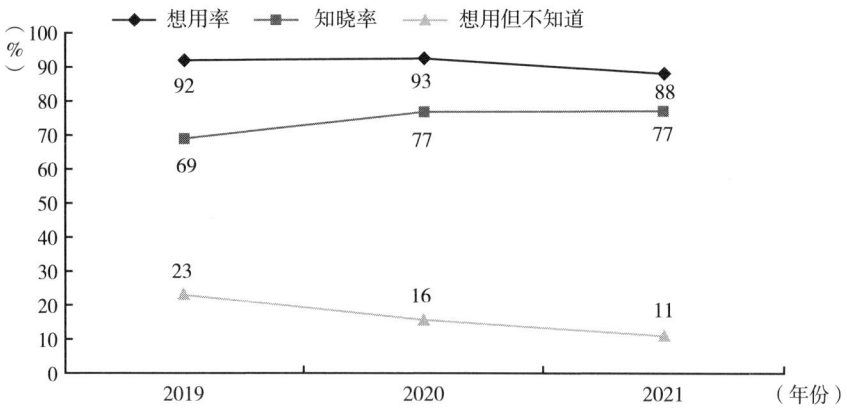

图16 2019～2021年想用但不知道数字政府的市场主体占比

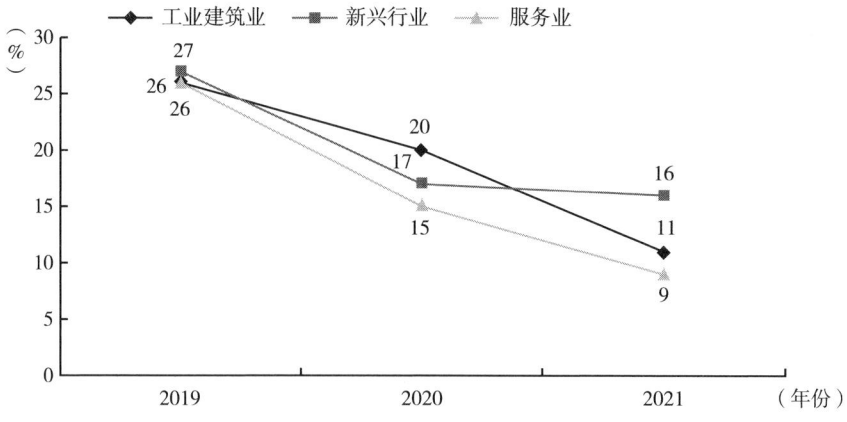

图17 2019～2021年各行业想用但不知道数字政府的比例

注：另有部分市场主体未汇报其所在行业，下同。

业和小型企业均高6个百分点。

分企业所有制看，如图19所示，在2019～2021年的调研中，各类所有制企业中想用但不知道数字政府的市场主体占比均持续下降。总体上看，国有企业的该缺口相对较大，2021年国有企业的该缺口为19%。

市场主体想用但不知道数字政府的原因可能是数字政府的线上系统设计不完善。比如，来自东部地区的一位市场主体反映，"网站上能办的某些事情

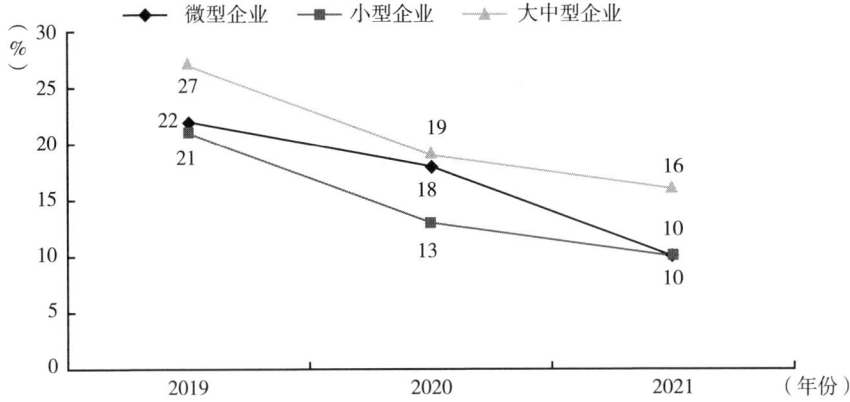

图 18　2019~2021 年按规模划分企业想用但不知道数字政府比例

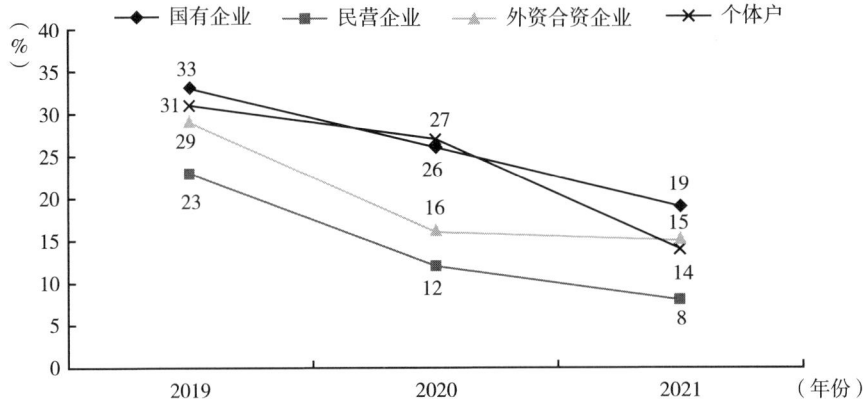

图 19　2019~2021 年按所有制划分企业想用但不知道数字政府比例

必须要通过'搜索'才能找到，在默认页面上没有显示出来相关选项。所以如果不知道的话啊，就以为网上不能办这个业务呢，还得往大厅这边跑，比较麻烦"。

（二）18%的市场主体知道但不使用数字政府

如图 20 所示，2021 年市场主体数字政府的知晓率为 77%，使用率为 59%，由此可知，还有 18%的市场主体知道数字政府但是不使用。

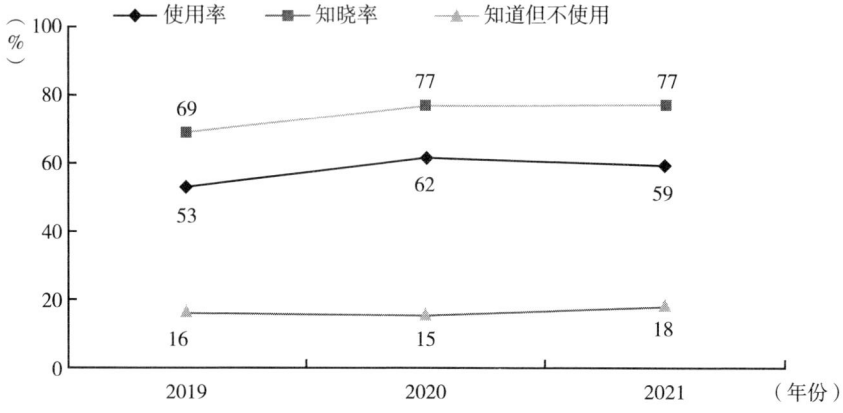

图 20　2019~2021 年知道但不使用数字政府的市场主体占比

图 21 到图 24 显示，知道但不使用数字政府的市场主体多为男性、40岁以上人群、来自服务业以及个体户的从业者。

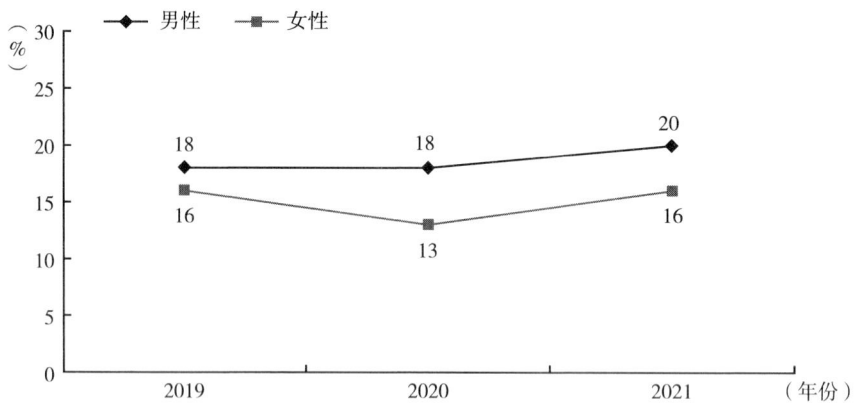

图 21　2019~2021 年按性别划分市场主体知道但不使用数字政府比例

市场主体知道数字政府但不使用的原因之一是数字政府还不够好用。主要体现在以下几个方面。

1. 业务建设不充分，认为"业务不全"的市场主体占比逐年上升

业务不全是影响市场主体选择和使用数字政府的重要原因。如图 25 所

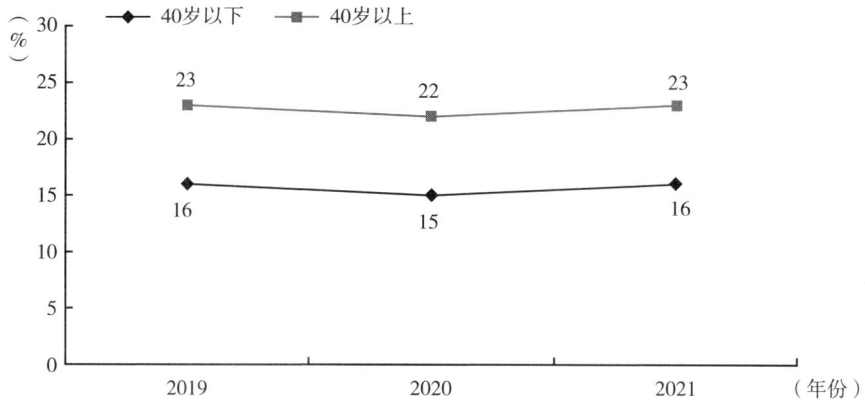

图 22 2019~2021 年按年龄划分市场主体知道但不使用数字政府比例

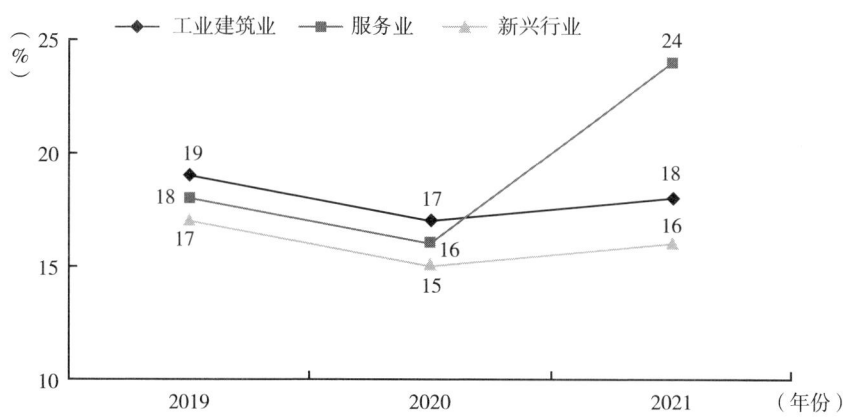

图 23 2019~2021 年按行业划分市场主体知道但不使用数字政府比例

示，在被问及为什么没有选择使用数字政府办事时，认为数字政府上业务不全的市场主体比例逐年上升，从 2019 年的 34% 上升至 2021 年的 42%，这是市场主体认为数字政府"不好用"的最主要原因。从不同平台来看，如图26 和图 27 所示，2021 年，在电脑端，42% 的市场主体认为系统业务不全；在手机端，有 46% 的市场主体认为手机端政务系统业务不全。

在实地调研中，市场主体也提到了线上系统业务不全的问题。在东部地

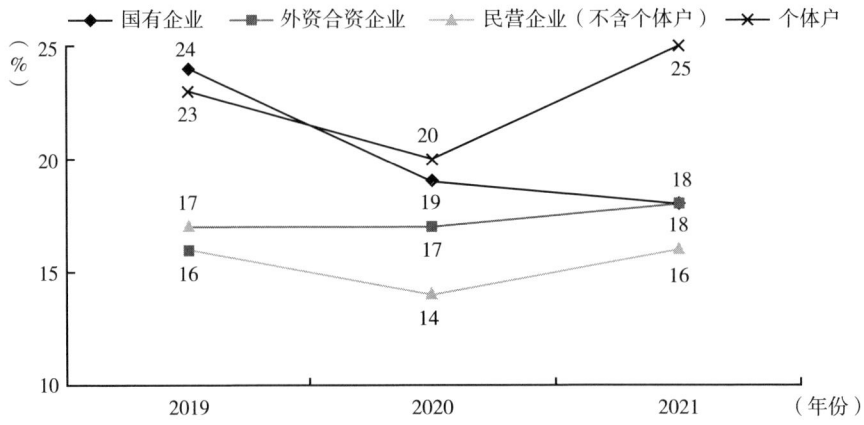

图 24　2019~2021 年按所有制划分市场主体知道但不使用数字政府比例

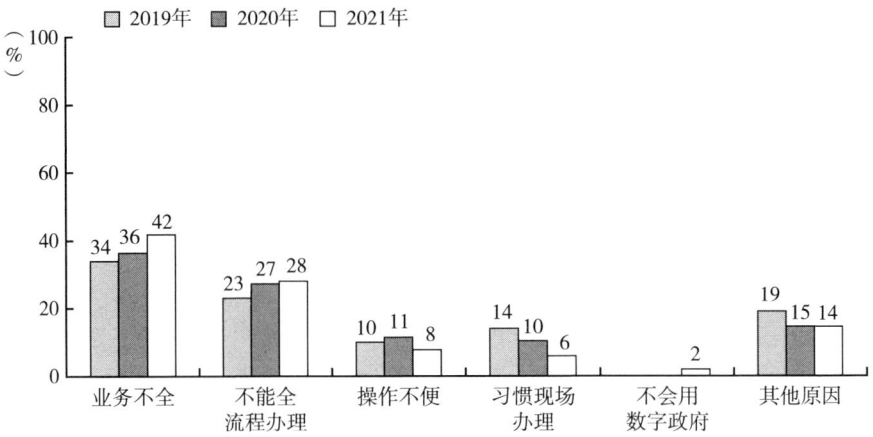

图 25　2019~2021 年市场主体不使用数字政府的原因

注：2019 年与 2020 年因不会用数字政府而不使用数字政府的市场主体比例缺失。

区，有群众反馈，有些业务电脑或手机上还没有，仍需要现场操作，必须来线下。在中部地区，调研的市场主体被问及"为什么本次业务没有在电脑上办理"时，绝大多数回答都是"电脑上办不了"。这表明，目前数字政府办事平台还没有覆盖所有业务，导致市场主体认为数字政府不好用、仍需到政务大厅进行现场办理。

2. 流程建设不充分，认为"不能全流程办理"的市场主体占比逐年上升

如图25所示，认为数字政府不能全流程办理的市场主体比例逐年上升。2019年，23%的市场主体因为业务无法全流程办理而未选择使用数字政府，2021年上升至28%，是市场主体认为数字政府"不好用"的重要原因。具体来说，31%的市场主体因此未选择电脑端办事系统（见图26），而21%的市场主体因此不选择手机端办事系统（见图27）。

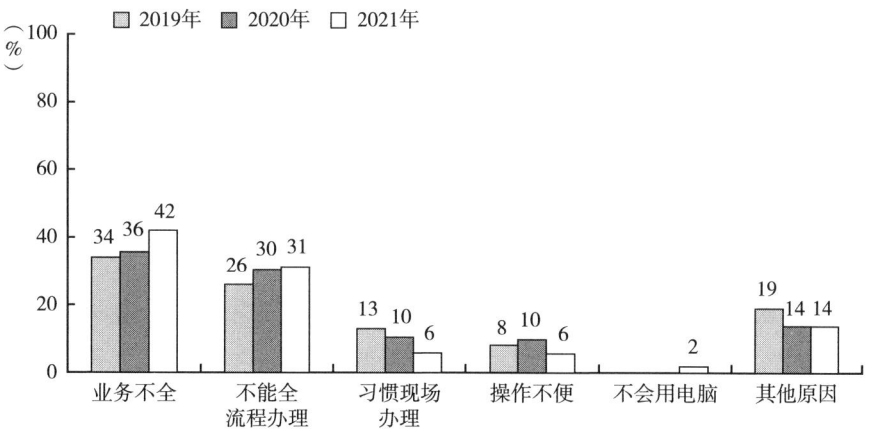

图26　2019~2021年市场主体不使用电脑端政务服务系统的原因

注：2019年与2020年因不会用电脑而不使用电脑端政务服务系统的市场主体比例缺失。

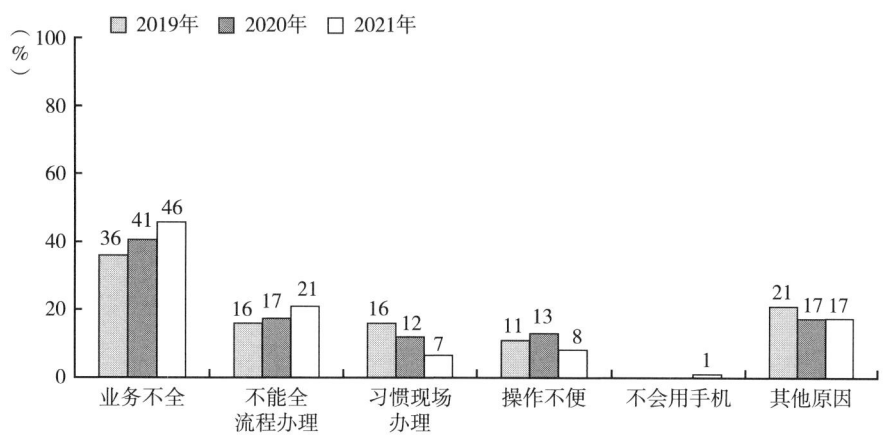

图27　2019~2021年市场主体不使用手机端政务服务系统的原因

注：2019年与2020年因不会用手机而不使用手机端政务服务系统的市场主体比例缺失。

从实地调研来看，数字化建设还不能完全实现"线上一条龙服务"，问题大多出在材料或资料提交的环节。在中部某地区，部分使用过线上平台的市场主体表示，他们已使用过的线上平台基本只能办理资料的上传，即使提前在线上操作，但最终还是得到现场办理业务。东部某地区，市场主体表示虽然可以在电脑或手机上办理业务，但是很多手续和材料需要到现场完成或提交。东部某地区一位想创业、来大厅咨询的市场主体告诉我们："我找了很久也没搞清楚要交什么材料，所以还是来线下问比较清楚。"

线上线下流程衔接不流畅也导致了无法使用数字政府全流程办理。在东部某地区，有市场主体反映，"这个平台不够灵活，我本来可以在平台上修改信息的，结果没通过，所以才来线下的"。东部某地区一位来办理企业注销业务的市场主体说："真的可复杂了，本来挺简单的事儿，开始呢，说简易注销，简易注销完了又说，不行。完了又来一次，今天又来一次。这次合格不合格不知道，还要不要再来一次，不知道。"

3. 系统建设加快，认为"操作不便"的市场主体占比下降3个百分点

在不使用数字政府的原因中，"操作不便"与"习惯现场办理"的比例相较上年都有所下降。2021年，市场主体中认为"操作不便"的比例为8%，较2020年下降3个百分点；而"习惯现场办理"的市场主体占6%，较2019年下降8个百分点。这表明数字政府的系统建设加快，市场主体能够更加便利地使用数字政府系统，也更愿意转向线上办理。

（三）新硬件推广不足，政务服务一体机使用率为10%

在调研中，调研员统计了办事大厅内放置的政务服务一体机数量、正在被市场主体使用的政务服务一体机数量，以此计算政务服务一体机的使用率。同理，统计办事大厅内放置的电脑数量、正在被市场主体使用的电脑数量，以此计算办事大厅电脑的使用率。如图28所示，从2019～2021年的调研结果来看，政务大厅的政务服务一体机使用率始终低于电脑的使用率。

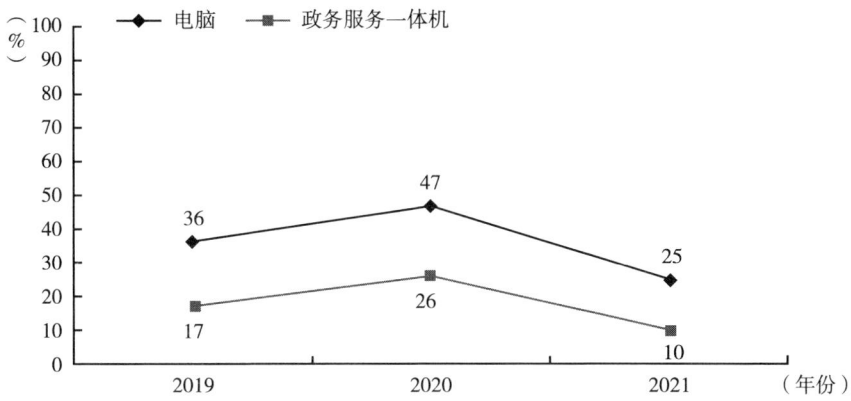

图 28　2019~2021 年政务大厅政务服务一体机和电脑使用率

政务服务一体机使用率较低，主要原因是部分大厅内政务服务一体机处于关机、故障或维修状态，无法正常使用。在西部某地区，在被问及政务服务一体机为何不能使用时，政务大厅的工作人员说："这个啊，今年一直都不能用了。"政务服务一体机故障率高、维修不及时，使得政务服务一体机数量虽多，但能够使用的比例并不高。

政务服务一体机使用率较低，另一原因是部分市场主体认为机器不易操作。一位来自东部地区的市场主体表示，"机器不能随机应变啊，资料不够就是办不了"。政务大厅中少有关于政务服务一体机的宣传，同时使用指引也非常有限，无形中提高了办事群众的学习成本，尤其是对中老年群体来说，政务服务一体机操作流程较复杂。

全国市场主体获得感调查报告[*]

近年来，"放管服"改革取得显著成效，市场准入更加便捷，市场监管机制不断完善，市场主体繁荣发展。国家市场监督管理总局 2021 年 9 月 6 日公布，我国市场主体总量从 2012 年的 5500 万户增长到 2021 年 7 月底的 1.46 亿户，年均净增长超 1000 万户，市场主体活跃度总体稳定在 70% 左右。蓬勃发展的市场主体促进我国超大规模市场的形成和发展，成为稳住经济基本盘和稳定就业的中坚力量。基于此，本报告从市场主体的视角出发，以市场主体的获得感评价全国各地"放管服"改革建设的进展与成效。

现将 2021 年度调查的主要发现报告如下。

一　2021年全国市场主体获得感的最新情况

（一）91%的市场主体认可"省时间"，比上年增加2个百分点

在调研中，调研组访问市场主体"据您了解，目前的'放管服'改革措施，能够降低企业与政府打交道的时间吗"。如图 1 所示，全国 91% 的市场主体认为"放管服"改革降低了其与政府打交道的时间，比 2020 年增加了 2 个百分点，比 2019 年增加了 4 个百分点，比 2018 年增加了 5 个百分点，保持稳定的上升趋势。

调研中，很多市场主体都对"省时间"给予了肯定。安徽省蚌埠市的一

---

　　* 执笔人：张睿子、周奕嘉、欧阳婷婷、王文茂、李粤麟。

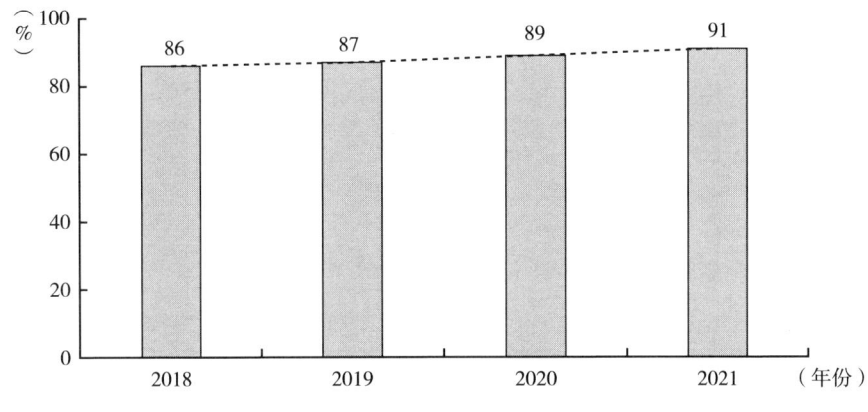

图1　2018~2021年认可"省时间"的市场主体占比

名受访者表示,"现在办事都不用等的,即办即走,最多半小时,很快"。广东省广州市的群众也对此给予了充分的肯定,"现在比之前快多了,原先注册企业至少得一个月,而且还要先办齐各类证件才能营业,现在办一个营业执照也就一天,后续的证件可以在营业后补齐,更方便了"。

2021年成立的企业认可"省时间"的比例最高。如图2所示,按照企业成立时间划分,95%的2021年新成立企业认为"放管服"改革可以降低与政府打交道时间,占比最高,比2014年前成立的企业高1个百分点,比2014~2020年成立的企业高5个百分点。从该数据来看,不同成立时间的企业对"省时间"的获得感都高于90%。

2018~2021年,新老企业认可"省时间"的比例均稳步提升。如图3所示,按新老企业划分,2021年94%的老企业认为"放管服"改革降低了其与政府打交道的时间,比2020年增加了4个百分点,比2019年增加了7个百分点,比2018年增加了9个百分点。2021年91%的新企业认为"放管服"改革降低了其与政府打交道的时间,比2020年增加了2个百分点,比2019年增加了3个百分点,比2018年增加了4个百分点。

服务业认可"省时间"的市场主体比例最高。如图4所示,按企业所属行业划分,服务业有93%的企业认为"放管服"改革可以降低与政府打交道的时间,占比最高,比新兴行业高3个百分点,比工业建筑业高4个百分点。

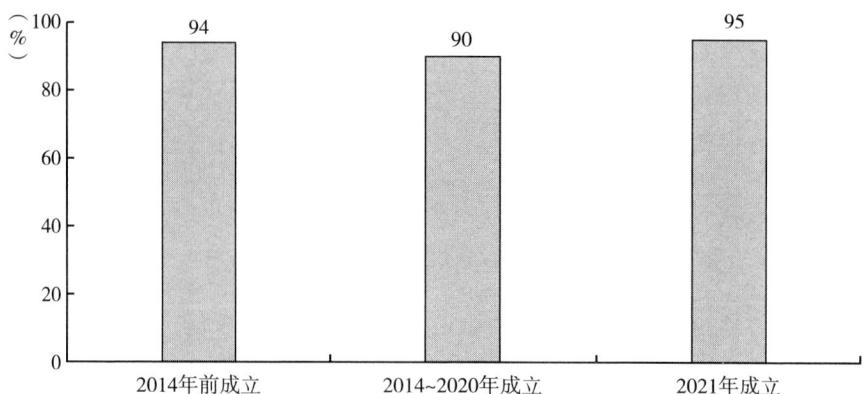

图2　2014~2021年成立的企业认可"省时间"的比例

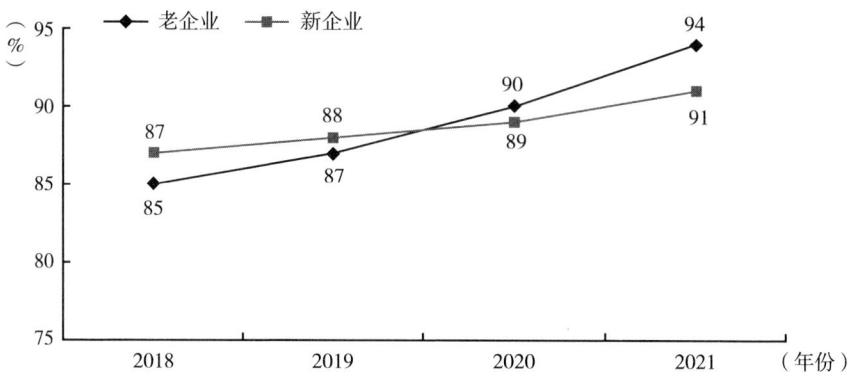

图3　2018~2021年新老企业认可"省时间"的比例

注：2014年之前成立的为"老企业"，2014年之后成立的为"新企业"。另有部分市场主体未回答成立年份，下同。

2018~2021年，不同行业认可"省时间"的市场主体比例均整体上升。如图5所示，除2019年工业建筑业认可"省时间"的市场主体比例有所下降以外，其他行业认可"省时间"的市场主体比例均不低于或持平于前一年。

微型企业认可"省时间"的比例最高。如图6所示，按照企业规模划分，2021年有94%的微型企业认为"放管服"改革可以降低与政府打交道的时间，占比最高，比大中型企业高3个百分点，比小型企业高4个百分点。

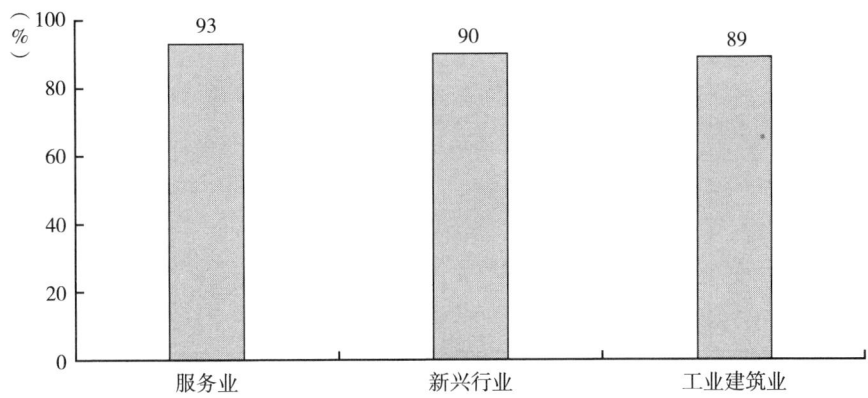

图4 2021年各行业认可"省时间"比例

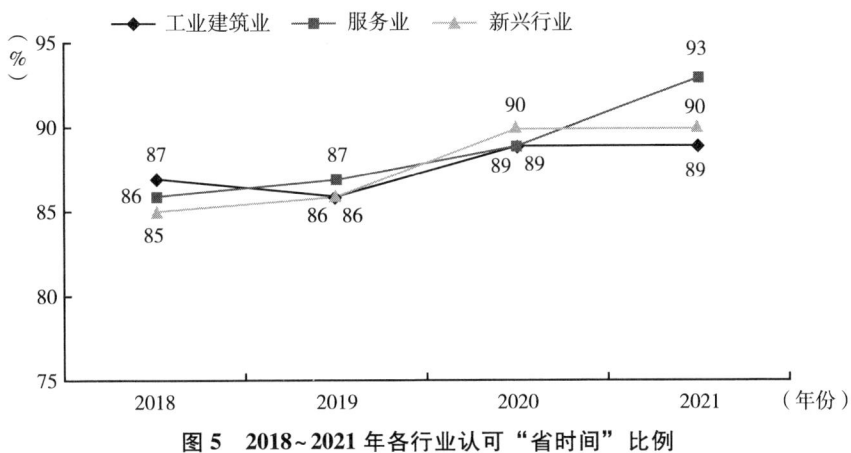

图5 2018～2021年各行业认可"省时间"比例

2018～2021年，如图7所示，除了2019年大中型企业认可"省时间"的比例有所下降以外，其他规模企业认可"省时间"的比例较前一年均有所提高。

（二）91%的市场主体认可"省费用"，比上年增加17个百分点

在调研中，调研组访问市场主体"据您了解，目前的'放管服'改革措施能够降低企业与政府打交道的费用吗"。如图8所示，2021年91%的市

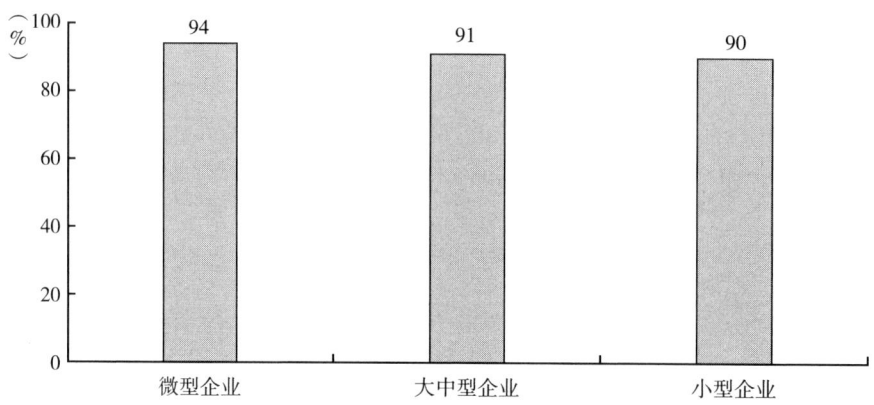

图 6　2021 年微型企业认可"省时间"比例

注：员工人数 10 人及以下的为微型企业，10~100 人的为小型企业，100 人以上的为大中型企业。

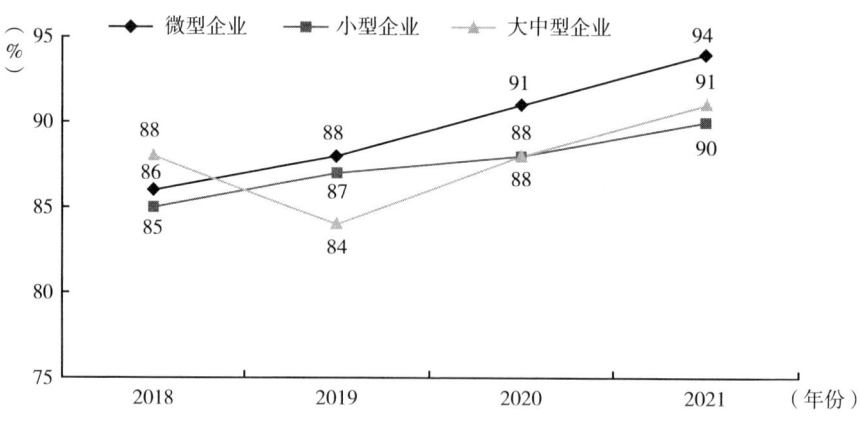

图 7　2018~2021 年不同规模企业认可"省时间"比例

注：员工人数 10 人及以下的为微型企业，10~100 人的为小型企业，100 人以上的为大中型企业。

场主体认为"放管服"改革节省了其与政府打交道的费用，与 2020 年相比增加了 17 个百分点，与 2019 年相比增加了 19 个百分点，与 2018 年相比增加了 26 个百分点，整体呈上升趋势。

2018~2021 年，新老企业认可"省费用"比例均稳步上升。如图 9 所

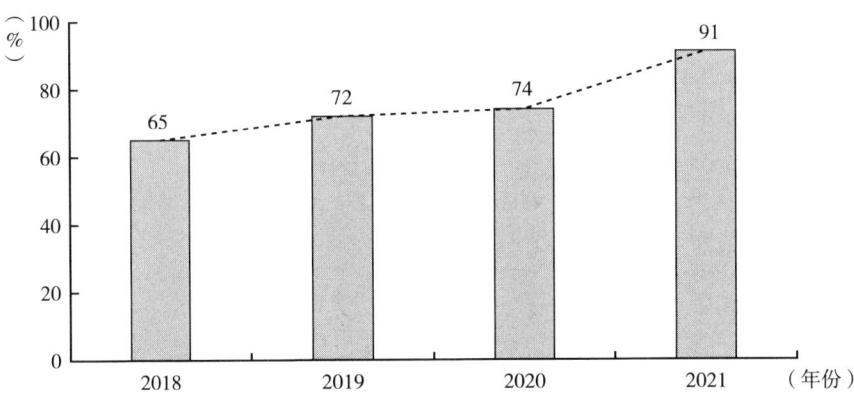

图8　2018~2021年市场主体认可"省费用"比例

示，2021年92%的老企业认为"放管服"改革降低了其与政府打交道的费用，比2020年增加了16个百分点，比2019年增加了20个百分点，比2018年增加了25个百分点。2021年92%的新企业认为"放管服"改革降低了其与政府打交道的费用，比2020年增加了19个百分点，比2019年增加了20个百分点，比2018年增加了26个百分点。

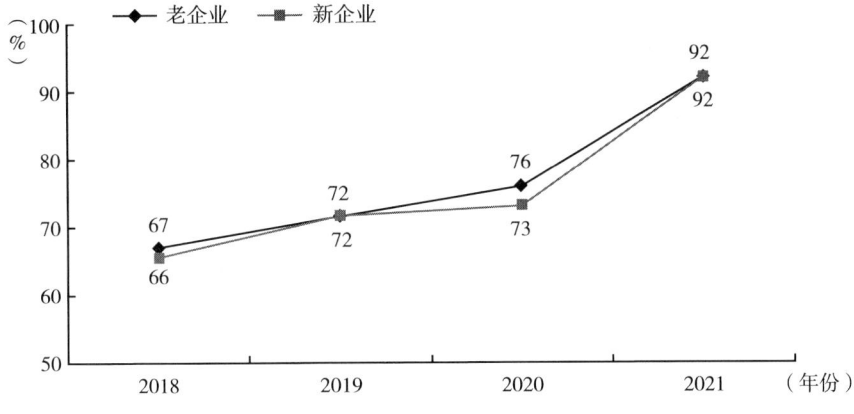

图9　2018~2021年新老企业认可"省费用"比例

注：2014年之前成立的为"老企业"，2014年之后成立的为"新企业"。

（三）50%的市场主体认为现在"完全免费"

在调研中，调研组访问市场主体"据您了解，目前的'放管服'改革措施能够降低企业与政府打交道的费用吗"。如图10所示，2021年有50%的市场主体认为现在已经完全免费，40%的市场主体认为能降低费用，9%的市场主体认为不能降费。

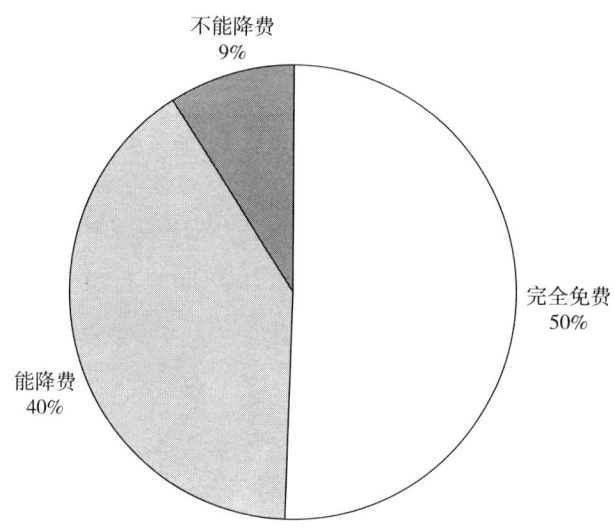

图10　2021年企业关于"放管服"改革带来的降费认知

注：本报告的数值保留至个位，故可能出现总和不为100%的情况。

服务业认为现在"完全免费"的市场主体比例最高，为53%。如图11所示，按企业所属行业划分，2021年53%的服务业企业认为现在完全免费，比新兴行业企业高4个百分点，比工业建筑业企业高14个百分点。

58%的微型企业认为现在"完全免费"，占比最高。如图12所示，按照企业规模划分，2021年有58%的微型企业认为与政府打交道现在"完全免费"，比小型企业高11个百分点，比大中型企业高15个百分点。

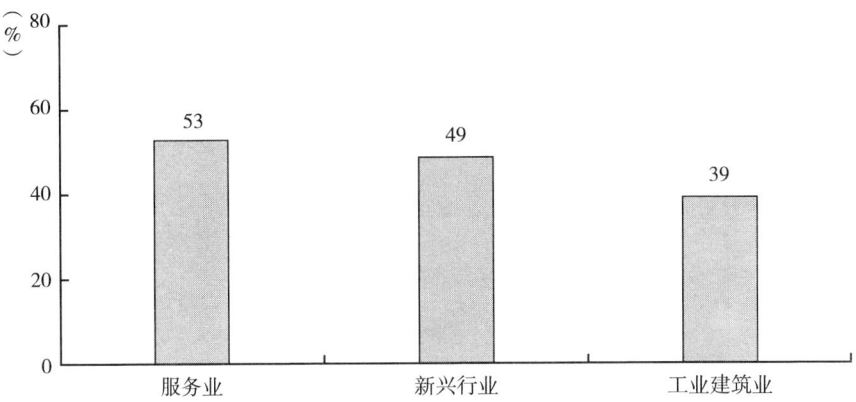

图 11　2021 年各行业认为现在"完全免费"占比

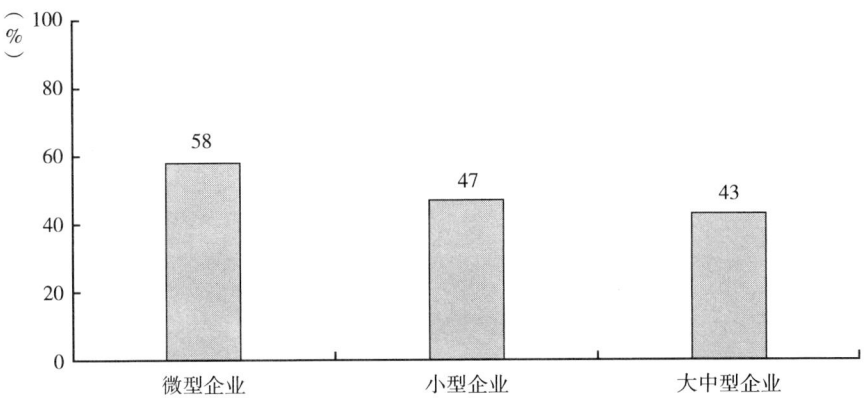

图 12　2021 年按规模划分企业认为现在"完全免费"占比

注：员工人数 10 人及以下的为微型企业，10~100 人的为小型企业，100 人以上的为大中型企业。

（四）64% 的市场主体认可改革有积极影响，比上年增加 2 个百分点

在调研中，调研组访问市场主体"据您了解，目前的'放管服'改革措施整体而言对贵企业经营有什么影响"。如图 13 所示，2021 年有 64% 的市场主体认为"放管服"改革有积极影响，比 2020 年上升 2 个百分点，比 2019 年下降 2 个百分点，比 2018 年上升 4 个百分点，整体呈上升趋势。

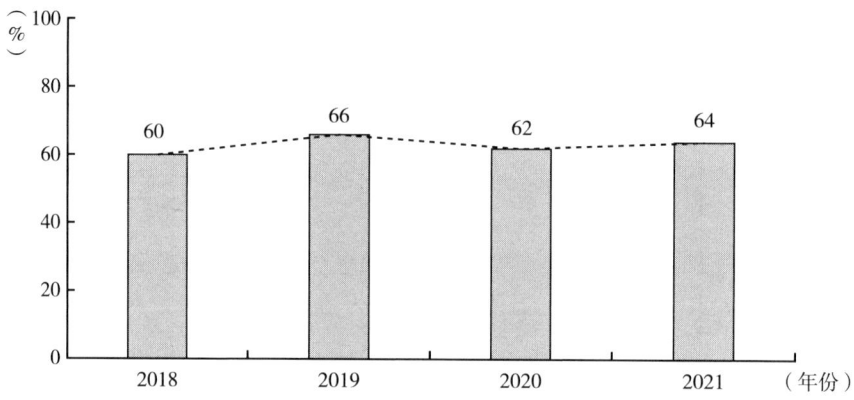

图 13　认为"放管服"改革有积极影响的市场主体占比

2021 年老企业认可"省时间"的比例比新企业高 12 个百分点。如图 14 所示，按照企业成立时间划分，2021 年有 72%的老企业认为"放管服"改革有积极影响，60%的新企业认为"放管服"改革有积极影响。

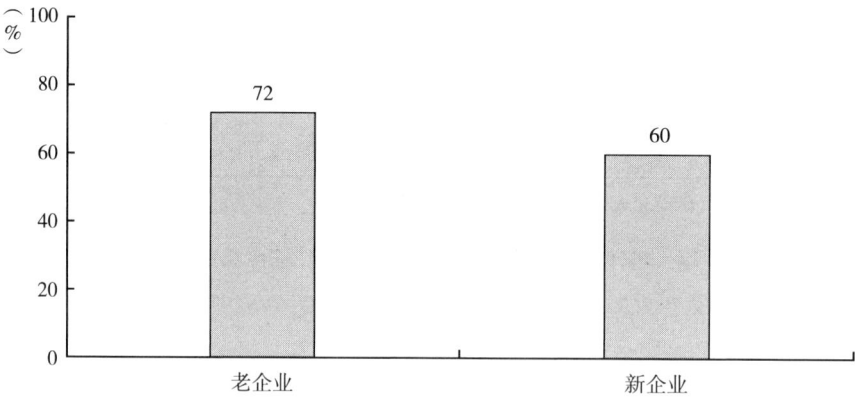

图 14　2021 年新老企业认为有积极影响比例

注：2014 年之前成立的为"老企业"，2014 年之后成立的为"新企业"。

2018~2021 年，新老企业认可"放管服"改革有积极影响的比例均总体上升。如图 15 所示，新老企业认可"放管服"改革有积极影响的市场主体比例，除 2020 年以外，其他年份较前一年均持平或上升。

新兴行业认可"放管服"改革有积极影响的市场主体比例最高，

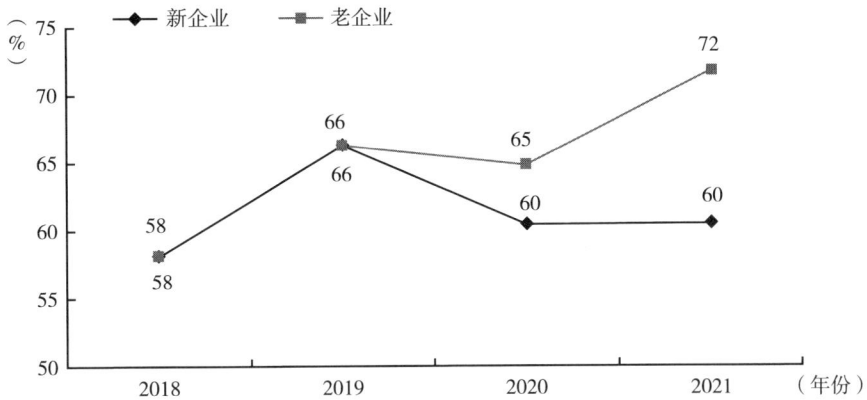

图15　2018~2021年新老企业认可"放管服"改革有积极影响比例

注：2014年之前成立的为"老企业"，2014年之后成立的为"新企业"。

如图16所示。按企业所属行业划分，有71%的新兴行业企业认为"放管服"改革有积极影响，占比最高，比工业建筑业企业高3个百分点，比服务业企业高9个百分点。

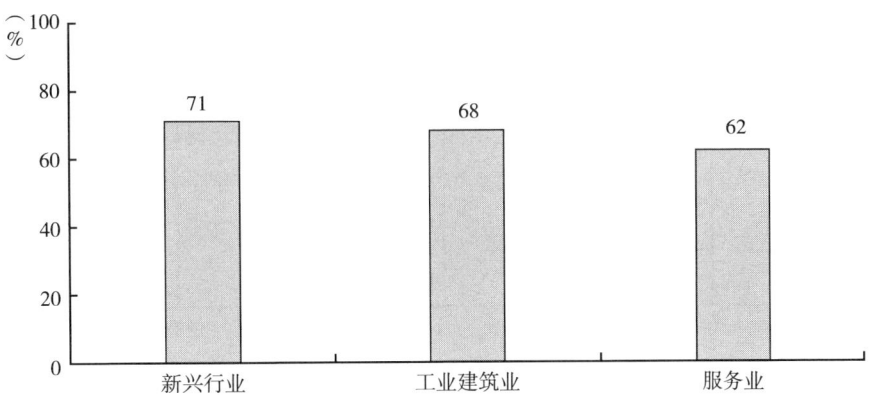

图16　2021年各行业认可"放管服"改革有积极影响比例

2018~2021年，不同行业认可"放管服"改革有积极影响的市场主体比例总体上升。如图17所示，不同行业认可"放管服"改革有积极影响的市场主体比例，除2020年比前一年有所下降以外，其他年份较前一年均有所提高。

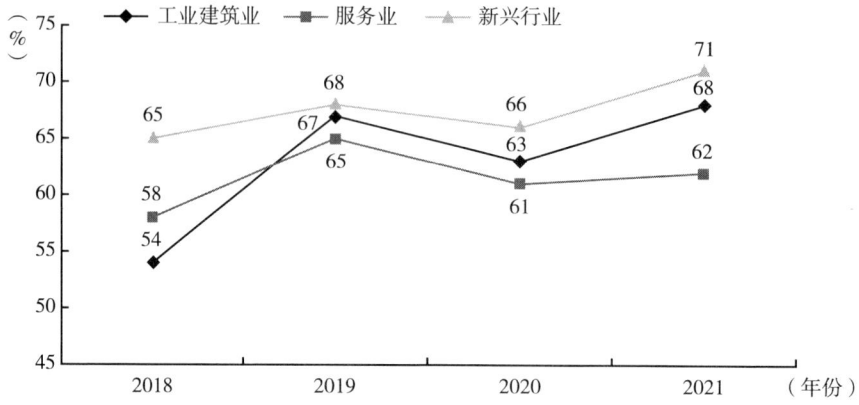

图17　2018～2021年不同行业认为"放管服"改革有积极影响比例

2021年大中型企业认可"放管服"改革有积极影响的比例最高。如图18所示，按照企业规模划分，2021年有69%的大中型企业认为"放管服"改革有积极影响，占比最高，比小型企业高2个百分点，比微型企业高11个百分点。

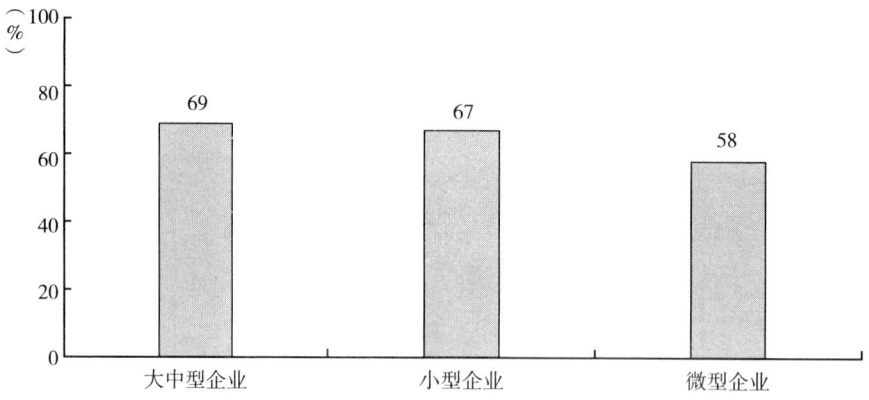

图18　2021年按规模划分企业认可"放管服"改革有积极影响比例

注：员工人数10人及以下的为微型企业，10～100人的为小型企业，100人以上的为大中型企业。

2018～2021年，不同规模企业认可"放管服"改革有积极影响的比例总体上升。如图19所示，不同规模企业认可"放管服"改革有积极影响的比例，除2020年比前一年有所下降以外，其他年份较前一年均未下降。

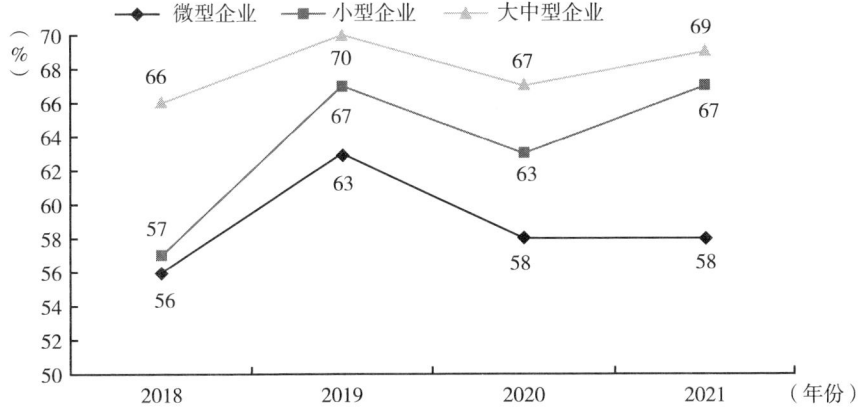

图 19　2018~2021 年不同规模企业认为"放管服"改革存在积极影响比例

注：员工人数 10 人及以下的为微型企业，10~100 人的为小型企业，100 人以上的为大中型企业。

二　2021年全国各省份营商环境的最新情况

（一）从市场主体投票结果看，广东、上海、浙江营商环境居前三位

在调研中，调研组访问市场主体"据您了解，您认为全国除本省外，做生意环境相对较好的省份有哪些（至多选择三个省份）"。如图 20 所示，2021 年得票率最高的前 5 个省市分别为：广东（44%）、上海（42%）、浙江（35%）、北京（24%）、江苏（23%）。其他省份得票率明显低于前五个省份，且得票率均未超过 10%。其中，黑龙江、吉林、西藏、宁夏、青海这 5 个省份得票率为 0。从数据来看，营商环境得票率高省市多为南方沿海地区，而得票率低的地区多为北方省份及西部省份，地域分化较为明显。当然，也不乏市场主体对西部省份给予鼓励与建议，来自福建泉州市的市场主体表示，"西部像四川、重庆这些地方的政策特别优惠，办事也很方便，如果有更多的政策宣传，或许能为市场经济发展增加新的动能"。

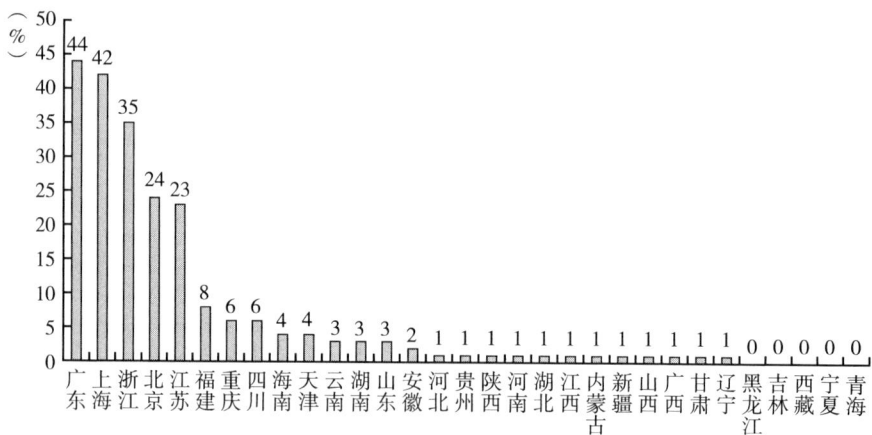

图20　2021年全国各省份营商环境得票率

广东营商环境首次位居全国第一。如图21所示，2021年，广东营商环境得票率为44%，位居全国第一，比排第二名的上海高2个百分点。浙江得票率超越北京，排第三名，比北京高11个百分点。2019年与2020年，上海的营商环境得票率均排全国第一，分别高出广东7个百分点与5个百分点。

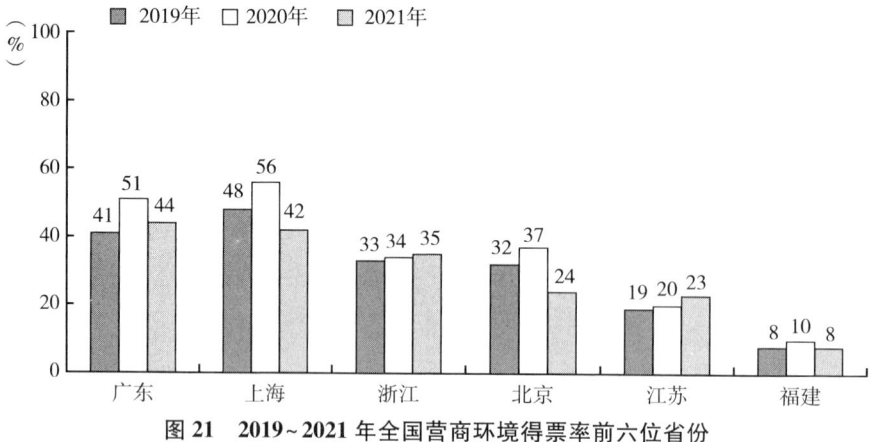

图21　2019～2021年全国营商环境得票率前六位省份

2019～2021年，广东、浙江、上海、北京和江苏稳居营商环境得票率前五名。如图22所示，2019～2021年，广东、浙江、上海、北京和江苏得票率基本超过20%，其余省份得票率均不高于10%，差距较为明显。

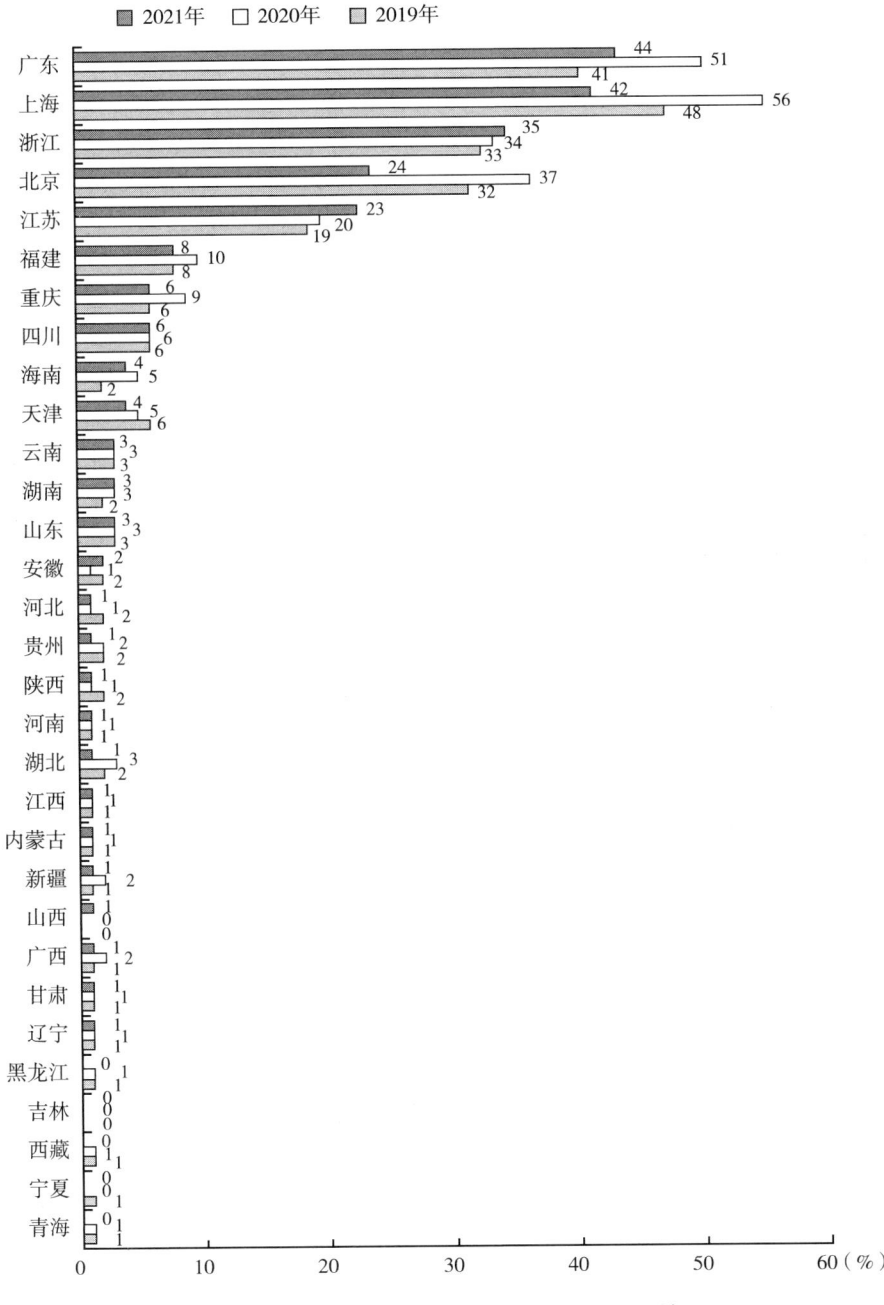

图22 2019~2021年全国各省份营商环境得票率情况

（二）从市场主体投票结果看，得票率排名提升幅度最大的为山西、安徽与河北

在营商环境得票率排名的提升方面，2021 年山西省提升了 6 个位次，安徽与河北均提升 4 个位次，位居前三。如图 23 所示，2021 年，山西、安徽、河北、陕西、河南、江西、内蒙古、吉林、广东、浙江、宁夏共 11 个省份的营商环境得票率排名有所提升，其中，提升幅度最大的山西省由 2020 年的第 29 名上升至 2021 年的第 23 名。

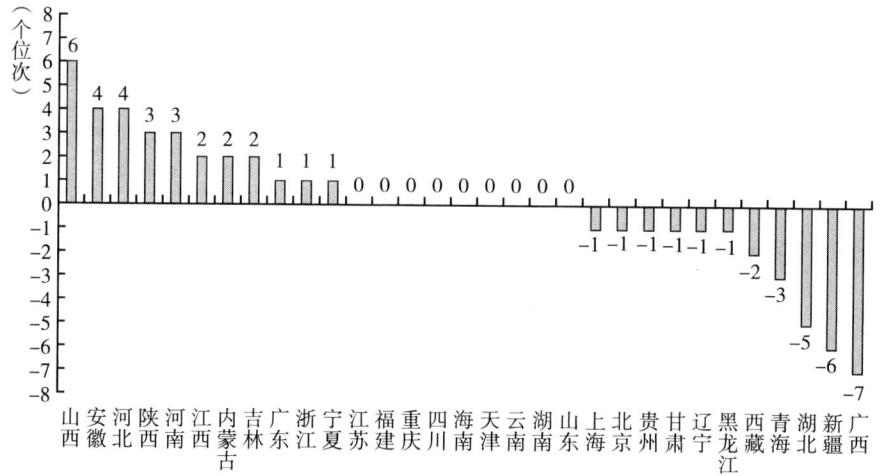

图 23　2021 年从市场主体投票结果看，全国各省份排名提升幅度

省级政府网上政务服务能力总体指数排名与营商环境得票率排名基本一致。2020 年 5 月国家行政学院电子政务研究中心发布的《省级政府和重点城市网上政务服务能力调查评估报告》公布了省级政府网上政务服务能力总体指数。将省级政府网上政务服务能力总体指数排名与营商环境得票率排名制成散点图，如图 24 所示，省级政府网上政务服务能力总体指数排名与营商环境得票率排名散点图整体位于 45°线附近，说明营商环境得票率排名与省级政府网上政务服务能力总体指数排名大致接近。

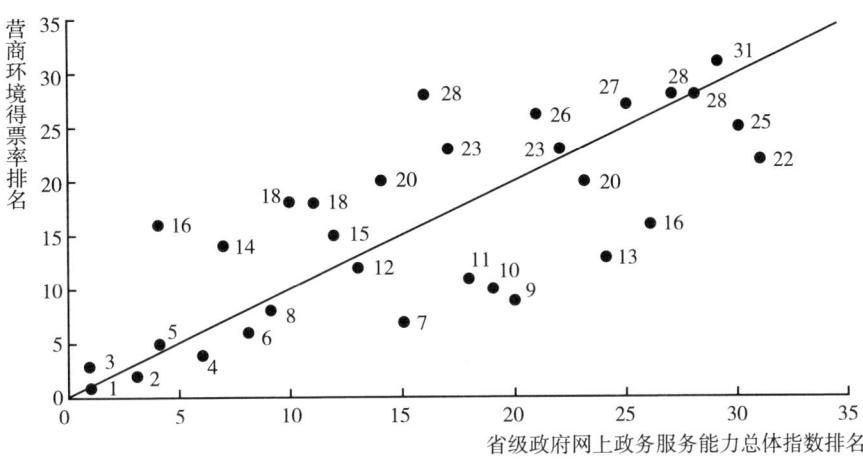

**图 24 省级政府网上政务服务能力总体指数排名
与营商环境得票率排名基本一致**

全国市场主体成长调查报告*

就业是民生之本，市场主体是就业之基，保就业首先要稳住市场主体。优化营商环境是激发市场活力的重要抓手，其效果如何，市场主体最有发言权。本报告从市场主体需求侧建设的视角出发，考察"放管服"改革服务于市场主体成长的最新进展。

现将 2021 年度全国市场主体成长调查的主要发现报告如下。

一 全国市场主体持续稳定进入

（一）在随机访谈样本中，2021年新增市场主体占17%

如图 1 所示，在全国受访样本中，2021 年 1～8 月登记注册的市场主体占比 17%，2020 年登记注册的市场主体占比 9%，2014～2019 年登记注册的市场主体占比 39%，2014 年之前登记注册的市场主体占比 36%。如图 2 所示，2021 年，新增市场主体占比较 2020 年提高了 7 个百分点，较 2019 年提高了 4 个百分点。随着疫情防控形势向好，复工复产有序推进，创业者源源不断地进入市场，市场主体活力得到进一步激发。

调研员在实地调研过程中，发现商事制度改革极大地提高了市场主体创业的便利性，市场主体表示出强烈的创业热情。比如，陕西省安康市的一位办事主体表示，"十年前企业注册的时候都没有什么政务大厅，要到各个部

＊ 执笔人：李文朴、肖淇泳、钟彤奇。

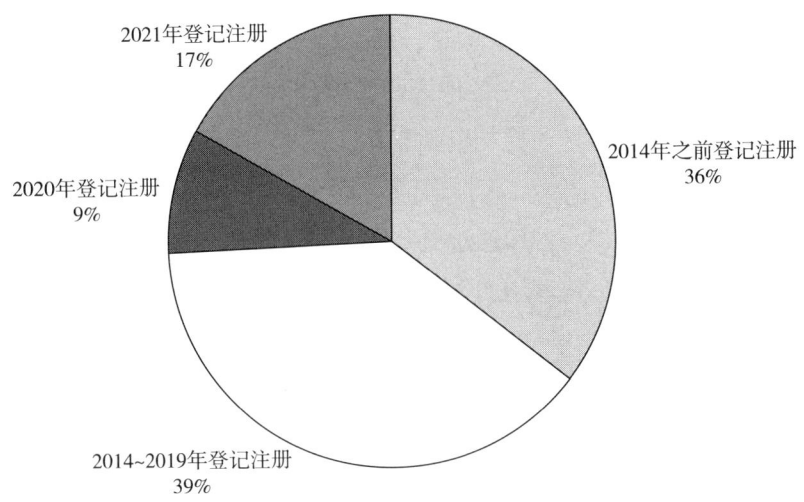

图 1 2021 年按登记注册年份划分的市场主体占比

注：本报告的数值保留至个位，故可能出现总和不为 100% 的情况。

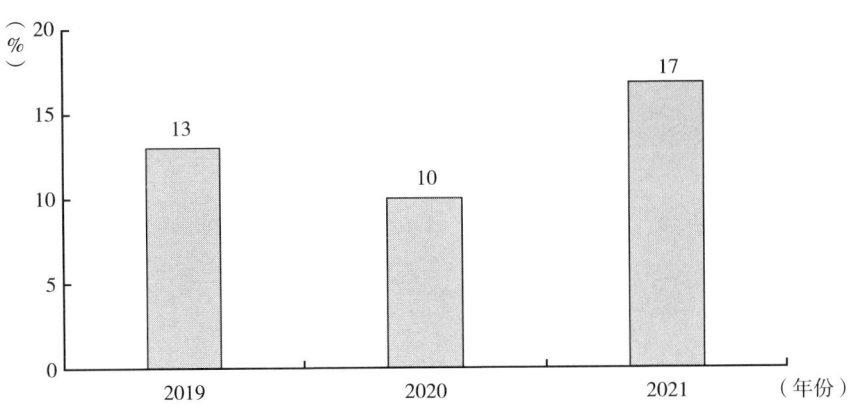

图 2 2019～2021 年新增市场主体占比

门去办，现在有了政务大厅，就可以在一起办了嘛"。浙江省金华市的一位市场主体也表示，"以前注册企业，拿到营业执照至少需要三四天乃至一个月，现在拿营业执照基本只要跑一趟，花费半小时到一小时左右，效率大大地提高了"。市场主体对商事制度改革这个表述可能不太了解，但当听到"三证合一""五证合一"这些词时，都会给予肯定的态度，"比原来快多了""那当然方便啦"等成为各地调研员听到的关于商事制度改革的高频句。调研员们感受到各地为便利企业开办、激发市场活力做出的努力，"一件事一次办""只用跑一次"等标语随处可见，"一窗通""一号通"等专设窗口也成为热门窗口。各地通过提升市场主体开办企业便利性激发了市场创业活力，为市场主体快速增加创造了条件。

（二）2021年新增市场主体中98%的是小微型市场主体

2021 年新增市场主体主要是小微型市场主体。如图 3 所示，2021 年新增市场主体中，小微型市场主体占 98%。这表明，2021 年复工复产下，市场新增创业主体主要是小微型市场主体。小微型市场主体创业活力大，是新增市场主体的最大来源。

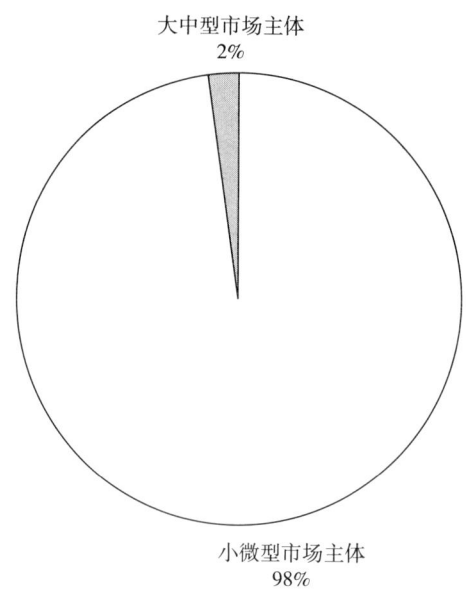

图3　2021年按规模划分新增市场主体构成

注：报告中，小微型市场主体的员工规模为 100 人以下，大中型市场主体的员工规模为 100 人以上。

（三）2021年新增市场主体中98%的是民营市场主体

2021 年新增市场主体主要是民营市场主体。如图 4 所示，2021 年新增市场主体中，民营市场主体占 98%，外资合资市场主体占 2%。2021 年民营市场主体创业热情高，是市场主体增长的主要动力，对疫情后的保就业、稳就业发挥了关键的作用。

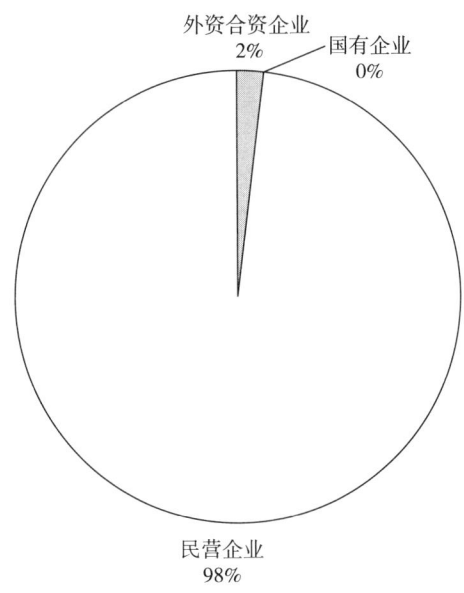

外资合资企业
2%
国有企业
0%

民营企业
98%

图 4　2021 年按所有制划分新增市场主体构成

二　全国市场主体恢复性成长

（一）就业形势恢复性向好

1. 2021年就业增长指数为55%，较上年上升了2个百分点

在调研中，调研员询问市场主体"所在企业过去半年员工数量变化

情况"，并根据回答计算就业增长指数。如图 5 所示，2021 年就业增长指数为 55%，比 2020 年上升了 2 个百分点，但比 2019 年低 5 个百分点。从各个选项来看，如图 6 所示，与 2020 年相比，2021 年员工数量减少的比例下降了 4 个百分点。2021 年员工数量增加的比例与 2020 年持平，均低于 2019 年 11 个百分点。这表明，2021 年总体就业形势向好，但仍未恢复至疫情前水平。

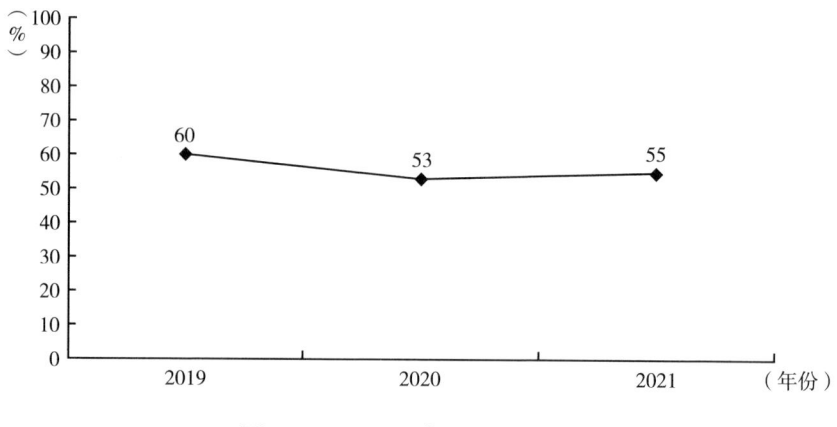

图 5　2019~2021 年就业增长指数

注：就业增长指数采用扩散指数法进行计算，即计算"员工增加""员工不变""员工减少"三个选项占比，分别赋予权重为 1、0.5、0，将各项的占比与相应的权重相乘再相加得出最终的指数。所有指数取值范围在 0~100%。

2. 新老市场主体就业增长指数差距缩小至2个百分点

为考察商改前后设立的市场主体的就业变化情况，报告将样本进一步划分为"2014 年之前设立""2014 年之后设立"两类。如图 7 所示，2019~2021 年，新市场主体的就业增长指数始终高于老市场主体，且 2021 年两者的就业增长指数均较 2020 年有所回升，但仍未恢复至 2019 年的水平。

同时，新老市场主体的就业增长指数差距逐年缩小。2021 年，新市场主体就业增长指数为 56%，老市场主体则为 54%，新老市场主体的差值已缩小至 2 个百分点。

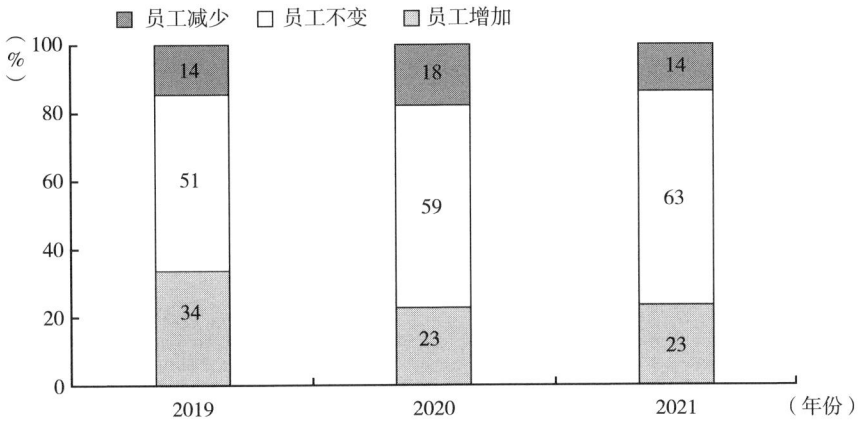

图 6 2019~2021 年市场主体的员工数量变化

注：本报告的数值保留至个位，故可能出现总和不为 100%的情况。

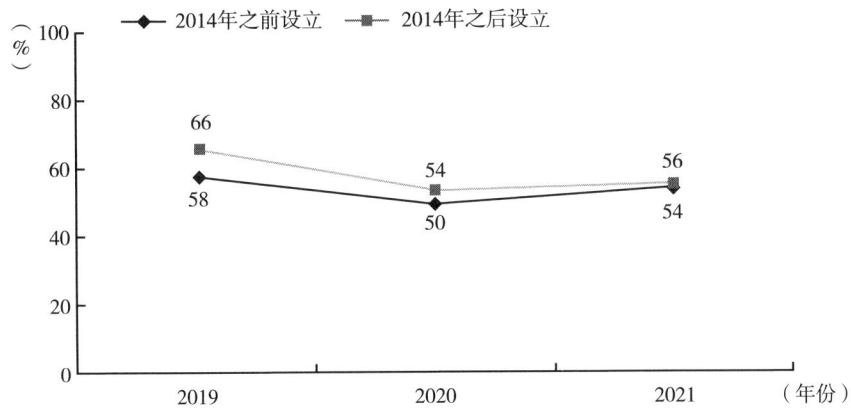

图 7 2019~2021 年新老市场主体就业增长指数差距

如图 8 所示，总体上，2021 年，新老市场主体在员工数量变化上差异不大。从各个选项来看，新市场主体中，有 24%的市场主体员工数量增加，64%的市场主体员工数量不变，均高于老市场主体，说明 2021 年新市场主体在稳就业上发挥了更加积极的作用。

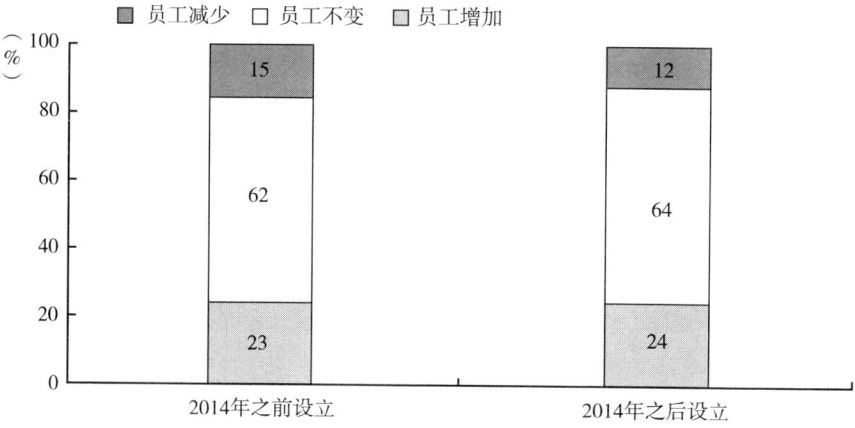

图 8　2021 年新市场主体的员工数量变化

3. 服务业就业增长指数为53%，在各行业中最低

　　为对比不同行业的市场主体就业情况，报告将样本分成"工业建筑业"、"服务业"和"新兴行业"三类。如图 9 所示，2021 年，工业建筑业、服务业和新兴行业的就业增长指数均较 2020 年有所回升，就业形势恢复性向好，但仍未恢复至疫情前水平。

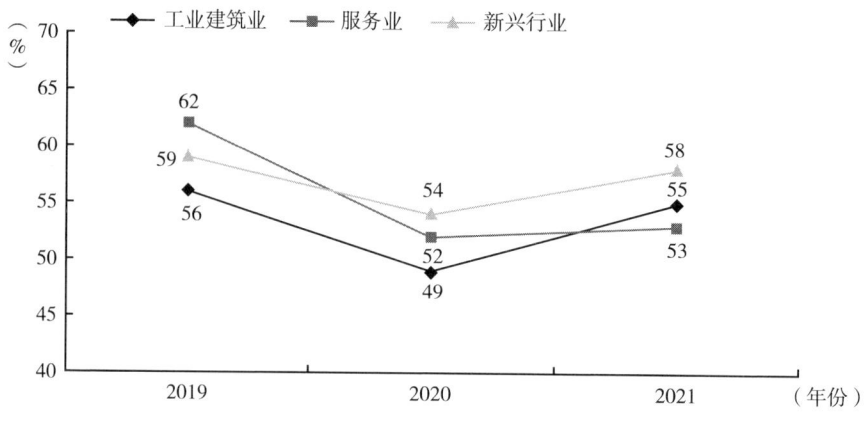

图 9　2019~2021 年各行业就业增长指数

其中，服务业受疫情影响最为严重，其在 2020 年的就业增长指数下降了 10 个百分点，2021 年的就业增长指数较 2020 年仅提升 1 个百分点。

与 2019 年各行业中服务业就业增长指数最高的情况恰好相反，2021 年，服务业就业增长指数为 53%，在各行业中最低。这表明，疫情对各行业的发展产生了重大影响，对服务业的冲击巨大。

2021 年，新兴行业在促就业、稳就业上表现更为突出。如图 10 所示，新兴行业市场主体员工增加的比例为 28%，高于其他行业；员工不变的比例为 59%，与其他行业相近；员工减少的比例为 13%，低于其他行业。

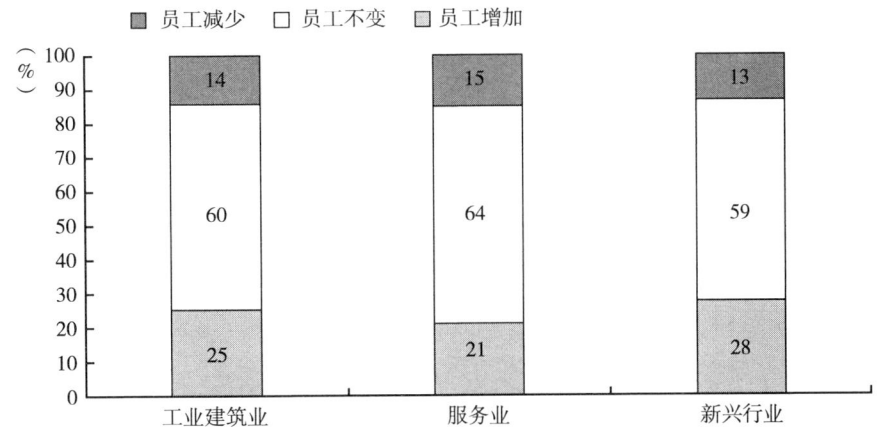

图 10　2021 年各行业市场主体员工数量变化

注：本报告的数值保留至个位，故可能出现总和不为 100% 的情况。

4. 大中型市场主体就业增长指数为 59%，高于小微型市场主体

为考察不同规模市场主体的就业增长情况，报告根据现有员工规模将样本进一步划分为"微型市场主体""小型市场主体""大中型市场主体"三类。如图 11 所示，2021 年，小型和大中型市场主体的就业增长指数分别为 57% 和 59%，均较 2020 年有所回升，但仍未达到 2019 年疫情前水平。而 2021 年微型市场主体的就业增长指数则同比下降了 1 个百分点，复工复产背景下微型市场主体的就业形势并不乐观。

2019~2021 年大中型市场主体的就业增长指数始终高于小型和微型市场

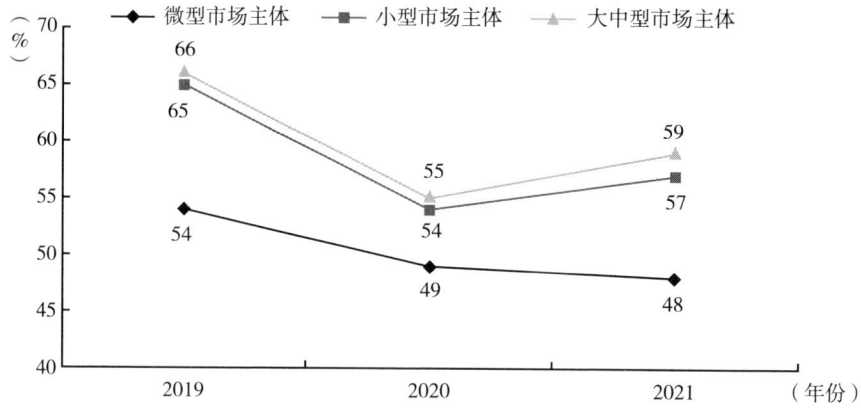

图 11　2021 年按规模划分市场主体就业增长指数

注：报告中微型市场主体的员工规模为 10 人及以下，小型市场主体的员工规模为 10~100 人，大中型市场主体的员工规模为 100 人以上。

主体。2021 年，大中型市场主体的就业增长指数为 59%，分别比小型市场主体和微型市场主体高 2 个百分点和 11 个百分点。2021 年大中型市场主体稳就业能力凸显，提供了更多的就业机会。

如图 12 所示，从各个选项来看，大中型市场主体员工增加的比例为 33%，分别比微型市场主体和小型市场主体高 23 个百分点和 7 个百分点；员工减少的比例为 16%，分别比微型市场主体和小型市场主体高 2 个百分点和 4 个百分点。大中型市场主体员工增加和减少的比例，均高于小微型市场主体，表明大中型企业间员工规模变动较大。

（二）业绩恢复性回暖

1. 2021年业绩增长指数为57%，比上年上升了14个百分点

在调研中，调研员询问市场主体"在过去半年，公司的业绩变好、不变还是变差"，从而得到市场主体业绩增长指数。如图 13 所示，2021 年业绩增长指数为 57%，比 2020 年上升了 14 个百分点，比 2019 年低 8 个百分点。这表明业绩恢复性回暖，但与疫情前水平相比仍有差距。

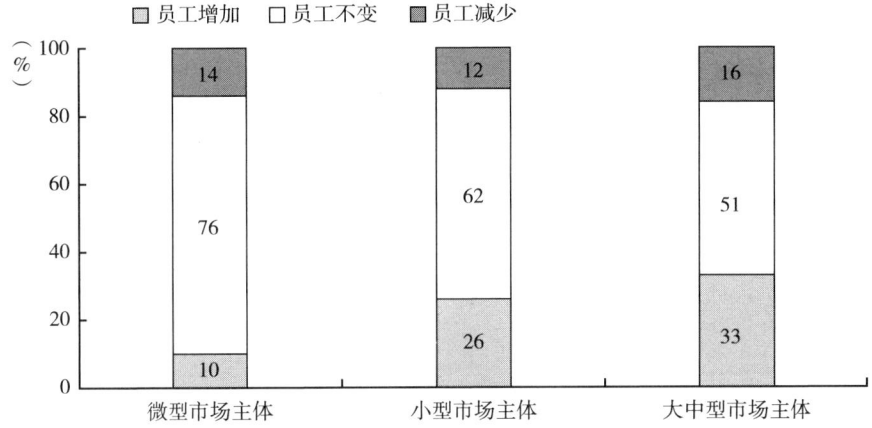

图 12　2021 年按规模划分市场主体员工数量变化

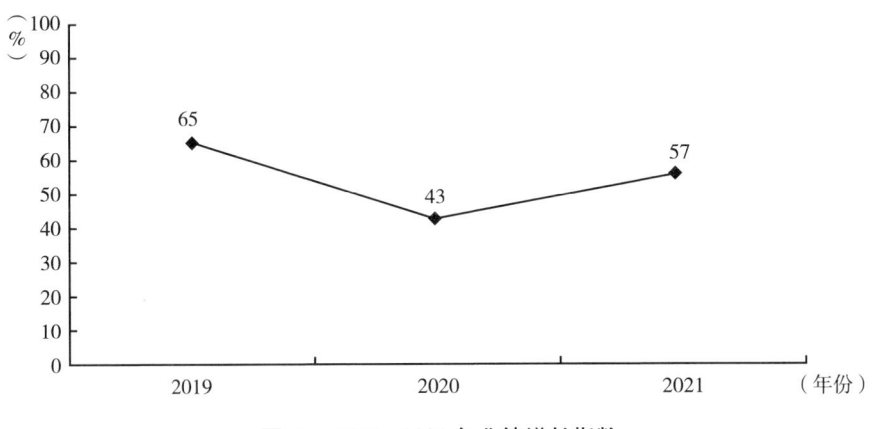

图 13　2019~2021 年业绩增长指数

注：业绩增长指数采用扩散指数法进行计算，即计算"业绩变好""业绩不变""业绩变差"三个选项占比，分别赋予权重为 1、0.5、0，将各项的占比与相应的权重相乘再相加得出最终的指数。所有指数取值范围在 0~100%。

从各个选项来看，如图 14 所示，与 2020 年相比，2021 年市场主体业绩变好的比例上升了 11 个百分点，业绩变差的比例下降了 16 个百分点。与 2019 年相比，2021 年业绩变好的比例下降了 11 个百分点，业绩变差的比例上升了 6 个百分点。这表明，2021 年市场主体业绩总体向好，但业绩表现还未恢复到疫情前水平。

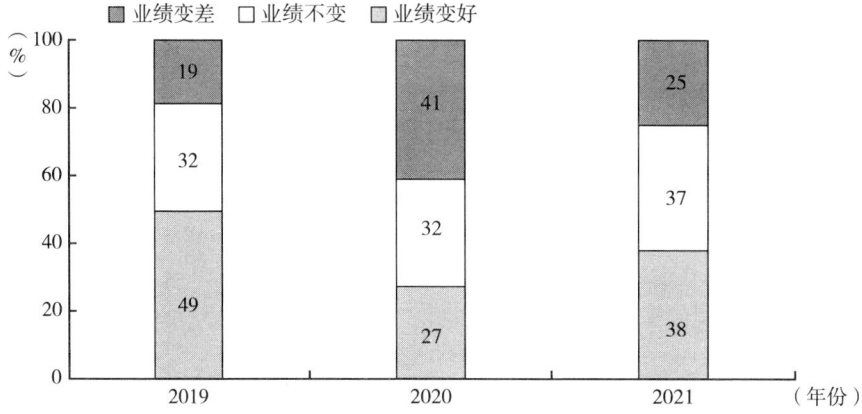

图 14　2019~2021 年市场主体业绩变化情况

2. 新老市场主体业绩增长指数差距缩小至4个百分点

如图 15 所示，2019~2021 年，新市场主体的业绩增长指数始终高于老市场主体，且两者在 2021 年均较 2020 年有所回升，但仍未恢复至 2019 年的水平。同时，新老市场主体的业绩增长指数差距逐年缩小。2021 年，新市场主体业绩增长指数为 58%，老市场主体的业绩增长指数为 54%，新老市场主体的差值已缩小至 4 个百分点。

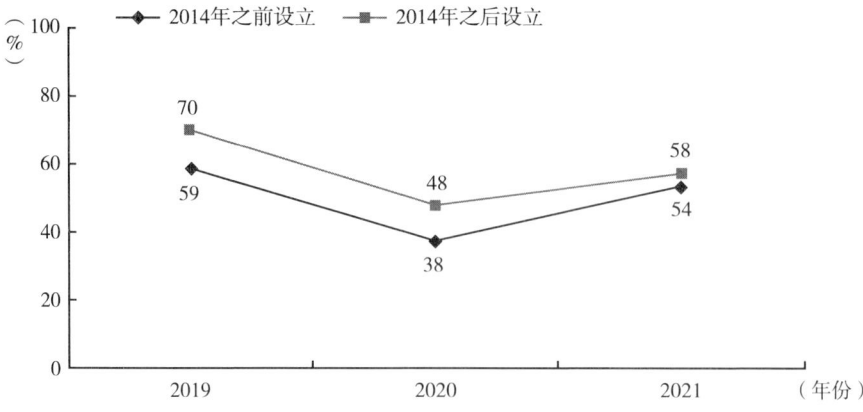

图 15　2019~2021 年新老市场主体业绩增长指数

如图 16 所示，从各个选项来看，新市场主体中，有 37% 的市场主体业绩变好，42% 的业绩不变，21% 的业绩变差。新市场主体业绩变好的比例比老市场主体低 1 个百分点，业绩变差的比例比老市场主体低 9 个百分点。这表明，2021 年新市场主体业绩表现更优，经济恢复状况更佳。

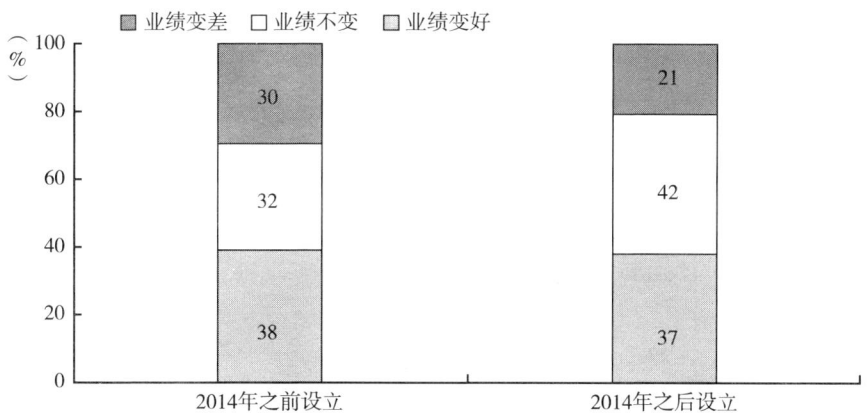

图 16　2021 年新老市场主体业绩变化情况

3.服务业市场主体的业绩增长指数为55%，低于其他行业

如图 17 所示，2021 年，工业建筑业、服务业和新兴行业的业绩增长指

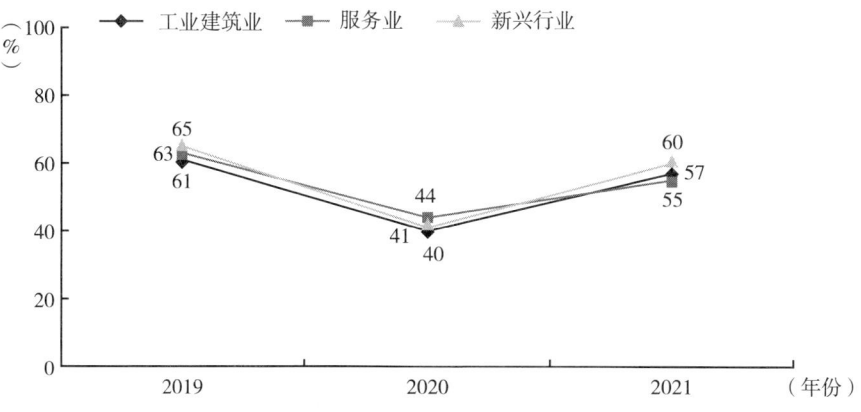

图 17　2019~2021 年各行业业绩增长指数

数均较 2020 年有所回升，就业形势恢复性向好，但仍未恢复至疫情前水平。尤其是服务业，2020 年的业绩增长指数相较于 2019 年下降了 19 个百分点，虽然 2021 年较 2020 年提升了 11 个百分点，但仍与疫情前差距达 8 个百分点，受疫情影响最为严重。

如图 18 所示，从各个选项来看，工业建筑业、服务业和新兴行业市场主体业绩变差的比例分别为 24%、25%、24%；业绩变好的比例分别为 37%、35%、44%。这表明，相较于 2020 年，2021 年新兴行业业绩恢复表现最好，而服务业还需进一步恢复性发展。

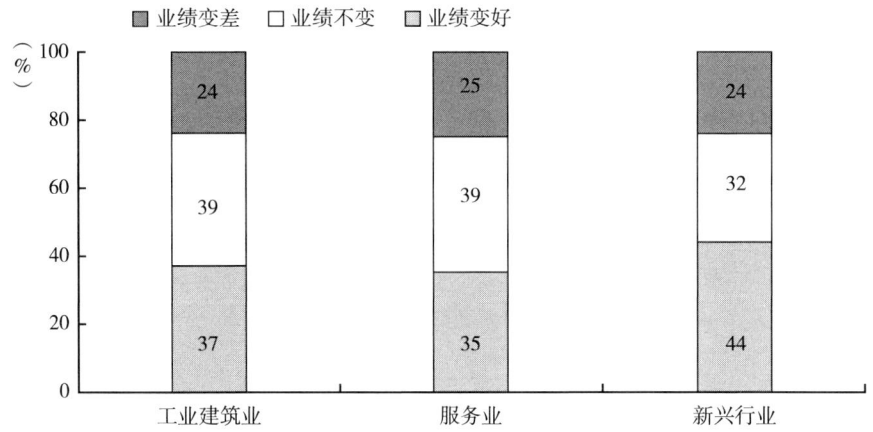

图 18　2021 年各行业市场主体业绩变化情况

注：本报告的数值保留至个位，故可能出现总和不为 100% 的情况。

4. 大中型市场主体业绩增长指数为62%，高于小微型市场主体

如图 19 所示，2021 年，微型、小型和大中型市场主体的业绩增长指数分别为 48%、60%、62%，均较 2020 年有所回升，其中小型市场主体恢复情况最好，业绩增长指数较 2020 年提升了 16 个百分点，但各规模市场主体的业绩增长指数仍未恢复到 2019 年疫情前的水平。

2019~2021 年，大中型市场主体的业绩增长指数始终高于小微型市场主体。2021 年，大中型市场主体的业绩增长指数分别比小型市场主体和微型市场主体高 2 个百分点和 14 个百分点。

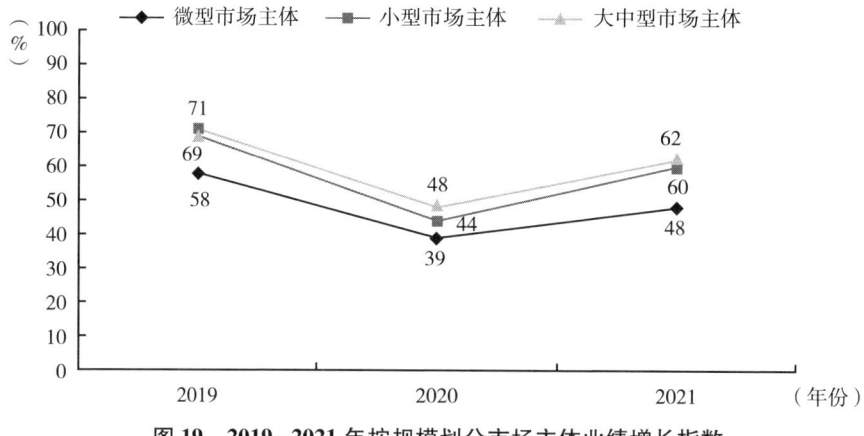

图 19　2019~2021 年按规模划分市场主体业绩增长指数

大中型市场主体在 2021 年的业绩恢复情况更佳，如图 20 所示，从各个选项来看，大中型市场主体业绩变好的比例为 51%，高于微型市场主体 26 个百分点，高于小型市场主体 10 个百分点。

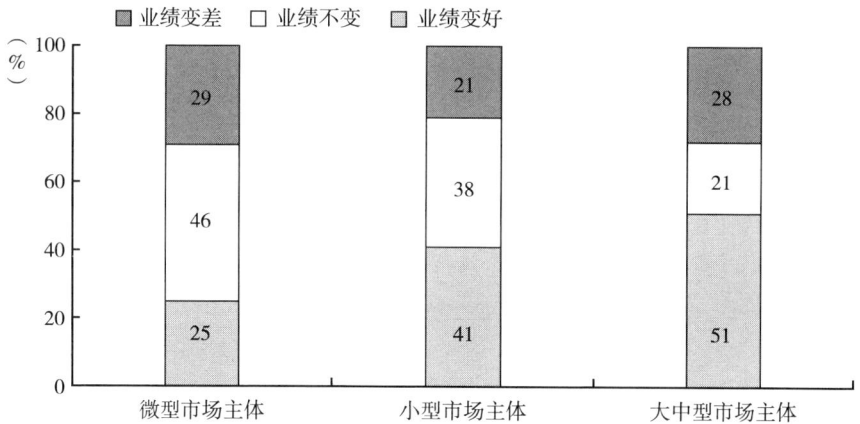

图 20　2021 年按规模划分市场主体业绩变化情况

（三）创新恢复性增长

1. 2021年39%的市场主体进行创新，较上年增加4个百分点

在实地调研中，调研员询问市场主体"贵企业在过去半年是否推出新

产品或新服务"，从而得到关于市场主体创新的相关情况。如图 21、图 22
所示，2021 年，推出过新产品或者新服务的市场主体占比为 39%，相较于
2020 年上升了 4 个百分点，市场主体的创新活力逐渐恢复，但相较于 2019
年市场主体创新比例 44%，下降了 5 个百分点，市场主体创新活力完全恢复
还需要一段时间。

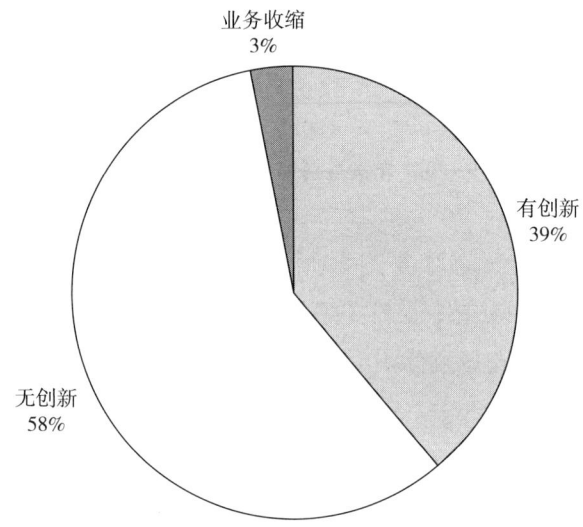

图 21　2021 年市场主体进行创新的情况

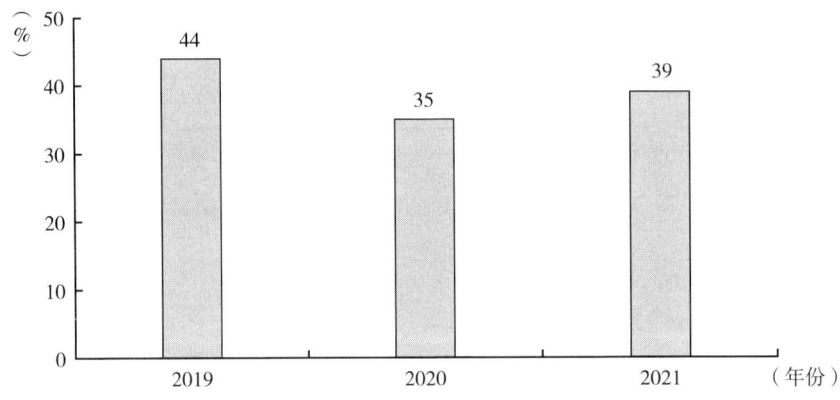

图 22　2019~2021 年有创新的市场主体比例

2. 老市场主体进行创新的比例为44%，比新市场主体高9个百分点

从市场主体设立时间来看，2014 年之前设立的市场主体创新比例更高。如图 23 所示，过去半年，在 2014 年商改前设立的老市场主体有创新的比例为 44%，2014 年商改后设立的新市场主体有创新的比例为 35%，老市场主体的创新比例更高。同时，新老市场主体都存在少量的业务收缩现象，老市场主体的业务收缩比例 4%，新市场主体高 1 个百分点。

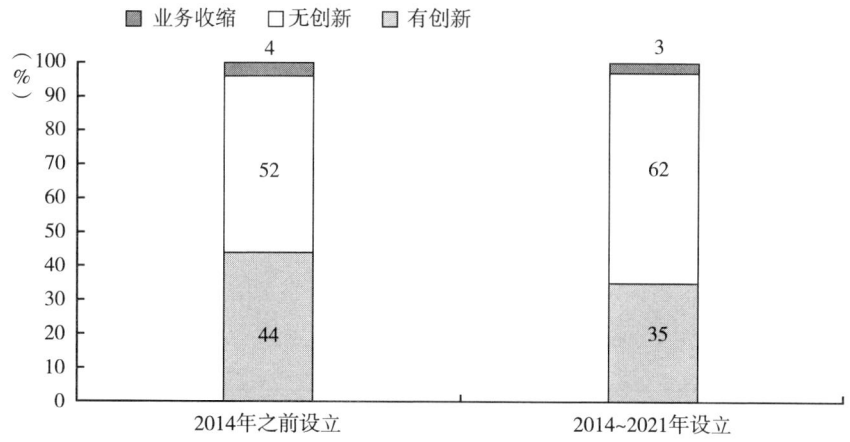

图 23　2021 年新老市场主体有创新的比例

如图 24 所示，2019～2021 年，老市场主体的创新比例始终高于新市场主体，且两者之间的差距从 2019 年的 1 个百分点扩大至 2021 年的 9 个百分

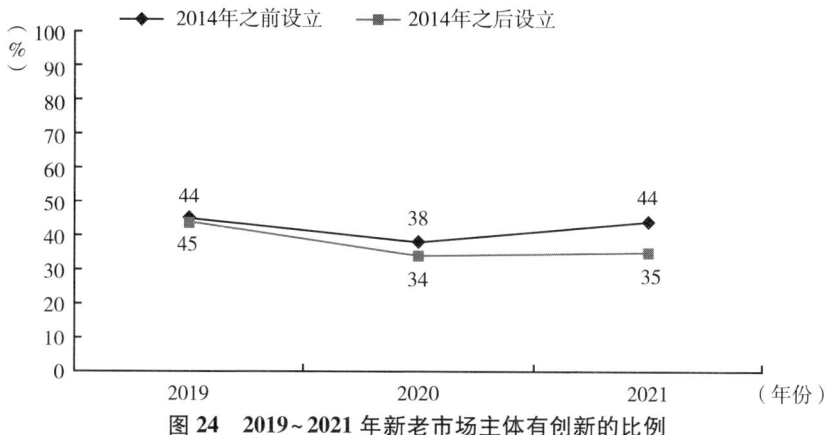

图 24　2019～2021 年新老市场主体有创新的比例

点，两者差距呈逐年拉大的趋势，新市场主体的创新动机和创新能力有待进一步加强。

3. 新兴行业市场主体创新比例为47%，高于其他行业

从不同行业来看，新兴行业发展节奏快，创新比例最高。如图25所示，有47%的新兴行业市场主体在2021年推出了新产品或新服务。工业建筑业市场主体业务收缩的比例为6%，高于其他行业，业务收缩情况较为严重。

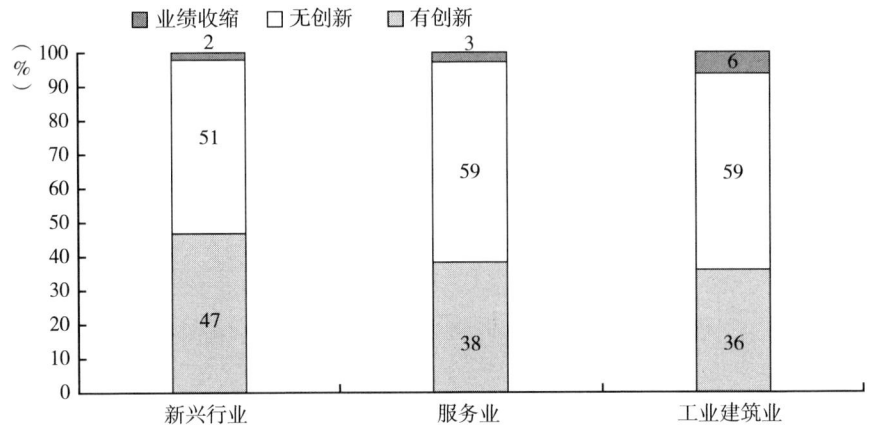

图25　2021年各行业市场主体有创新的比例

注：本报告的数值保留至个位，故可能出现总和不为100%的情况。

如图26所示，2021年各行业市场主体有创新的比例均较2020年有所提高。其中，工业建筑业市场主体有创新的比例较2020年提高了1个百分点，仍低于2019年4个百分点，呈恢复性创新增长态势。服务业市场主体有创新的比例较2020年提高了3个百分点，但由于2020年服务业市场主体受到疫情严重冲击，2021年市场主体有创新的比例仍低于2019年7个百分点，服务行业市场主体的创新活力还需进一步恢复。新兴行业2021年市场主体有创新的比例较2020年提高了8个百分点，甚至高于2019年2个百分点，创新活力进一步得到激发。2021年，不同行业之间的创新活力差距进一步拉大，新兴行业市场主体有创新的比例与其他行业之间的差值由2020年的4个百分点扩大至9~11个百分点。

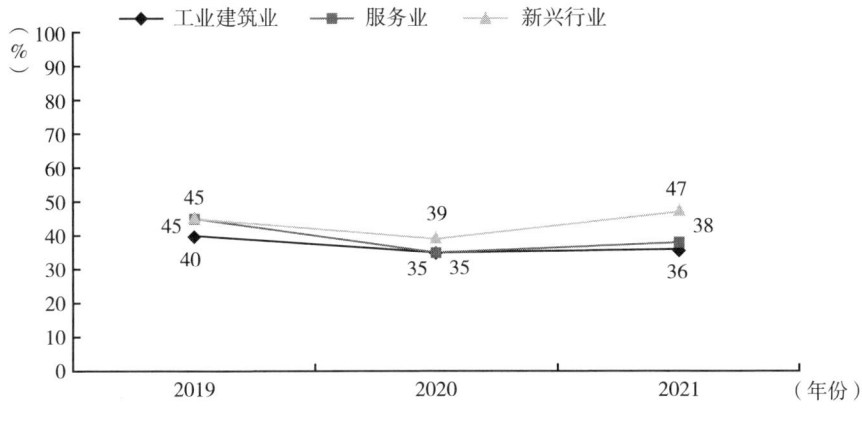

图 26 2019~2021 年各行业市场主体有创新的比例

4. 大中型市场主体创新比例达57%，高于小微型市场主体

从不同市场主体规模来看，规模越大，市场主体有创新的比例就越高。如图 27所示，2019~2021 年，大中型市场主体有创新的比例始终高于小微型市场主体，大中型市场主体在创新上的突出表现具有长期性。2021 年具体情况如图 28 所示，大中型市场主体创新能力和活力最强，有 57% 的大中型市场主体有创新，高于小型市场主体 18 个百分点，高于微型市场主体 31 个百分点。

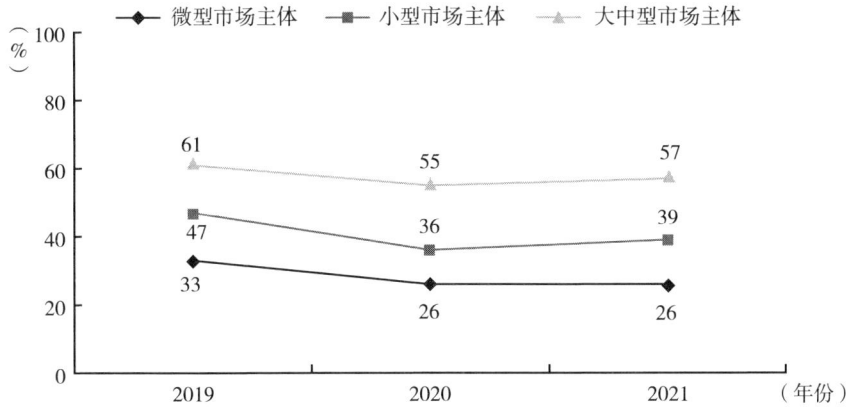

图 27 2019~2021 年按规模划分市场主体有创新的比例

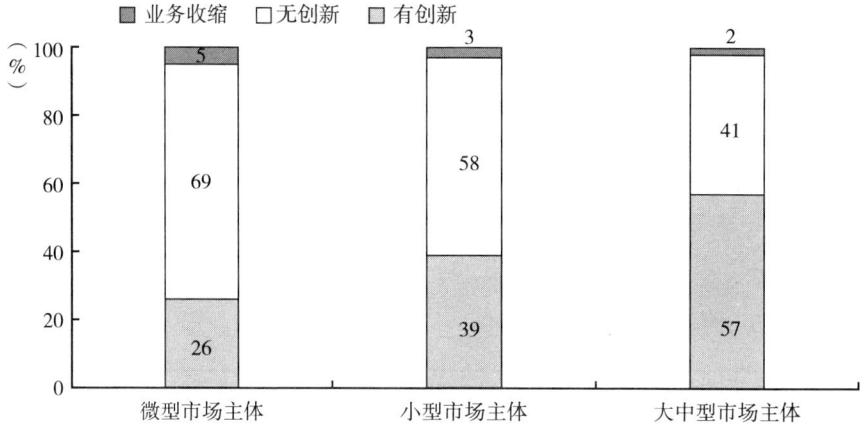

图28　2021年按规模划分市场主体有创新的比例

三　全国市场主体高质量成长面临的主要问题

（一）市场竞争激烈是市场主体面临的最大问题，持续四年位居第一

在调研中，调研员通过访问市场主体的办事代表"据您所知，您所在的企业当前面临的最大困难是什么"得到的反馈如图29所示。2021年全国市场主体面临的三个主要问题是"市场竞争激烈""房租成本高""劳动力成本高"，比重分别为22%、20%、15%，成为当前市场主体面临的"新三难"。如图30所示，"合同执行难""开办企业难""退出市场难"较少被提及，比重分别为3%、2%、2%，与2020年相比无太大变化，不再是市场主体面临的主要困难，成为"旧三难"。

市场竞争激烈依旧是最大困难，连续四年排名第一。2021年，有22%的市场主体认为市场竞争激烈是企业面临的主要困难，但得票率相比2020年下降了6个百分点，实现了四年来的首次下降，相对其他困难降幅较大。

调研过程中，不少市场主体表示受到市场竞争激烈影响。东部地区某城

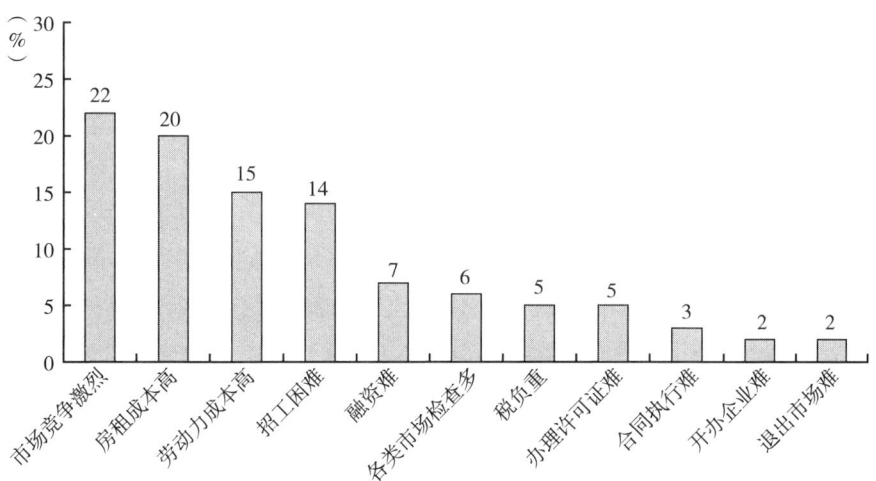

图 29　2021 年市场主体面临的困难

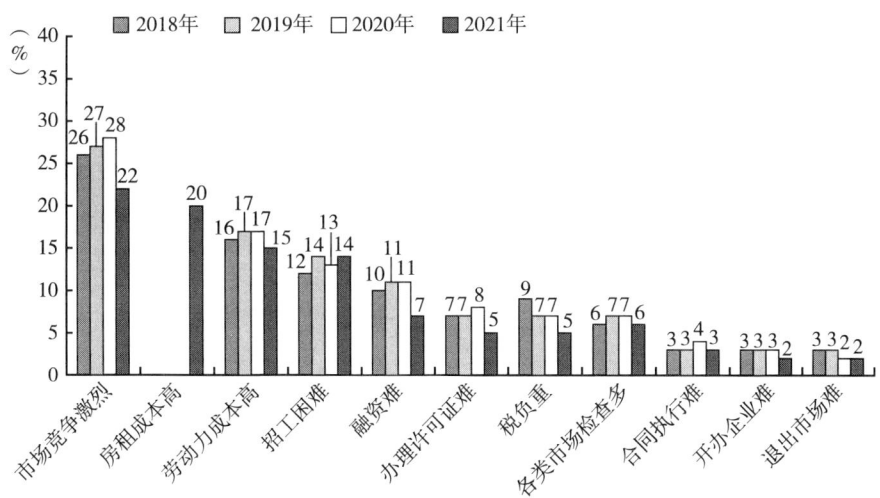

图 30　2018~2021 年市场主体面临的困难

注：2021 年的调研中，被访者可选项新增加了"房租成本高"，故无往年数据。

市的市场主体描述道，"现在市场上的价格混乱，有价格战的现象，会有恶性竞争"。东部某城市的市场主体表示，"市场太乱了，大家互相挤压，打价格战，政府的监管不是很到位"。

2021 年市场主体面临的招工困难占比增加 1 个百分点。2021 年，有 14% 的市场主体认为招工困难，位居主要困难前列。东部地区一位市场主体表示，"目前招工用人成本太高了啊。现在年轻人都吃不了多少苦，很多人都是干一干就走了，用人成本太大"。另一位经商多年的市场主体表示，"现在当地没有什么人才，工资越来越高，但还是招不到人"。而相较于 2020 年，除招工困难外，2021 年市场主体面临的其他困难占比均有所下降，下降幅度较明显的是"市场竞争激烈""融资难"等，分别下降 6 个和 4 个百分点。

（二）小微型市场主体难上加难

横向来看，与大中型市场主体相比，小微型市场主体的就业、业绩、创新表现欠佳。如图 31 所示，在员工数量方面，大中型市场主体员工数量增加的比例比小型市场主体高 7 个百分点，比微型市场主体高 23 个百分点。从业绩来看，2021 年，大中型市场主体业绩变好的比例比小型市场主体高 10 个百分点，比微型市场主体高 26 个百分点。在创新方面，大中型市场主体有创新的比例比小型市场主体高出 18 个百分点，比微型市场主体高出 31 个百分点。不论从哪个维度来看，小微型市场主体的成长都受到自身劣势的制约。

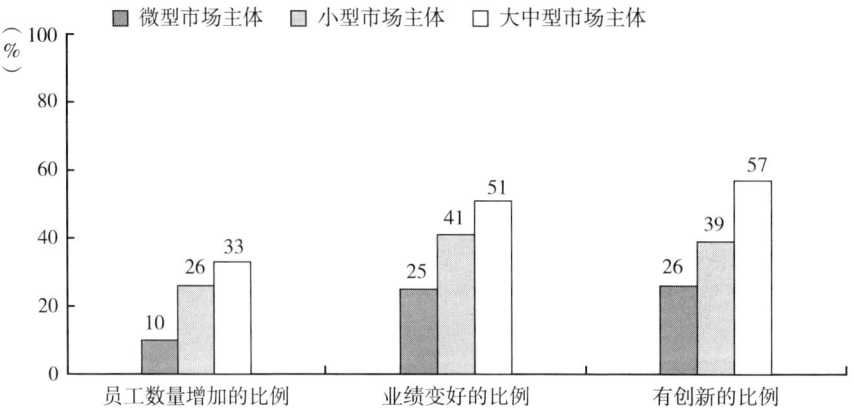

图 31　2021 年按规模划分市场主体在员工数量、业绩、创新方面的情况

纵向来看，小微型市场主体受疫情影响更为严重。如图 32、图 33、图 34 所示，2021 年微型市场主体就业增长指数比 2019 年低 6 个百分点，业绩增长指数比 2019 年低 10 个百分点，有创新的比例比 2019 年低 6 个百分点。2021 年小型市场主体就业增长指数比 2019 年低 8 个百分点，业绩增长指数比 2019 年低 9 个百分点，有创新的比例比 2019 年低 7 个百分点，与大中型市场主体相比，恢复情况欠佳。

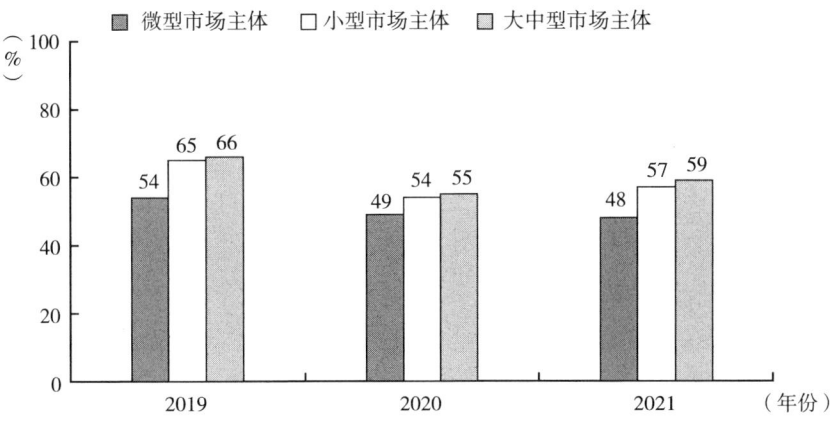

图 32　2019~2021 年按规模划分市场主体就业增长指数

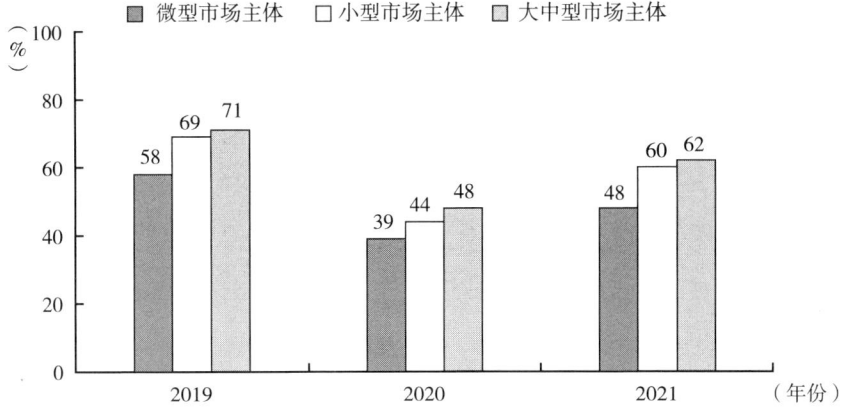

图 33　2019~2021 年按规模划分市场主体业绩增长指数

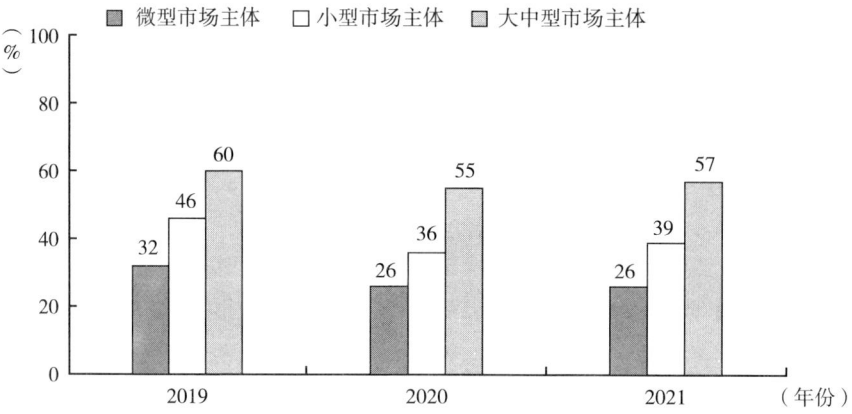

图34 2019~2021年按规模划分市场主体有创新的比例

从短期来看，受疫情影响，小微型市场主体在稳就业、业绩增长和创新方面的能力都受到一定冲击，虽然较上年有所恢复，但仍未恢复至疫情前水平。小微型市场主体的发展形势受疫情影响更加严峻。

从长期来看，小微型市场主体员工数量增加、业绩增长和有创新的比例均低于大中型市场主体，在多个方面长期存在劣势。小微型市场主体受到规模小、抗风险能力弱、融资难等问题限制，再加上近年来各类市场主体的大量进入，市场竞争激烈，小微型市场主体发展难将是一个长期性问题。

小微型企业面临的市场竞争激烈、房租成本高、劳动力成本高等问题更为突出。如图35所示，微型企业面临的市场竞争激烈、房租成本高和劳动力成本高等问题的比重分别是23%、22%和16%，均排各类市场主体的第一位。进一步针对"新三难"将企业按规模划分，微型市场主体受到"新三难"影响的比例最高，小型市场主体次之。

一位来自东部地区的办事群众反映，"我在与大企业合作时，遭受了不公平的对待，大企业随意频繁变更合同，小微企业却难以应对，最终只能委曲求全"。东部地区某城市的房地产商表示，"我们这里就像刚刚

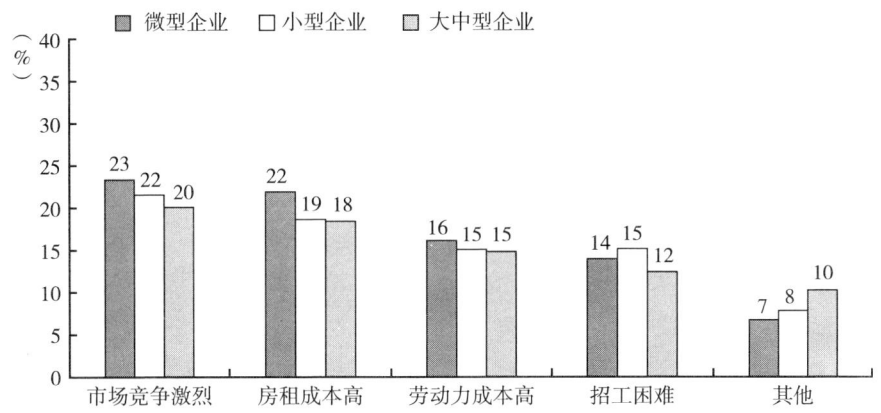

图 35　2021 年按规模划分市场主体在经营过程中遇到的困难

改革开放时的深圳，这里适合创业，不适合就业，个体户非常多，但是做的工作大都比较辛苦，工资也给不了太高，所以很难留下人才"。小微型企业如何吸引留住人才，无疑是各地政府发展经济过程中面临的重要问题。

调研中的一些个体户表示，"商事制度改革措施的确减少了与政府打交道的时间和费用，但要决定生意成败，还要依靠其他措施共同发力"。其中一位受访者说道，"对于我们这些小本经营的人来说，最关键的是有钱赚。可是现在运营成本高，招工难，很难赚钱啊"。这表明小微型企业仍然比规模较大企业面临着更大的挑战。

（三）服务业增长恢复状况欠佳

2021 年服务业的就业增长恢复状况欠佳。如图 36 所示，2021 年服务业的就业增长指数为 53%，在三个行业中最低；如图 38 所示，2021 年，服务业的就业增长指数较 2020 年提高了 1 个百分点，在三个行业中增长幅度最小。而服务业市场主体由于对客流量的强依赖，在疫情期间遭受的冲击最大。如图 36 所示，2020 年服务业市场主体的就业增长指数较 2019 年下降了

7 个百分点。受疫情冲击严重而恢复欠佳，服务业市场主体的就业增长指数在三个行业中的相对排名 2021 年位于最后。

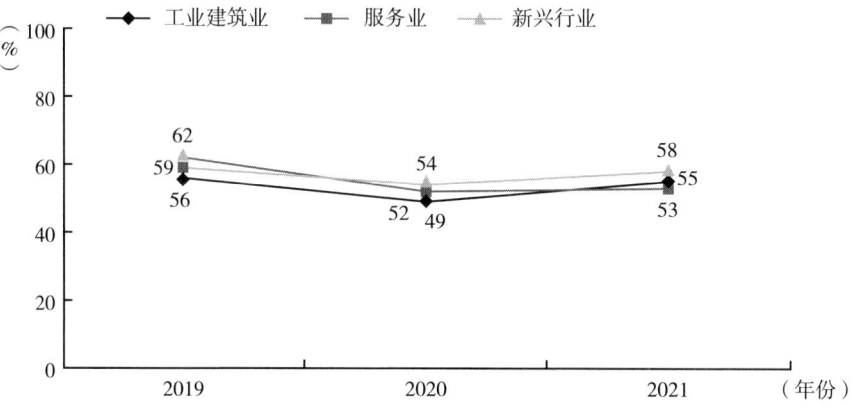

图 36　2019~2021 年各行业就业增长指数

2021 年服务业的业绩增长恢复状况欠佳。如图 37 所示，2021 年服务业业绩增长指数最低，为 55%；如图 39 所示，2021 年，服务业的业绩增长指数较 2020 年提高了 11 个百分点，在三个行业中增长幅度最低。服务业市场主体的业绩增长指数在三个行业中的相对排名 2021 年位于最后。

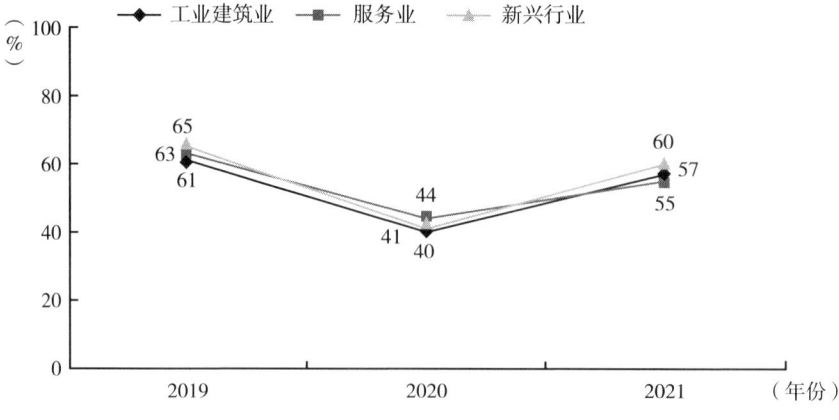

图 37　2019~2021 年各行业业绩增长指数

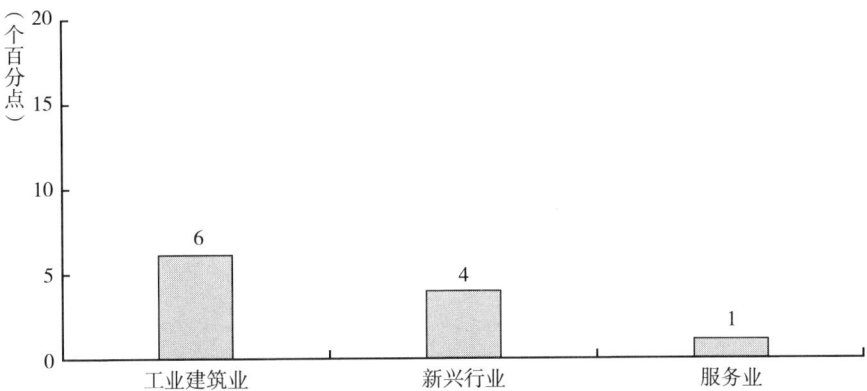

图 38　2021 年各行业就业增长指数较 2020 年的增长幅度

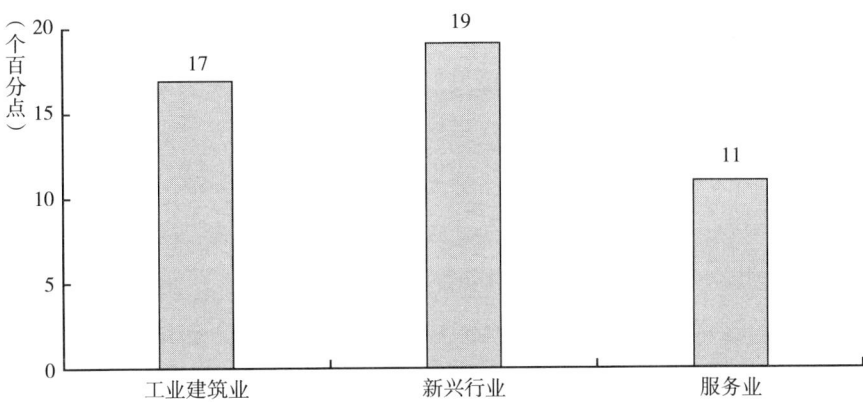

图 39　2021 年各行业业绩增长指数较 2020 年的增长幅度

全国公平竞争环境调查报告[*]

　　公平竞争是市场经济的基本原则，是市场有效配置资源的重要基础，党中央、国务院强调要对各类市场主体一视同仁，营造公平竞争的市场环境。2008 年，《反垄断法》正式实施；2016 年，国务院出台《关于在市场体系建设中建立公平竞争审查制度的意见》，推动建立公平竞争审查制度；2021 年，国家反垄断局正式成立，进一步强化反垄断和防止资本无序扩张。营造公平竞争的市场环境，政府一直在路上，公平竞争环境建设得如何，市场主体最有发言权。本报告以市场主体的获得感为标准，从市场主体的视角出发，考察全国公平竞争环境建设情况。

　　现将 2021 年度全国公平竞争环境调查的主要发现报告如下。

一　全国公平竞争环境建设现状

（一）全国公平竞争环境得分为79分，属于比较公平

　　2021 年，全国市场竞争环境比较公平。在调研中，调研员访问市场主体"关于本地公平竞争环境，贵企业认为可以打几分"。如图 1 所示，根据市场主体打分，36% 的市场主体认为竞争环境非常公平，44% 的市场主体认为竞争环境比较公平，17% 的市场主体认为竞争环境一般公平，1% 的市场

---

　　* 执笔人：赵雯清、肖淇泳、陈邱惠。

主体认为比较不公平，1%的市场主体认为非常不公平。平均而言，全国公平竞争环境得分为 79 分，属于比较公平。①

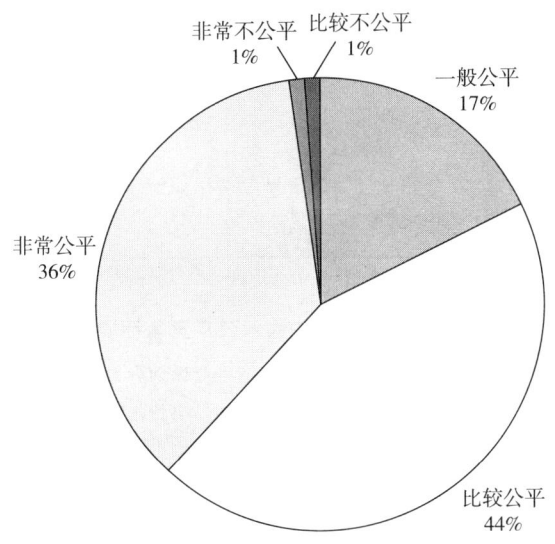

图 1　市场主体对本地竞争环境的评价情况

注：本报告的数值保留至个位，故可能出现总和不为 100%的情况。

在调研中，多数受访者认为所处的城市竞争环境、政务服务较为公平。西部地区有受访者认为政府的政务服务一视同仁，"别人能办到的我也能办到"。东部地区的受访者则表示，"这边还是挺公平的"。

（二）公平竞争环境自西往东越来越公平

从空间来看，我国公平竞争环境自西往东越来越公平。如图 2 所示，根据国家统计局发布的东中西部划分标准，东部市场主体对本地公平竞争环境的平均评分为 81 分，高于全国均分，中、西部市场主体对本地公平竞争环境的平均评分分别为 78 分、76 分，低于全国均分。

---

① 本报告将 80~100 分定义为非常公平，60~79 分定义为比较公平，40~59 分定义为一般公平，20~39 分定义为比较不公平，0~19 分定义为非常不公平。

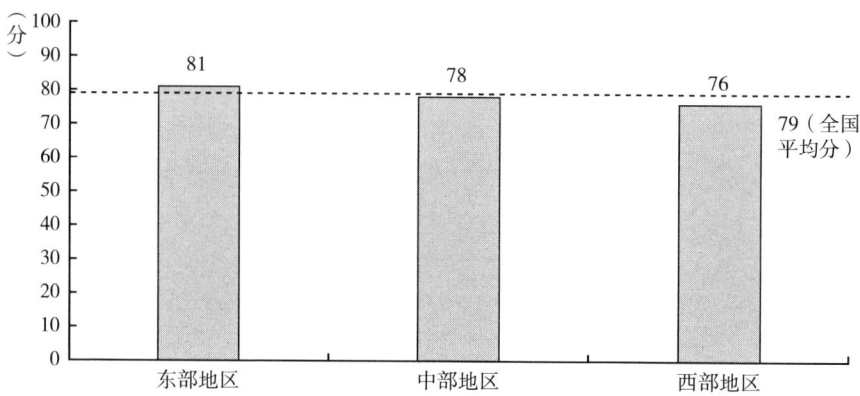

图2　按地区划分的市场主体对公平竞争环境的评分

注：目前，统计中所涉及东部、中部、西部地区的具体划分为：东部10省（市）包括北京、天津、河北、上海、江苏、浙江、福建、山东、广东和海南；中部6省包括山西、安徽、江西、河南、湖北和湖南；西部12省（区、市）包括内蒙古、广西、重庆、四川、贵州、云南、西藏、陕西、甘肃、青海、宁夏和新疆。

二　全国市场主体遇到不公平竞争的比例

（一）全国13%的市场主体有过不公平经历

全国遇到不公平竞争的市场主体比例较低。如图3所示，在问及"在与政府职能部门或其他企业打交道的过程中，贵企业是否有过因企业所有制、企业规模而遇到不公平的经历"时，87%的受访市场主体表示没有不公平经历，13%的表示有过不公平经历。其中，有过比较少不公平经历、一般不公平经历、比较多不公平经历的市场主体分别占比7%、4%、2%。

（二）根据市场主体的回答，新老市场主体遇到不公平竞争的比例相当

根据市场主体进入时间划分，新老市场主体之间遇到不公平竞争的比例相差不大。根据市场主体登记注册时间划分，2014年之前设立的市场主体

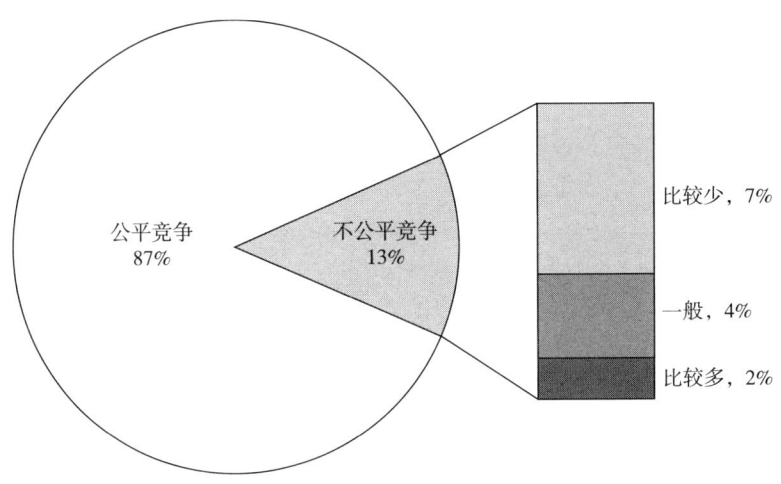

图3 13%的市场主体有过不公平经历

与2014年之后设立的市场主体遇到不公平竞争的比例相差1个百分点。如图4所示，老市场主体遇到不公平竞争的比例为12%，其中8%的遇到比较少的不公平竞争；新市场主体遇到不公平竞争的比例为13%，其中7%的遇到比较少的不公平竞争。

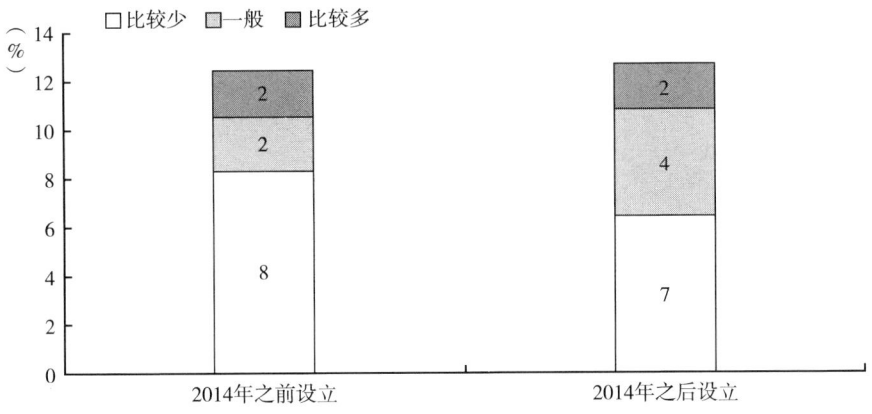

图4 新老企业遇到不公平竞争的比例

（三）根据市场主体的回答，外资合资企业遇到不公平竞争的比例最高，为22%

根据所有制划分，外资合资企业遇到不公平竞争的比例最高。报告根据所有制形式将市场主体划分为"国有企业""民营企业""外资合资企业"三类。如图5所示，根据市场主体的回答，外资合资企业遇到不公平竞争的比例最高，为22%；民营企业次之，为13%；国企最低，为7%。不同所有制的市场主体遇到不公平竞争的比例差异较大。

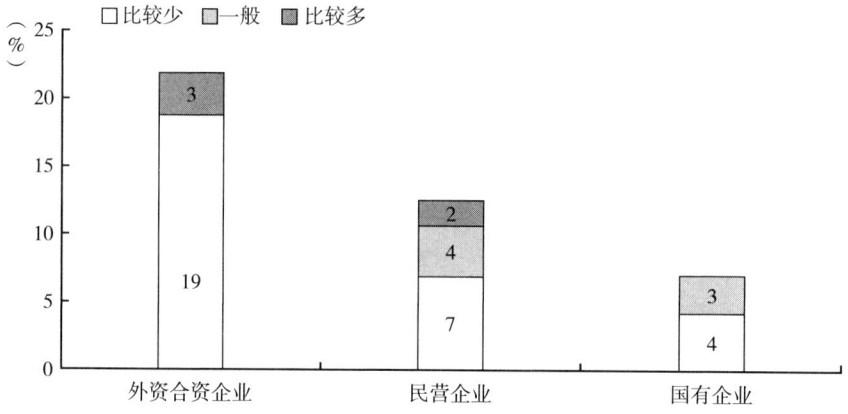

图5　按所有制划分遇到不公平竞争的比例

在调研中，西部某城市的市场主体当被问及对竞争环境不满最主要的原因时表示，"私企较国企接受的检查比较严"，"有些资源我们这些小企业得不到，而一些国家颁布的政策是很好，有利于做生意，但它的那些条件我们达不到"，"外面的企业进来挺难的"，"私企的审核还是比国企要严好多"。

（四）根据市场主体的回答，微型企业遇到不公平竞争的比例最低，为11%

根据规模划分，微型企业遇到不公平竞争的比例最低。报告根据员工规模将样本市场主体划分为"微型企业""小型企业""大中型企业"三类。如图6所示，根据市场主体的回答，微型企业遇到不公平竞争的比例最低，为11%；大中型、小型企业遇到不公平竞争的比例相当，均为14%。不同规模的市场主体遇到不公平竞争的比例差异较大。

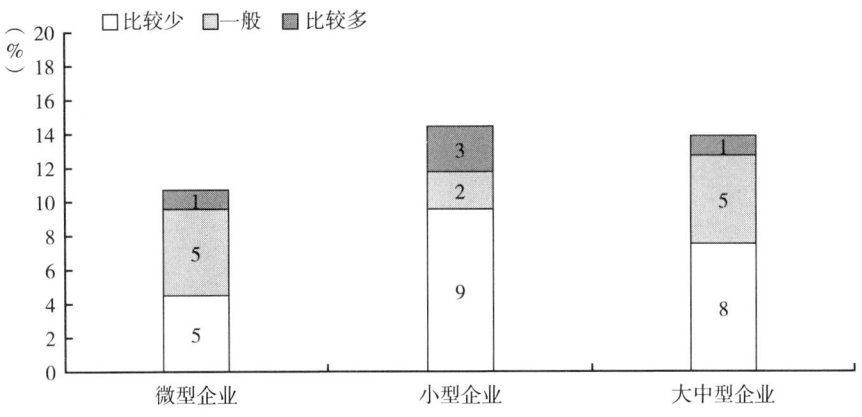

图6　按规模划分的市场主体有不公平经历的比例

注：报告将员工规模10人及以下的定义为微型企业，10~100人的定义为小型企业，100人以上的定义为大中型企业。

（五）根据市场主体的回答，平台市场主体有不公平经历的比例最高，为19%

根据所属行业划分，互联网平台市场主体遇到不公平竞争的比例最高。根据行业分类将市场主体划分为"工业（除建筑业）""建筑业""服务业（除互联网平台行业）""互联网平台行业"四类。如图7所示，根据市场主体的回答，互联网平台行业遇到不公平竞争的比例最高，为19%；工业（除建筑业）遇到不公平竞争的比例最低，为8%。不同行业的市场主体遇到不公平竞争的比例存在较大差异。

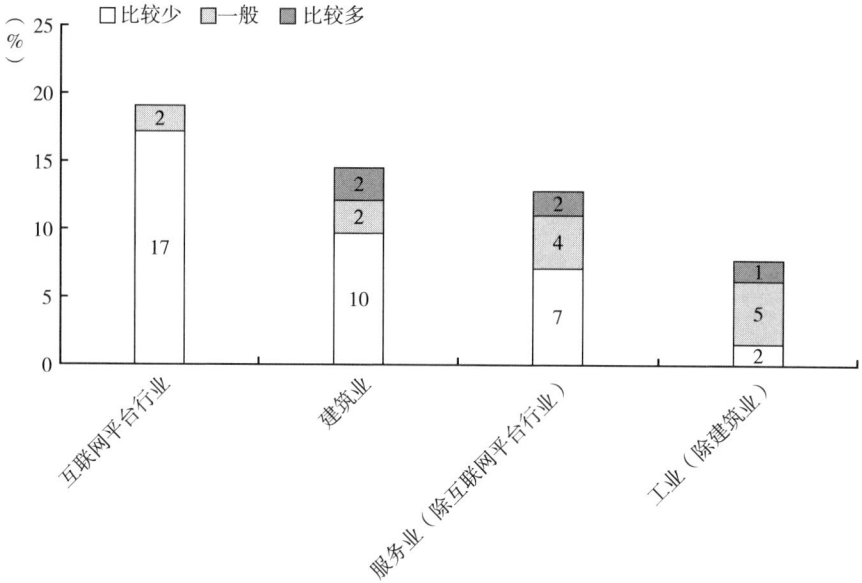

图 7 按行业划分各市场主体有过不公平经历的比例

三 全国市场主体遇到不公平竞争的环节

（一）不公平竞争集中体现在市场监管、市场进入、政府采购和招标投标等环节

从环节看，市场监管、市场进入、政府采购和招标投标等环节的不公平竞争现象突出。在问及"据您所知，贵企业在以下哪些环节中面临不公平竞争"时，市场主体提及的不公平竞争环节主要为市场监管、市场进入、政府采购和招标投标环节。如图8所示，根据市场主体对不公平竞争环节的投票结果，出现不公平竞争最多的三个环节是市场监管、市场进入、政府采购和招标投标，分别占比15%、14%、11%。

调研中，西部某地区的一位受访者在被问及本地的公平竞争环境时表示，"关系层面还是蛮重要的，招标只是一个形式"。在西部另一地区，对

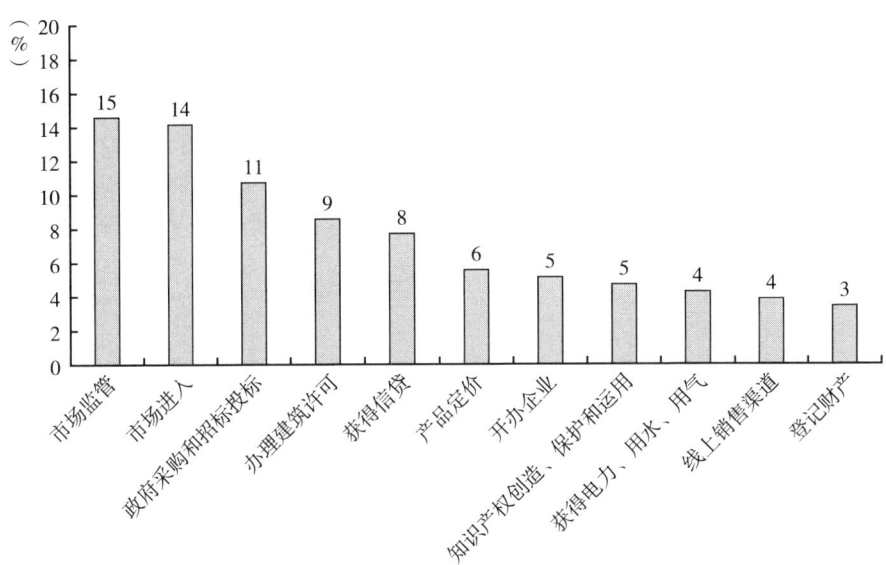

图8 2021年市场主体有不公平竞争经历的环节的得票率

于市场监管，也有受访者表示不满，"市场太乱了，大家互相挤压，打价格战，政府的监管不是很到位"。

（二）新老市场主体在"获得信贷"环节遇到不公平竞争的比例差异最大

新老市场主体在"获得信贷"环节的不公平竞争经历差异最大。如图9所示，按照市场主体登记注册年份划分，2014年之前登记注册的市场主体遇到不公平竞争比例最高的三个环节是"市场进入""政府采购和招标投标""市场监管"，占比分别为14%、14%、12%。2014年之后登记注册的市场主体遇到不公平竞争比例最高的三个环节是"市场监管""市场进入""政府采购和招标投标"，占比分别为16%、14%、10%。新老市场主体遇到不公平竞争的比例差别最大的三个环节是"获得信贷""办理建筑许可""市场监管"，分别相差7个百分点、5个百分点、4个百分点。

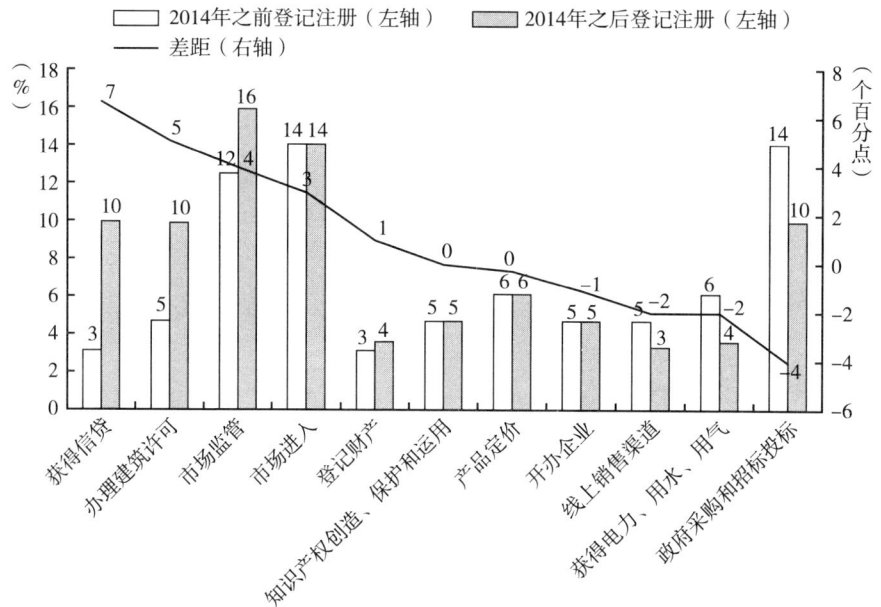

图9　2021年新老市场主体遇到不公平竞争的比例情况

（三）民营市场主体在"市场进入"环节遇到不公平竞争的比例最高

如图10所示，民营市场主体遇到不公平竞争的比例最高的三个环节是"市场进入""市场监管""政府采购和招标投标"，占比分别为15%、13%、11%。

（四）小微市场主体在"市场监管"环节遇到不公平竞争的比例差异最大

小微市场主体在"市场监管"环节的不公平竞争经历差异最大。如图11所示，微型市场主体遇到不公平竞争的比例最高的三个环节是"市场监管""市场进入""政府采购和招标投标"，占比分别为23%、19%、10%；小型市场主体遇到不公平竞争的比例最高的三个环节是"市场进入""政府

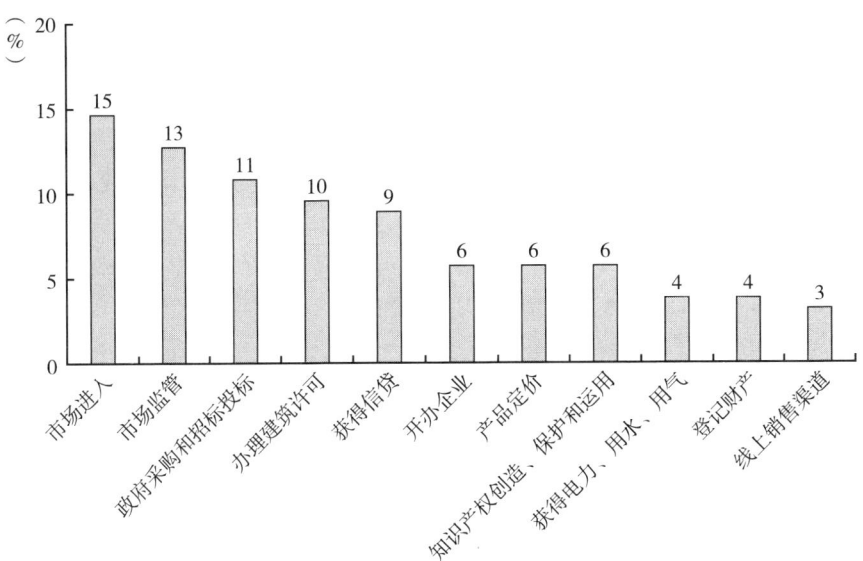

图 10　民营市场主体遇到不公平竞争的比例

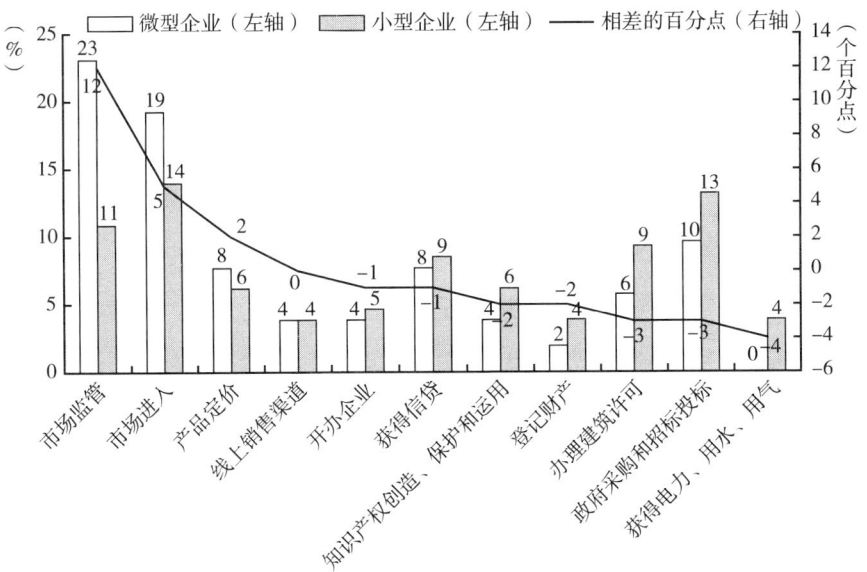

图 11　小微市场主体遇到不公平竞争的比例情况

　　注：报告将员工规模 10 人及以下的定义为微型企业，10～100 人的定义为小型企业，100 人以上的定义为大中型企业。

采购和招标投标""市场监管"，占比分别为 14%、13%、11%。小微市场主体遇到不公平竞争的比例最高的三个环节是"市场监管""市场进入""获得电力、用水、用气"，分别相差 12 个百分点、5 个百分点、4 个百分点。

（五）服务业（除互联网平台行业）市场主体在"市场进入"环节遇到不公平竞争的比例最高

如图 12 所示，服务业（除互联网平台行业）市场主体遇到不公平竞争的比例最高的三个环节是"市场进入""市场监管""政府采购和招标投标"，占比分别为 14%、12%、10%。

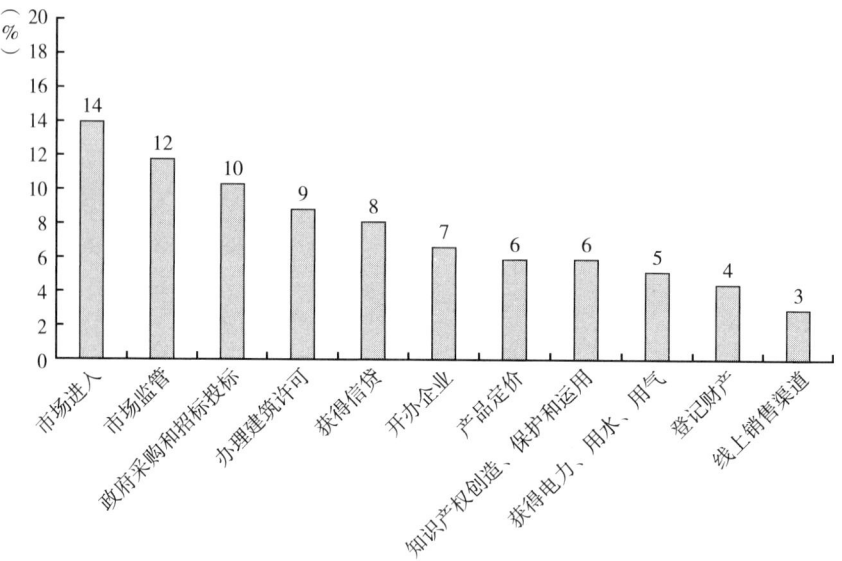

图 12　服务业（除互联网平台行业）市场主体遇到不公平竞争的比例情况

四　全国市场主体对不公平竞争的处理情况

（一）面临不公平竞争时，34% 的市场主体选择不作处理

当遇到不公平竞争时，34% 的市场主体不作处理。如图 13 所示，

在问及"当贵企业面临不公平竞争时，您会如何做"时，在遇到不公平竞争的市场主体中，34%的选择不作处理，66%的选择作处理。在处理方式上，市场主体主要采用谈判协商的方式，占比为28%；其次是采用行政处理、司法途径、仲裁解决等第三方介入解决的方式，占比为24%。

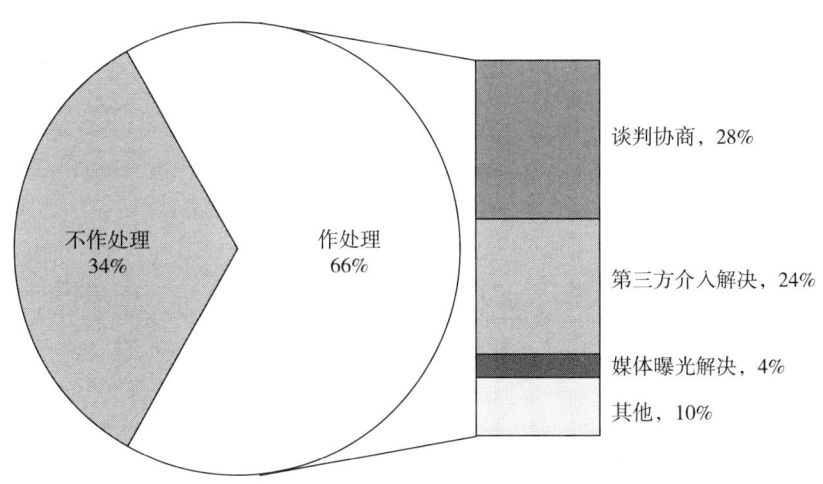

图13　市场主体对不公平竞争的处理情况

（二）面临不公平竞争时，33%的新市场主体选择"不作处理"

从图14可知，当面临不公平竞争时，33%的新市场主体选择"不作处理"。在处理方式上，新市场主体以谈判协商、第三方介入解决为主，占比分别为29%、24%。

（三）面临不公平竞争时，37%的民营市场主体选择"不作处理"

如图15所示，在面临不公平竞争时，37%的民营市场主体选择"不作处理"，在处理方式上，民营市场主体以谈判协商、第三方介入解决为主，占比分别为25%、23%。

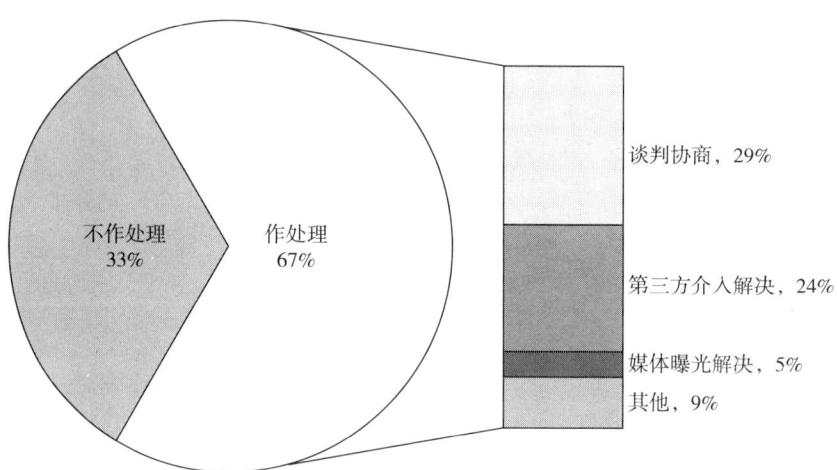

图 14　新市场主体对不公平竞争的处理情况

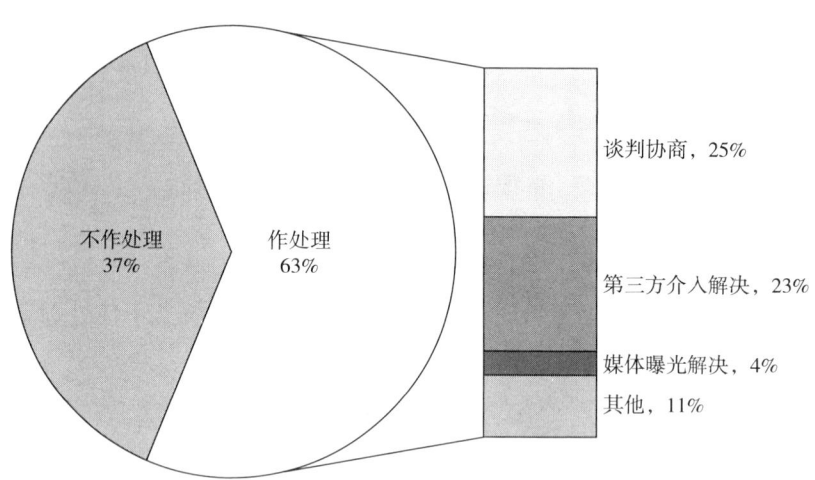

图 15　民营市场主体对不公平竞争的处理情况

（四）面临不公平竞争时，54%的微型市场主体选择"不作处理"

如图 16 所示，当面对不公平竞争时，54%的微型市场主体选择"不作处理"，与总体比例相差 20 个百分点。微型市场主体的维权积极性不高。

在处理方式上，微型市场主体主要选择谈判协商，占比为24%，其次是第三方介入解决，占比为11%。

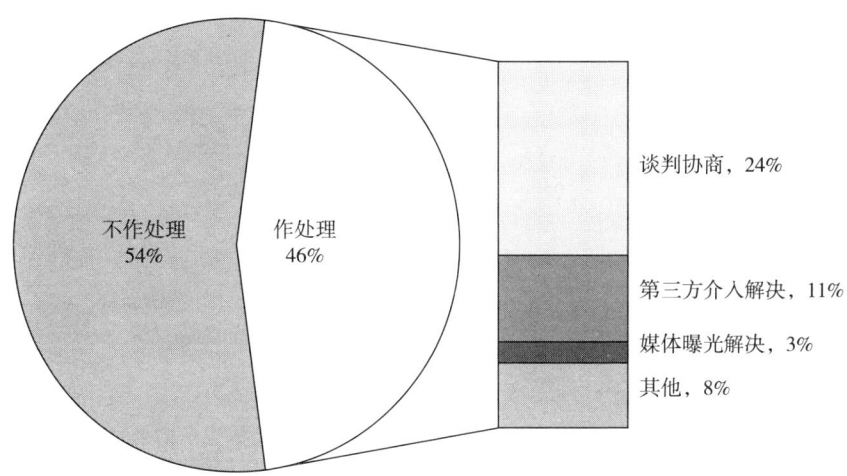

谈判协商，24%

第三方介入解决，11%

媒体曝光解决，3%

其他，8%

不作处理 54%

作处理 46%

图16　微型市场主体对不公平竞争的处理情况

注：报告将员工规模10人及以下的定义为微型市场主体，10~100人的定义为小型市场主体，100人以上的定义为大中型市场主体。

（五）面临不公平竞争时，32%的服务业（除互联网平台行业）市场主体选择不作处理

如图17所示，在面临不公平竞争时，32%的服务业（除互联网平台行业）市场主体选择"不作处理"。在处理方式上，30%的选择谈判协商，27%的选择第三方介入解决，5%的选择"媒体曝光解决"。

五　全国公平竞争环境建设与企业成长

（一）有不公平竞争经历的市场主体，就业增长指数低

与无不公平竞争经历的市场主体相比，遇到不公平竞争的市场主体的就

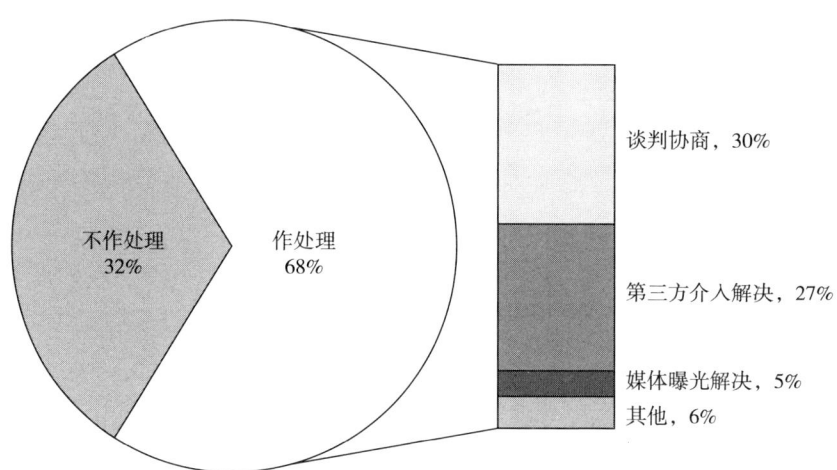

图 17 服务业（除互联网平台行业）市场主体对不公平竞争的处理情况

业增长指数低。如图 18 所示，有不公平竞争经历的市场主体就业增长指数为
53%，无不公平竞争经历的市场主体就业增长指数为 56%，比有不公平竞争经
历的市场主体高 3 个百分点。如图 19 所示，2021 年，有不公平竞争经历的企
业，18%的员工减少，而无不公平竞争经历的企业，12%的员工减少。

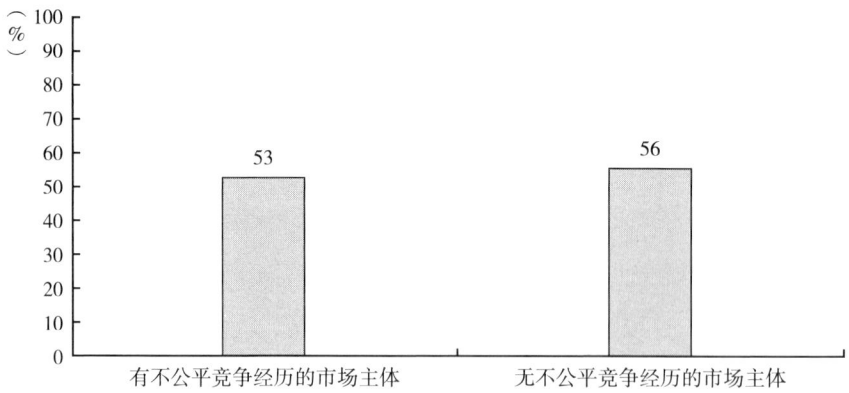

图 18 2021 年有/无不公平竞争经历的企业的就业增长指数

注：就业增长指数采用扩散指数法进行计算，即计算"员工增加""员工不变""员
工减少"三个选项占比，分别赋予权重为 1、0.5、0，将各项的占比与相应的权重相乘再
相加得到最终的指数。所有指数取值范围在 0~100%。

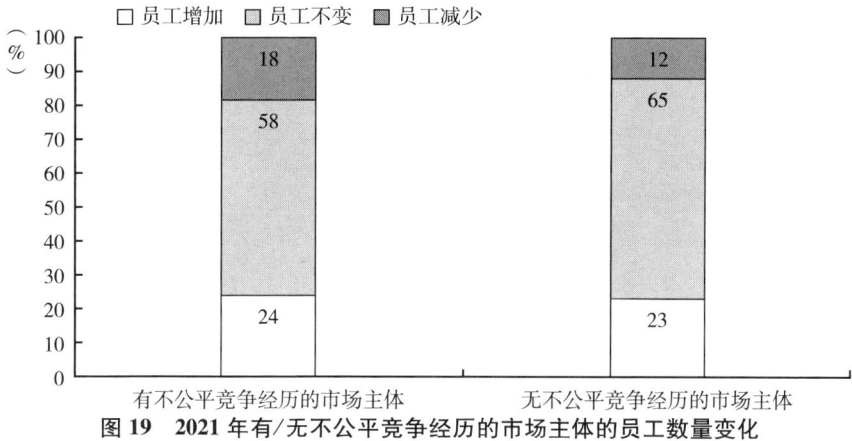

图 19　2021 年有/无不公平竞争经历的市场主体的员工数量变化

（二）有不公平竞争经历的市场主体的业绩增长指数低

与无不公平竞争经历的市场主体相比，有不公平竞争经历的市场主体业绩增长指数低。如图 20 所示，2021 年有不公平竞争经历的市场主体业绩增长指数为 47%，无不公平竞争经历的市场主体业绩增长指数为 59%。有不公平竞争经历的市场主体业绩增长指数比无不公平竞争经历的市场主体低 12 个百分点。

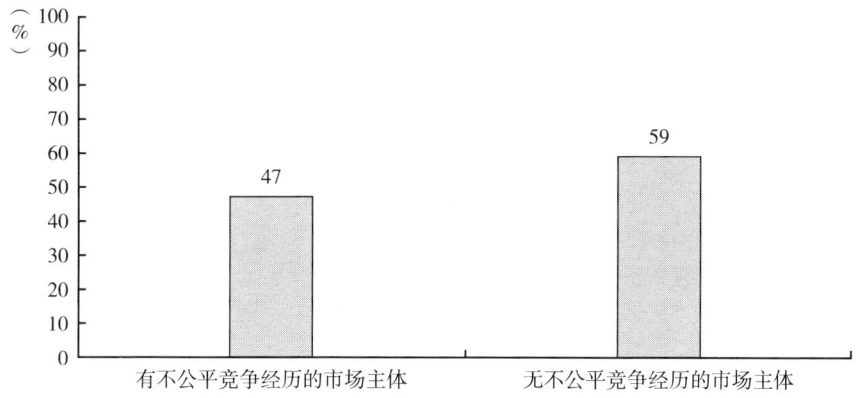

图 20　2021 年有/无不公平竞争经历的市场主体的业绩增长指数

注：业绩增长指数采用扩散指数法进行计算，即计算"业绩变好""业绩不变""业绩变差"三个选项占比，分别赋予权重为 1、0.5、0，将各项的占比与相应的权重相乘再相加得到最终的指数。所有指数取值范围在 0~100%。本报告将数据进行了四舍五入处理。

如图 21 所示，2021 年有不公平竞争经历的市场主体中，37% 的业绩变差，而无不公平竞争经历的市场主体中，21% 的业绩变差，比有不公平竞争经历的市场主体低 16 个百分点。

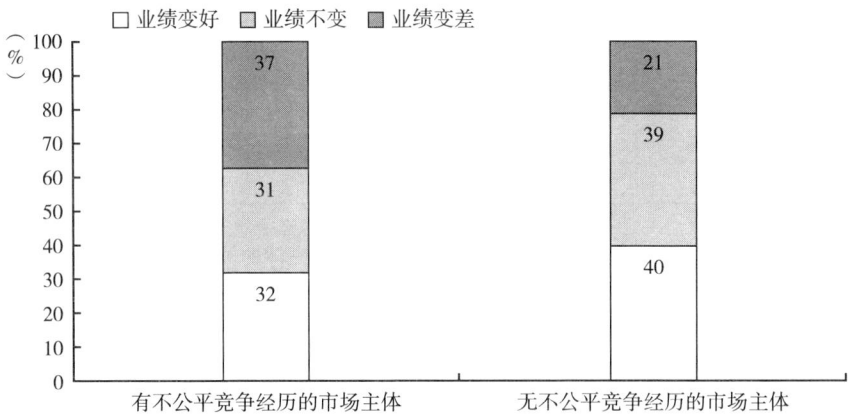

图 21　有/无不公平竞争经历的市场主体的业绩变化情况

（三）有/无不公平竞争经历的市场主体有创新的比例相当

如图 22 所示，有不公平竞争经历的市场主体有创新的比例为 40%，而无不公平竞争经历的市场主体有创新的比例为 38%，二者几乎没有差异。

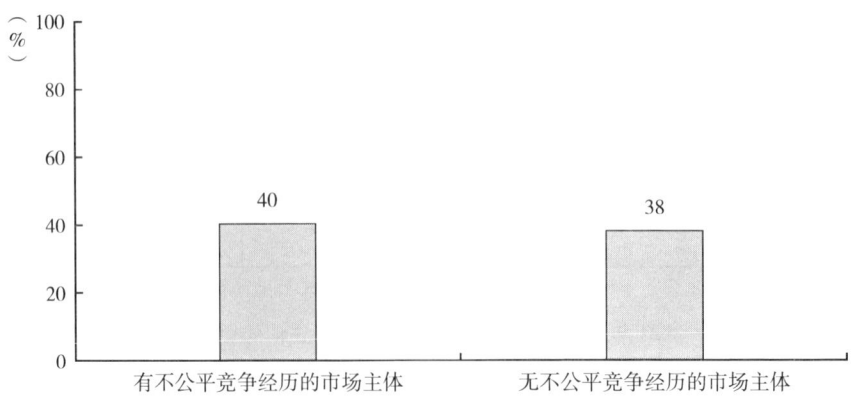

图 22　有/无不公平竞争经历的市场主体有创新的比例

六 全国公平竞争环境建设面临的主要问题

（一）行政干预现象普遍存在

从不公平竞争的来源看，政府利用行政权力干预竞争的现象普遍。如图23所示，根据市场主体对本地公平竞争环境不满意之处的反馈，"靠关系"的占比最高，为34%；"政府、政策不公平"的占比次之，为16%，"所有制、规模歧视"的占比为12%，其余因素占比均在10%以下。市场主体提及"靠关系"和"政府、政策不公平"问题的占比较高，反映出行政干预导致的不公平竞争现象普遍存在。调研中，当被问及"请问您觉得当地公平竞争环境最大的不足是什么呢"，西部地区有市场主体表示，"'走后门'的太多，政府没有做到无差异审批"。东部地区有市场主体也表示，"肯定会有不公平啊，有关系会比走正常流程快很多吧"。

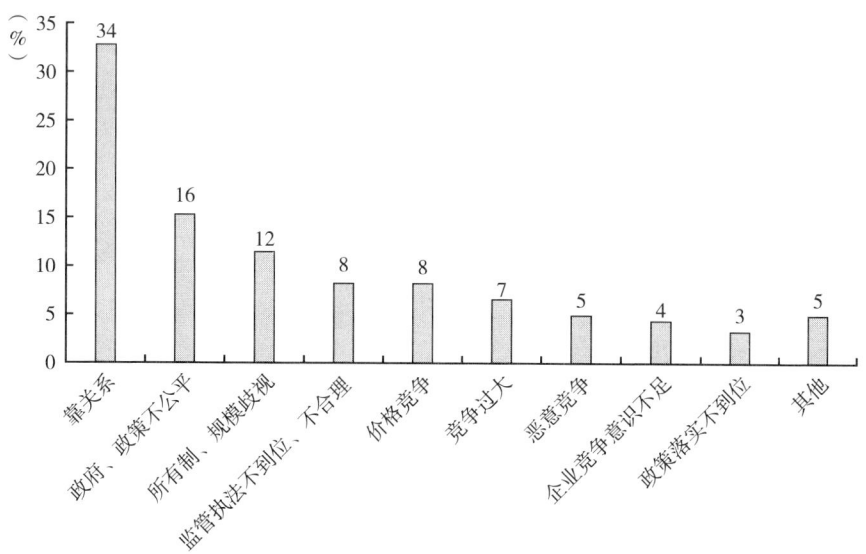

图23 市场主体反馈的对本地公平竞争环境不满意之处

（二）市场主体维权意识不足、维权渠道不畅、维权效果不彰

一是市场主体维权意识不足。当遇到不公平竞争时，34%的市场主体选择不作处理，反映出市场主体维权意识不足。其中，维权意识最薄弱的是微型企业。在面临不公平竞争时，54%的微型市场主体选择"不作处理"，超过总体水平20个百分点。

二是市场主体维权渠道不畅。当遇到不公平竞争时，66%的市场主体选择作处理，其中28%的市场主体选择谈判协商，只有5%的选择行政处理，13%的选择司法途径，6%的选择仲裁解决，4%的选择媒体曝光解决。从市场主体规模来看，维权渠道最不畅的是微型企业，选择行政机关、司法机关、仲裁机关等第三方介入解决的比例仅为11%。调研中，东部地区有受访者表示，"虽然知道（不公平），但是也没有途径去解决它"，"自己的公司属于小公司，不像大公司在与政府交涉时更加顺畅；如果面临不公平竞争，也不会做任何处理，因为小公司没有话语权"。

三是市场主体维权效果不佳。如图24所示，面对不公平竞争选择"不作处理"的市场主体绩效增长指数为48%，选择"作处理"的市场主体业绩增长指数为47%，两者相当。如图25所示，2021年，面对不公平竞争选择"不作处理"的市场主体和选择"作处理"的市场主体，都有32%的出现业绩变好。这说明面对不公平竞争，市场主体是否作处理并不会影响业绩，维权的成效并不明显。加上维权需要花费的时间、金钱，市场主体的维权积极性进一步降低。调研中，东部地区有受访群众"嫌麻烦"，觉得维权"成本高"，消极地认为"算了吧，也不一定有用"。还有部分受访者认为，"依靠行政、司法途径虽然比较权威有效，但所需流程和时间过于繁杂，还是会先协商，不行再引入第三方、政府和法院"。

（三）公平竞争环境建设不平衡

一是地区间公平竞争环境建设不平衡。如图26所示，不同地区面临的不公平竞争的比例差异较大。东部地区市场主体遇到不公平竞争的比例最

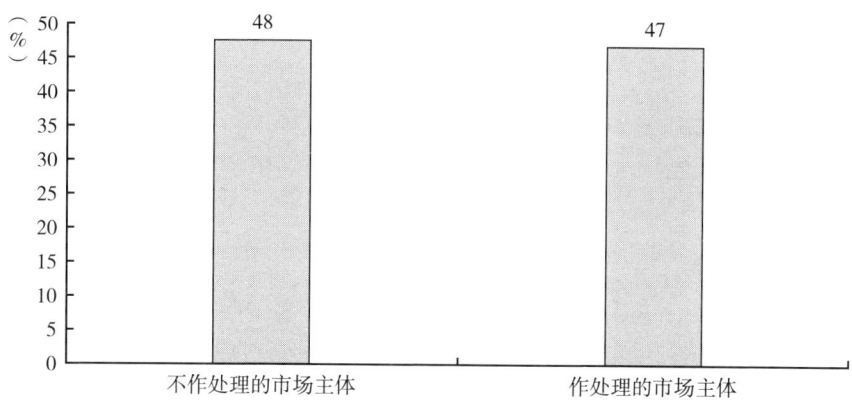

图 24　是否作处理与市场主体的业绩增长指数

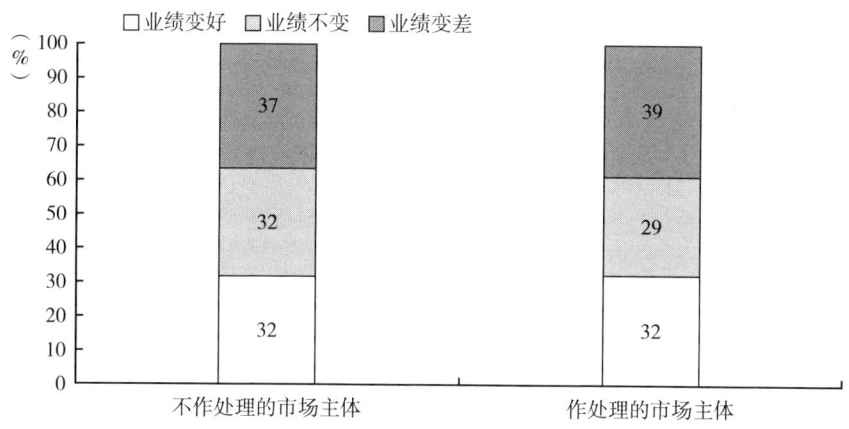

图 25　是否作处理与市场主体的业绩变化

低，为 11%；中部地区市场主体遇到不公平竞争的比例为 14%；西部地区市场主体遇到不公平竞争的比例最高，为 16%，与东部地区相差 5 个百分点。

　　二是不同所有制市场主体之间的公平竞争环境建设不平衡。在不同所有制市场主体中，外资合资企业遇到不公平竞争的比例最高，为 22%；民营企业遇到不公平竞争的比例次之，为 13%；国有企业遇到不公平竞争的比例最少，为 7%。不同所有制市场主体之间的公平竞争环境建设不平衡。

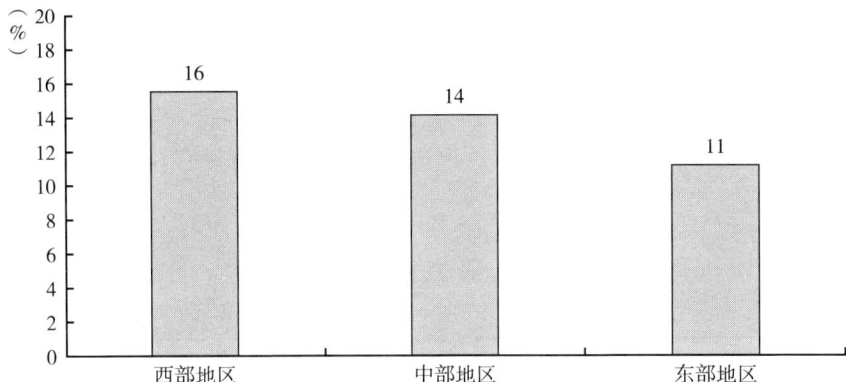

图 26　按区域划分市场主体遇到不公平竞争的比例

调研纪实篇[*]

---

* 本书的第三部分均节选自"南方+"。

北京：改革只有进行时，没有完成时

"放管服"改革企业调查 2021 北京分队*

总体而言，北京的政务服务中心工作人员服务态度好、服务效率高。数字化建设提高了政务服务效率，提高了办事群众的满意度，一定程度上解决了开办企业难、办证难等问题。同时，北京的企业在日常经营中面临着招工难、人才流失、租金成本高等问题。北京如何把营商环境打造成高质量发展的"金钥匙"，值得我们期待。

北京，作为一座拥有着三千多年历史的古都，一砖一瓦都记载着中华民族数千年来的风雨兴衰，烙印着中华民族生生不息的民族精神。川流不息的道路，飞驰的地铁，形形色色的行人，宛若跳动的脉搏，诉说着新时代下奋斗与拼搏的故事，见证着无数人追寻梦想的旅程。

北京扮演着改革先行者、领头羊的角色。为了深入了解"放管服"改革在北京的落实情况，我们于 7 月 27~28 日对西城区、海淀区、朝阳区政务服务中心进行了实地调研。

一 线下办事效率高，延时/错峰服务尽显人情味

北京三个区的政务服务中心都位于离繁华地区较远的偏僻地段，其中朝

---

* 执笔人：黄凯潼、谭雯文、李一彤。

阳区和海淀区的政务服务中心离地铁较远，需要骑车或换乘公交才能到达。但每个区的政务服务中心离最近的公交站都只有 2 ~ 4 分钟的距离，共享单车配置也很充足，一定程度上提高了公共交通的便利度。

宽敞整洁的办事大厅、划分明确的功能分区、数量充足的办事窗口、配套齐全的硬件设施，是三个区政务服务中心的共同特点。每个政务大厅皆设有文印室、饮水机等便民设施。朝阳区政务大厅还设有母婴室，大厅设施颇具人性化。

图 1　西城区政务服务中心

在大厅服务方面，总体而言具有以下主要亮点。

（一）服务态度好

三个区的政务服务中心都在大厅及每个分区的入口处配有工作人员，主动为前来办事的群众提供帮助和引导，西城区政务服务中心还有身穿"红马甲"的工作人员在大厅各处流动，以便及时为有需要的群众提供帮助。办事群众在访谈中表示，对于在办事过程中遇到的困难，工作人员都会耐心提供帮助和指导，使问题顺利解决，完成业务的办理。

图2　朝阳区政务服务中心

（二）办事效率高

据观察，窗口办事时长平均在 10 分钟左右。前来办事的群众普遍反映，在大厅办理业务整个过程所需时间基本都在半个小时以内，最多一个小时左右就能解决，线下办事效率相较于从前有很大的提升，并且基本上只需要前往大厅一次、对接一个办事窗口即可办理完成。

（三）延时/错峰服务尽显人情味

各办事大厅皆推出了周末错峰服务，即在周六为工作日无法前往的群众提供业务办理服务。而延时服务则是大厅在中午及傍晚时分这样的正常办公时间外，继续开放不少办事窗口为群众办事，为未能及时办结业务的群众提供了极大的便利。

在数字化硬件设施方面，每个政务大厅皆设有自助服务区，为前来办事的群众提供电脑和政务服务一体机，同时大厅设有宣传栏专门引导办事群众使用电脑端、移动端自助办理业务。据观察，现场多数办事群众会使用大厅提供的电脑进行业务办理，政务服务一体机亦涵盖了大多数业务种类。另

图3　政务服务中心的延时/错峰服务时间提醒

外，我们还在朝阳区政务大厅自助服务区的一角发现了一个尚待投入使用的机器人。

图4　政务服务大厅内尚待投入使用的机器人

图5　大厅内自助服务机器

　　总体而言，前来办事的群众对政务服务中心工作人员的满意度较高。大厅办事环境的优化为群众办事带来了切切实实的便利。

二　线上数字化建设稳步推进，企业设立已实现全程网办

　　在数字化建设方面，各个大厅在线上都设立了网站、公众号等为群众提供服务，在网上即可完成部分业务的办理，积极推动"互联网+政务服务"的落实。

　　在各类业务中，最受市场主体称赞的是新设的企业营业执照办理。据市场主体介绍，北京市政务服务中心的线上业务办理渠道以电脑端为主、手机端 App 为辅，手机端只提供如认证、查询进度等基础功能。受访群众表示，目前新设的企业营业执照办理可以实现全程线上办，不必前往大厅，办理营业执照还会附赠一套刻章，并且基本上 2～3 天即可完成，高效便捷，真正降低了企业准入门槛，可以说设立企业甚至是"零门槛"。而其他线上办理业务的开设，也极大地方便了群众办事，减少了群众跑办事大厅的次数。总体而言，政务服务数字化建设稳步推进，获得了越来越多的办事群众的认可和支持。

图 6　大厅内设宣传线上业务海报

图 7　北京市企业服务 e 窗通平台页面

三　"放管服"改革成效显著，首都也愁人才流失

在调研的过程中，绝大部分群众都认为北京是全国做生意环境最好的城市之一。

我们了解到，近年来北京政府部门推出了深化"放管服"改革的系列举措，从"证照合一""先照后证"到"一窗通办"，真正实现了简政放权，聚焦群众的需求，实实在在地为群众提供了便利。一位受访群众表示，"可以看出来，政府制定的一系列政策都是真切希望为群众带来便利的"。虽然在数字化建设的推进过程中仍有待改进的地方，但办事群众都表示可以理解，没有任何伟大的事业是能够一蹴而就的。只要政府部门能进一步了解群众的需求，不断完善相关政务服务系统，就能让改革的成果最终惠及每一位办事群众。

在与办事群众进一步的交流中我们了解到，招工困难、劳动力成本高、租金成本高及市场竞争激烈是不少企业面临的共同难题。有受访群众表示，"虽然现在企业的准入门槛降低了，开办企业容易了，但是最难的其实在于企业的经营"。有企业代表提出了自己的观点，认为租金成本高增加了企业固定成本的支出，加剧了企业经营的压力，同时，房租成本也提高了员工对工资的要求，进而成为劳动力成本增加的重要原因。北京是中国人才的聚集地，在京企业具备得天独厚的人才优势。然而，不少企业仍然表示，自疫情以来，前来北京发展的人员相对减少，同时随着沿海城市的发展，越来越多的人选择前往江浙、广深一带发展，导致一些企业特别是中小企业人才流失。不过，北京的经商环境整体较为公平，对市场主体具有吸引力。一位市场主体表示，"总体而言，北京的环境还是相对比较公平的，现在都是凭实力说话"。

总体而言，北京的政务服务中心工作人员的服务态度好、服务效率高。数字化建设提高了政务服务效率，提高了办事群众的满意度，一定程度上解决了开办企业难、办证难等问题。同时，北京企业在日常经营中也面临着招工难、人才流失、租金成本高等问题。北京如何把营商环境打造成高质量发展的"金钥匙"，值得期待。

上海:"一网通办"不打烊

"放管服"改革企业调查 2021 上海分队 *

　　上海市的一体化政务服务能力突出,当前"一网通办"已实现全市覆盖,各区的办事窗口基本都实现了"综合受理"。此外,部分区开创了"一人专管专项"特色服务。这些举措大幅提高了办事效率。

　　上海市,是我国最大的经济中心城市,也是全世界最具活力、发展最快的城市之一。作为一座远近闻名的"魔都",上海的工商办事环境具有什么魅力,我们于 7 月 22～28 日先后调研了上海虹口区、黄浦区、徐汇区、浦东新区、青浦区和奉贤区的政务服务中心,通过与市场主体面对面沟通,一探究竟。在调研中,我们能够感觉到上海市的工商办事环境具有非常鲜明的共性,同时又各具特色。

一　上海服务的招牌——"一网通办"

　　"一网通办"在每个行政服务中心都得到了大力推广。在虹口区、黄浦区相对较小的办事大厅中,设置有多台"一网通办"的柜员机或自助电脑;在徐汇区、奉贤区、青浦区等相对较大的办事大厅中,则为"一网通办"的自助服务单独开设了业务分区或者自助大厅。其中,徐汇区和奉贤区大厅

---

　　* 执笔人:陈文静、罗梓丹、罗晓悦。

的自助区已实现 24 小时提供服务，可办理智能导办、视频咨询、人证核验、材料智审、自助交件和呼叫服务等 12 个主题服务。采访中有市场主体表示，“现在都是线上先办，然后再到窗口来”，“原来浦东是单独的系统，然后各区不一样，现在都是一网通办了”。

各政务服务中心都配有清晰的“一网通办”办事指引。并且，各区都安排了一定数量的工作人员指引办事人员、协助操作柜员机或自助电脑。此外，部分政务服务中心为办事人员提供了办事指南，并在地上设置了诸多的标识指引。一位来自黄浦区的年轻女士真诚地说：“我觉得现在比以前好啊，现在我觉得更方便一点吧，而且现在因为有这个一网通办嘛，大厅这边的工作人员有很多，他都可以替你操作，最后只需要到窗口递交材料就好了。”

图 1　虹口区“一网通办”柜员机

尽管“一网通办”正如火如荼地开展中，线上办理仍需进一步普及。当前，上海市的“一网通办”“随申办”等线上政务服务功能完善，且设有网站门户、App 和小程序平台。但是，在调研中我们发现，每个区都有近半数的受访者表示不了解或不能线上办理业务，部分市场主体表示对线上业务办理的流程不熟悉，年长的受访者则更多反映“线上只能预约”，但据我们核实，很多业务流程也是

图 2　浦东新区"一网通办"自助电脑

图 3　黄浦区"一网通办"自助区

图4　奉贤区"一网通办"自助大厅

能够通过线上完成的，因此，线上渠道的宣传力度仍有待加强。

此外，部分业务办理未能实现全程电子化。在调研中，部分市场主体表示电脑或手机端仅支持预约申请等前期服务，提交材料等后续事项仍需到大厅现场完成。一位市场主体表示，"所有的业务都必须先在网上提交申请，等递审通过之后再到窗口来交书面材料，并不是全程电子化"。

图5　人头攒动的奉贤区大厅

二 综合窗口机动化，使资源配置更有效

上海市各政务服务中心都设置了多个综合受理窗口，其中虹口区的综合受理窗口可按需机动调整业务。据虹口区志愿者介绍，这些窗口可根据不同时段各类业务办理的需求量机动调整，并安排相应的工作人员前来值班。尽管虹口区的政务服务中心并不大，分配给工商业务的办事窗口也不多，但综合受理窗口的机动化配置极大地满足了前来办事群众的需求，提高了政务服务的效率，让政务服务资源得到了更有效的配置。

图6 虹口区的"综合受理"窗口

三 "一人专管专项"，提高效率有新招

上海市推出的"一人专管专项"服务，是指由同一名工作人员在同一窗口负责同一个项目，直至该项目办理完成。我们在浦东新区和青浦区调研时了解到，若市场主体的业务未成功办理，之后再次前来大厅继续办理时，

图 7　青浦区的"综合受理"窗口

系统将会安排上一次负责办理的工作人员，在同一个办理窗口继续为该市场主体办理该项业务。

在浦东新区，一位年轻男士向我们介绍了这项特色服务，表示这可以大幅提高效率："就是你第一个人找谁，下一次你还是找谁，他会对你的情况比较了解。第一次来了，你找到你的负责人，他会给你一个审核的看件单，说明哪些材料已经审查过了。如果第一次的材料完全没有问题的话，就当场受理；如果还有一些疑问的话，他会逐条列出清单，告诉你哪些事项需要注意，比如说企业需要遵照要求去规避哪些问题，把这些事情处理好之后再来提交给同一个工作人员，这样可以大大减少因重复审查而浪费的时间。"对此，受访者表示，"浦东新区的政务服务很可以，浦东一直走在上海的最前端，它是上海的门户，所有的政策实施都是从浦东开始的"。在青浦区采访时，也有市场主体提到"一人专管专项"服务，并表示"每次都是这个窗口，都已经和窗口的人熟悉了"。

上海在数字化建设方面做出了大胆的尝试，线上服务不断发展和完善，"一网通办"便是最大的成就。如何推广线上办事系统，特别是在中高年龄

图 8   人流较少的青浦区大厅

图 9   宽敞的徐汇区政务服务中心

人群中进行普及，是上海政府需要思考的重要问题。当前，各区的政务服务中心各具特色，如"一人专管专项""线上提前预约取号""机动开放窗口"等，通过相互之间的联动和借鉴，可以取长补短、不断优化本地的政务服务。

上海市"全面推进一网通办，加快建设智慧政府"不仅仅是口号，更是落实到行动上。提升大厅的办事效率，便利企业和群众，已然成为上海市各工商大厅的服务宗旨。在未来，这座屹立东方的现代化大都市将在服务群众方面做出哪些创新，让我们拭目以待！

榆林：以优化服务开便利之门

"放管服"改革企业调查 2021 陕西分队*

> 榆林市具有良好的政务服务水平和办事便利度，数字化建设也正在稳步推进中。总体而言，榆阳区数字化设施较为完备；横山区的办事群众对"放管服"改革关注较少，市场主体活力有待进一步提升。

榆林位于中国陕西省的最北部，处于陕、甘、宁、蒙、晋五省区交界地，资源优势突出，是国家"西煤东运"的腹地，"西气东输""西电东送"的枢纽。近年来，榆林市在优化产业结构、推进"放管服"改革方面做了不少工作。7 月 26~27 日，我们前往榆林市横山区与榆阳区的政务服务中心，对办事群众进行了采访，探析榆林市在"放管服"改革中的一些亮点和不足。

一　黄金选址，设施完善

榆阳、横山两区的政务服务中心在选址上均较为合理。

榆阳区政务服务中心地处城市的行政文化区，与榆阳区各政府机构同处一座大楼，方便群众事务一次性集中办理。并且，榆阳区政务服务中心交通便利，一方面，政务服务中心位于火车站旁，为外地前来办事的群众提供了

＊ 执笔人：傅悉彤、李文朴、罗晓悦。

便利；另一方面，政务服务中心距离公交车站较近，周边也有许多共享电动车，方便本地办事群众办事。

横山区政务服务中心位于城区内，同城区周边乡镇距离不远，这是因为横山区设区时间较晚，政务服务中心的选址能充分考虑到城乡居民的需要。此外，横山区政务服务中心距离榆阳—横山城际公交车站较近，榆阳区办事群众若有到横山区办事的需要，可以乘坐价格较便宜的城际公交，十分便利。

图1 榆阳区政务服务中心外观

政务服务中心设施较为完善，环境整洁舒适。榆阳和横山的政务服务中心环境都十分整洁舒适，空调温度适宜，窗明几净，大厅设置有休息区、茶水间和卫生间，在普遍干燥炎热的黄土高原上给办事群众提供了舒适的办事场所。两区的大厅进门即有清晰的指引，同时在主要办事楼层均安排了工作人员提供咨询服务，十分人性化；大厅内均设置了取号机和信息查询系统，窗口处均有 LED 显示屏显示叫号信息。横山区政务服务中心设有贯穿整个楼层的直梯，上下楼梯便利；榆林区政务服务中心还有精心排版的宣传栏。

图 2　横山区政务服务大厅外部

二　政务服务好评如潮

政务服务中心工作人员办事效率高、服务态度好，收获了众多好评。在政务大厅我们也观察到，每个办事窗口平均 20 分钟就能办理完结 1~2 人的业务；在采访群众时，有受访者表示，"一般跑一趟就可以了，每次也就十几二十分钟，很快的"。而谈及工作人员的办事态度时，办事群众也纷纷表达了对工作人员的赞许，表示"态度没问题"。

办事群众普遍表示当地营商环境十分公平，但做生意仍会遇到困难。榆林的办事群众对于当地的公平竞争环境评价相对较高，大多表示"可以打个 10 分吧，没有不公平的经历"。对于政府在近些年的商事制度改革，群众也纷纷表示认可。在问及在当地做生意遇到的主要困难时，除了市场竞争激励、房租成本高之外，不少群众反映在榆林"退出市场难"。一位受访者向我们表示，"企业注销很难，我有一个朋友办审批，半个多月了都还办不下来"。

三　数字化建设有差异

　　榆阳、横山两区在数字化建设中均配备了相应的设施，但两地数字化建设水平仍然有一定的差距。榆阳区政务服务中心数字化设施更为完备，叫号系统完善，大厅内设置了供市民自助办理业务的柜员机和电脑，大多数采访群众表示了解并使用过线上办事系统。与之相比，横山区政务服务中心缺少自助办理业务的柜员机，同时，也有部分群众表示对线上办事流程不够了解。作为榆林市新设置的市辖区，横山区在政务服务中心的建设方面还有一定的发展空间，数字政务水平仍有待进一步提高。

图3　榆阳区的工商办事窗口

　　榆林市是一个资源城市，来到榆林首先可以感受到的是浓浓的工业城市氛围，榆林的经济也在近几年飞速发展。在国家商改大潮下，榆林在"放管服"改革上抓住了重点，用群众感受的"小变化"造就了政府运行的"大变革"，搭建了更方便、更快捷的服务平台。当前，榆林的政务服务水平有了明显的提高，在"软件"上基本能满足人民群众的需要，群众对此

图 4　榆阳区的休息等候区

图 5　横山区政务服务中心楼层分布导引

普遍表示认可。但总体来看，市内各区服务水平存在差异，部分设施仍有改进空间，线上政务有待进一步推广。当前，榆林政府正在群众反映最强烈、最渴望解决、最难办的事情上不断深化改革，为人民群众和市场主体营造更好的营商环境，同时实行多项举措吸引投资，大力发展农产品加工、文化旅游等产业，推动经济高质量发展。榆林的未来如何，让我们拭目以待！

安康:"别人能办的我也能办到"

"放管服"改革企业调查 2021 陕西分队[*]

> 随着商事制度改革的推进和数字化服务的推广,安康市的政务服务收获了越来越多的好评。增加开放窗口和一线服务人员、持续建设数字政府极大地提升了政务服务中心的办事效率。目前,办事群众对安康市政务服务数字化水平的接受度和满意度都较高,但要得到更多人的认可,还需要再努力。

安康市地处陕西省东南部,取意于"万年丰乐,安宁康泰",被誉为"西安后花园"。随着西康高速、西康铁路(双线)全线贯通,安康市全面融入西安 2 小时经济圈。在国家商改进行得轰轰烈烈的大背景下,这座城市的政务服务和营商环境如何?我们于 2021 年 7 月 22~23 日前往汉滨区政务服务中心和市级政务服务中心进行调研,倾听办事群众的意见,观察到了这座城市的发展和进步,也发现了改革过程中的问题。

一 大厅概况

(一)内外整洁,服务暖心

安康市政务服务中心和汉滨区政务服务中心均于近两年建成,外观大气

---

[*] 执笔人:傅悉彤、李文朴、罗晓悦。

显眼。在汉滨区政务服务中心，不少群众一大早便来到大厅门口排队，为此政务服务中心特意在门口空地处设置了遮阳棚，并为前来办事的群众提供凳子和茶水，安保人员一边维持秩序一边提供办事指引。

图 1　汉滨区政务服务中心外景

整体而言，两个政务服务中心内部干净整洁，基础设施完善。走进大厅，便有工作人员前来询问办事群众需求，并提供取号机取号指引。在政务服务中心里，每个窗口处均设置了等候区和显示排号信息的 LED 屏幕。此外，两个政务服务中心内部均设置了茶水间、洗手间，以及供办事群众打印复印和照相的区域。大厅里时不时会有工作人员做清洁工作，以便保持大厅的干净整洁。

值得一提的是，汉滨区政务服务中心部门齐全，并且同税务局连通，为前来办事的群众提供了不少便利。相比之下，安康市政务服务中心则略显拥挤，但在工作人员的帮助以及清晰的窗口指引下，办事秩序有条不紊。

（二）智能服务，效率提升

通过走访调查我们发现，两个政务服务中心电子化程度都较高。大厅内

图 2 汉滨区政务服务中心外设置的等候区

图 3 安康市政务服务中心外景

部都设有取号机、叫号 LED 显示屏、打印复印机、照相馆,很多机器旁还有专门的辅助人员,耐心地指引办事群众进行各种操作。

其中,安康市政务服务中心的数字化建设令人印象深刻。大厅内部设置

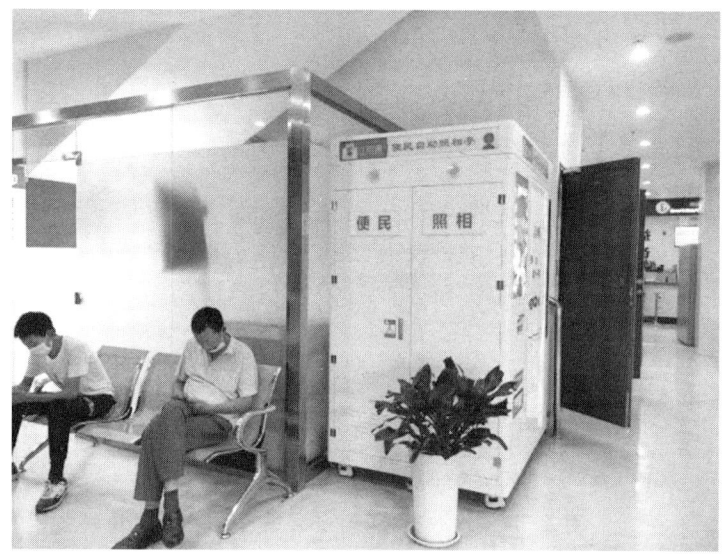

图4 汉滨区政务服务中心内部

图5 汉滨区政务服务中心的市场监管窗口

图6　安康市政务服务中心大厅

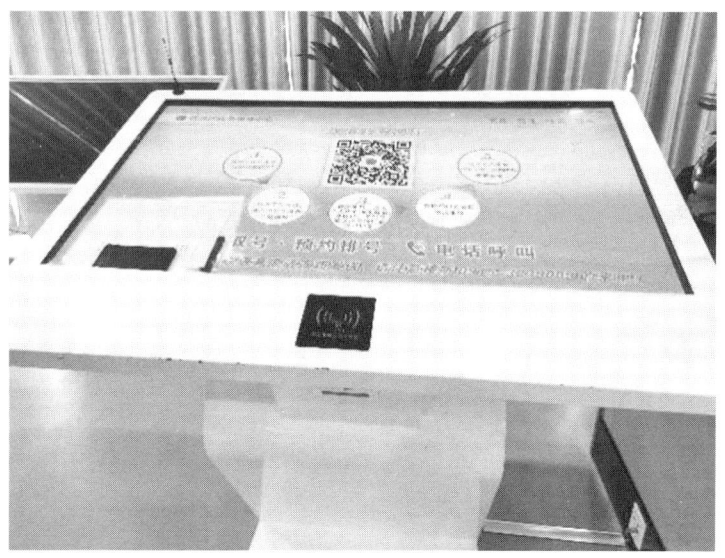

图7　汉滨区政务服务中心取号机

了自助服务区，在主要办事部门有 12 台多功能自助服务柜员机和 5 台供群众使用的电脑，在电脑桌上也张贴了办事指引并摆放了供群众查阅的文件集，同时配有辅助办事的互动机器人和业务检索树状图。这些伴随着科技发展而创新的便民手段，极大地提高了办事效率。

图8　安康市政务服务中心业务检索树状图

相对安康市政务服务中心，汉滨区政务服务中心的数字化设备相对较少。汉滨区政务服务中心门口设有推广数字政务的公告牌，大厅内部的电子屏幕上显示了可供群众扫描取号的二维码，并设有业务受理流量实时统计图。但我们发现，大厅内没有设置自助柜员机，仅有的1台电脑无法由群众自主操作，需要相关工作人员协助。总体而言，汉滨区政务服务中心数字化水平较低，群众办事均需前往人工窗口。

（三）黄金选址，交通便利

安康市政务服务中心和汉滨区政务服务中心都位于城区的中心位置。从两个政务服务中心出发，步行1分钟即可到达公交车站。同时市中心交通便利，人们前往政务服务中心办事十分方便。

图9 安康市政务服务中心互动机器人

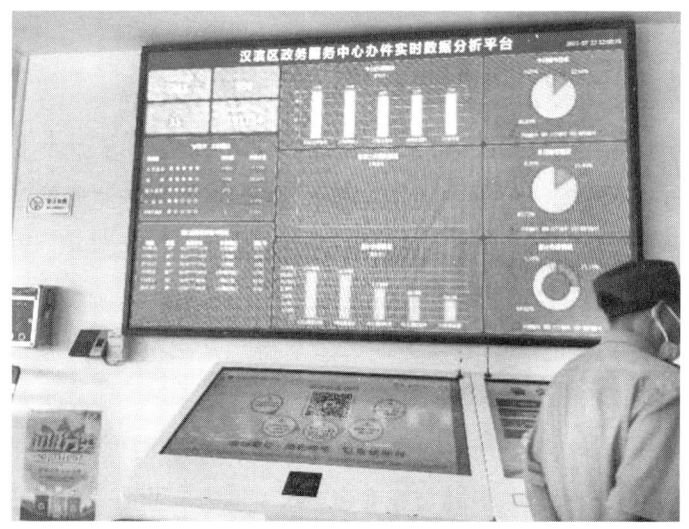

图10 汉滨区政务服务中心业务受理流量实时统计图

二　群众心声

（一）"网上办事还是能提供便利的"

办事群众对安康市政务服务中心的数字化水平满意度高。在我们采访的群众中，超过 80%的都反映对线上办事有一定了解并在电脑或手机端上办理过业务，有一名群众还向我们展示了涉及的手机 App。在汉滨区，大多数群众都是前来办理营业执照的。在工作人员的指引下，他们已经提前在网上完成了资料提交和相关审批，最后来现场取证刻章。市场主体普遍表示，整个流程走下来只需要两三天，总体上感觉"很快""网上办事还是能提供便利的"。但也有少数群众反映，线上办理会给一些不熟悉网络操作的人带来不便。

值得注意的是，市场主体对政务服务数字化水平的接受度很高。无论是否了解过、是否尝试过线上办事，被访的办事群众均表示愿意尝试网上办事，这无疑对安康市政府推行政务服务数字化是一个利好的信号。

（二）"现在挺方便，以前得跑几次"

增加开放窗口和一线服务人员、持续建设数字政府，极大地提升了政务服务中心的办事效率。一位办事群众表示，"十年前企业注册的时候都没有什么政务大厅，要到各个部门去办，现在有了政务大厅，就可以在一起办了嘛"。政务服务中心的设立是"办事只跑一次"的重要基础，不少办事群众反映"比原来快多了""现在挺方便，以前得跑几次""从时间来说很大缩短了"。

但也有许多群众反映每次办事的时长不定。汉滨区政务服务中心工商办事窗口办事效率较高，办事群众普遍跑一次就能办成业务，每次用时大约半小时。而安康市政务服务中心办事群众较多，工商办事窗口办事效率相对较低，因此排队现象较为普遍，群众等待和办事时间均在 30 分钟以上。

图 11　安康市政务服务中心供群众使用的电脑

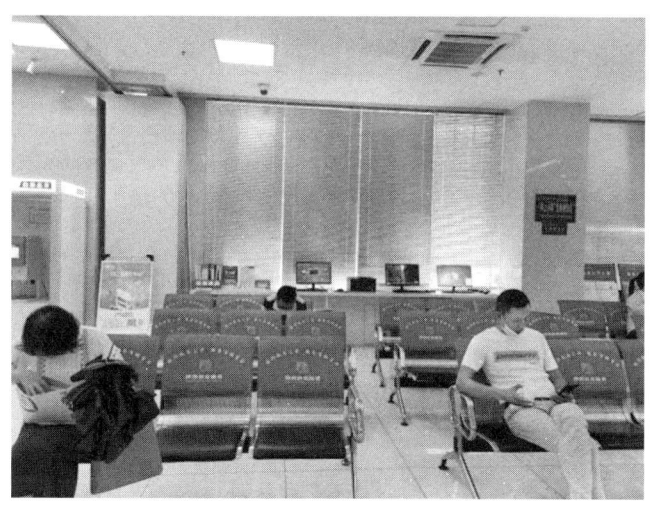

图 12　安康市政务服务中心的等候区

（三）"别人能办的我也能办到"

政府的政务服务无差异。一位市场主体笑着对我们说："办事流程都是公开的，别人能办的我也能办到，（办不成）一般都是自己的问题。"政府服务效率提升的红利由全体市场主体共享，从小餐馆到国有四大银行，从传统建筑公司到新兴互联网公司，来自各行各业的办事群众都对政务服务的公平性给予了较高评价。

在安康市做生意面临的主要困难有劳动力及地租成本较高、招工困难、劳动力素质不高等。不少企业经营者感叹市场竞争越来越激烈，融资难问题也比较突出，对小微企业的扶持政策难以全面落实。在未来，安康市政府仍需在吸引劳动力、降低地租、引进投资等方面努力，为各类企业营造更好的市场环境。

市场主体对于当地公平竞争环境的总体评分较高。少数群众认为存在不公的，原因也集中为当地生活观念、地理位置等方面。当地市场环境与东部地区相比还有很大差距，需要进一步解放思想，激发市场活力。

安康市政务服务水平得到了群众的普遍认可，服务质量和服务效率在国家商改大潮下有明显的提高。同时，市场活力有待进一步释放，对市场主体经营活动的指导有待进一步加强，城乡发展差距有待进一步缩小。目前，安康市处于建设改造阶段，在商业上有很大的发展潜力，我们相信，随着商改的进一步推进，安康的营商环境会更上一层楼！

南宁:"办不成事"窗口要把事办成

"放管服"改革企业调查 2021 广西分队*

南宁市政务服务中心软硬件设施配备齐全、服务贴心便利,市场主体对政务服务总体上较为满意,数字化建设成为南宁市商事制度改革的一大亮点。无论是大厅内部的宣传材料和环境设施,还是市场主体的评价,都体现出南宁市政务服务建设中提出的"一窗受理、一站到底、一窗出件"24 小时不打烊政务中心"不只是口号,更落到了实处,市场主体的获得感进一步增强。

南宁,既是北部湾经济区核心城市和"一带一路"有机衔接的重要门户城市,更是具有丰富文化底蕴和历史积淀的古城。在这个历史悠久、多民族和睦相处的现代化城市,"放管服"改革是否也起着持续优化市场环境、激活"一池春水"的作用呢?带着这个疑问,7 月 19~22 日,我们先后走访了西乡塘区、江南区、武鸣区和青秀区的区级政务服务中心和位于良庆区的市级政务服务中心。经过在这五个政务服务中心的实地调研,我们对南宁市商事制度改革的成果有了更深的感触和体会。

一 大厅基础设施较为完备

南宁市政务服务中心的设施情况整体不错,干净整洁和现代化设施齐全

---

* 执笔人:黄懿琳、肖淼、孙逸平。

是几个大厅的共同特点。大多数政务服务中心都是在 2019 年揭牌成立或搬迁新址，大厅亮堂宽敞、舒适干净，各种软硬件设施配备齐全、服务贴心便利，大多都配有中央空调、卫生间、饮水机和休息座椅等基础设施，取号机、复印机和自助电脑等电子设备也一应俱全。"全城通办""企业开办'一站式'服务""全程电子化""一窗受理"等便民举措在每个政务大厅都有详细的介绍。

图 1　市级政务服务中心

各个大厅的硬件设施各有亮点。青秀区政务大厅总共三层，其中二楼是工商办事窗口，大厅里设有母婴室、阅览区、自动售卖机和共享充电宝等，充满人文关怀。西乡塘区政务服务中心在大门左侧的显眼位置设有自助服务专区，共放置三台自助服务终端，其中一台是市场监督管理局的营业执照自助服务终端。武鸣区政务服务中心设有企业开办自助服务区和自助税务区，其中自助税务区内分别配有只办理税务相关业务和办理综合业务的电脑，通过分流极大地提高了办事效率。江南区政务服务中心大厅的正中位置设有大量自助办理税务业务的电脑，几乎占据整个大厅面积的三分之一。市级政务服务中心的自助电脑区对面放置皮沙发和圆桌供办事人员休息，舒适温馨。市级大厅配备了多个

图 2　青秀区政务服务中心

图 3　武鸣区政务服务中心

可以办理多种业务的柜员机，企业开办"一站式"服务区更是名副其实，既有自助填单区、可供自助填报和拷贝的电脑区，又有发票申领自助终端和纳税人套餐式服务终端，极大地节省了办事群众在大厅内部走动的时间。

图4 青秀区自助服务区

图5 青秀区企业开办一站式服务专区

二 数字化建设为办事效率提速

在数字化建设方面，各个区都可以在"广西数字政务一体化平台"电

图6 市级大厅企业开办"一站式"服务区

脑端办理业务。该平台旨在打造为自治区、市、县、乡镇、村五级联动的互联网政务服务门户，操作十分便利。调研过程中，大多数受访者都表示非常愿意在手机或电脑上把事办完。据了解，不少人已经在手机和电脑做好了前期的材料提交工作，只需要到办事大厅拿执照、刻章就好。

除了全市统一的数字化平台外，青秀区还打造了"手上青秀"App。政务中心通过与青秀区30多个部门的对接，多次深入街道、社区等进行调研，梳理了超过550个服务事项的基本信息和办事流程，最终打造了这款集新闻资讯、办事服务、优化营商等于一体的掌上应用App，最大程度地利企便民。

不过，我们也发现，部分自助设备贴着"正在维修中"的纸条，有些虽然没有损坏，也出现了无法操作的情况。此外，也有群众反映数字系统使用不够流畅、界面不够清晰、指引不够明确，最终只能选择到现场办理业务。

市场主体对政务服务水平总体上较为满意，普遍认为办事效率较高。经过观察，20分钟之内办事窗口平均能为2~3名市场主体办理业务。大多数受访群众表示，现在办事比以前快多了，"2014年以前的办结时间多承诺在

5~7个工作日，但是现在基本上一两天，和一两个窗口打交道就可以办好"。我们也从宣传材料上了解到，南宁市在推行"一网通"的同时，还推行"一窗通""一号通"快速办理套餐服务。目前，全市已基本实现"一个窗口、一张网络、0.5个工作日、零套材料"的目标。可见，这些目标并非口号，而是落在实处、真正为群众解决问题。

图7　市级大厅内部的宣传栏

值得一提的是，青秀区还专门设立了企业帮办代办服务专区和"办不成事"窗口。企业帮办代办服务专区在显眼处写明"帮办代办不收钱"，极大地便利了缺少时间或不熟悉流程的办事群众。对于办事群众反映的各种问题，青秀区成立了专门的"办不成事"窗口，用于倾听群众声音，啃下改革过程中的"硬骨头"，倒逼办事流程优化。

总而言之，南宁市作为此次调研的第一站，让我们对整个广西的商事制度改革现状有了初步的认识。虽然在被问及相关问题时群众表示，在本地经商时依旧面临招工困难、劳动力成本高、市场竞争激烈和房租成本高等问题，但经过我们的调研，可以肯定的是，"一窗受理、一站到底、一窗出件""24小时不打烊政务中心"并不是说说而已的口号。无论是从大厅内

图8 青秀区的企业帮办代办服务专区

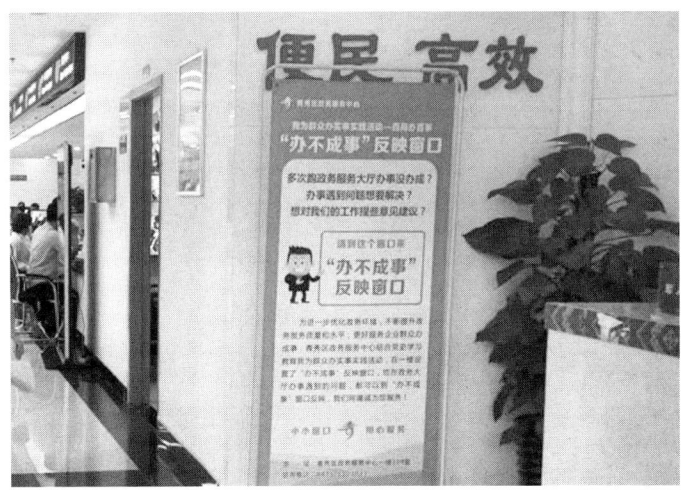

图9 "办不成事"窗口宣传指南

部的宣传材料和环境设施，还是从对市场主体的交流采访，我们都感受到了改革给企业带来的便利，以及切切实实的获得感。从"改"的角度来看，商事制度改革已经取得了非常大的突破；而从"保"的角度，如何增强企业的信心和活力，我们将拭目以待。

钦州：不等不靠，马上就办

"放管服"改革企业调查 2021 广西分队 [*]

> 钦州市商事制度改革成效显著：数字化设施便捷完善；根据企业规模划分办事地点缩短了办事时间；事项限时办结，工作人员把问候语穿在身上……凡此种种可见政府的用心——以创新改革为群众节约时间，以满满诚意让群众放心。

钦州市位于广西的南部沿海，地处北部湾北岸，是广西北部湾经济区的海陆交通枢纽、西南地区便捷的出海通道，也是中国—东盟自由贸易区的前沿城市。7 月 27~28 日，我们分别前往钦州市钦南区和钦北区的政务服务中心、钦州市政务服务中心开展调研。刚到钦州，市容整洁是我们对它的初步印象。在两天的调研中，我们了解到钦州"企业开办'一站式'服务""一次不用跑，政务服务网上办"等便民措施几乎都得到了较为有效的落实，切实感受到了钦州不等不靠的"钦州精神"和马上就办的"钦州速度"。

一 大厅选址：政府机构集中

整体上看，三个办事大厅的地理条件优越，外部环境均较为良好。我

---

[*] 执笔人：黄懿琳、肖淼、孙逸平。

们走访的三个政务服务中心，在选址上各有特色：市级政务服务中心设在白石湖公园附近，背靠国际酒店，景观怡人，方便外来办事人员下榻休息。钦南、钦北区的政务服务中心均设在人民政府附近，钦北区政务服务中心附近有教育局、卫健局、财政局、人民检察院举报中心等机构；钦南区政务服务中心附近有区人大、医保业务窗口、行政信息中心等，这些政务服务机构形成集群，十分方便。三者选址上的特色，正适合于三者的功能分工。

二 业务划分：依企业规模分流

在钦州，市场主体办事地点是以企业注册资金及规模为依据划分的。市级政务服务中心受理注册资金为 1000 万元以上的商户，各分辖区受理个体户业务，剩余的则归各区政务服务中心管。以企业规模划分审批区域大大缩短了市场主体的办事时间。

三 大厅环境：设施完备，舒适暖心

同时，政务服务大厅硬件设施完备齐全，设有咨询导引台、智能排号机、休息等候区、母婴室等便民设施，还开展邮政、保险、银行等业务，方便办事群众快捷办理各类事项；大厅环境宽敞明亮、干净清洁、温馨舒适；不同功能区划分清晰、布局合理。其中，钦南区政务服务中心的企业开办综合窗口对面便是税务事务综合窗口，二者仅隔一条走道，方便市场主体办理各种业务。

四 政务服务："高效"是各大厅的共同追求

三个办事大厅的政务服务均较为规范、便利、高效，且反映了人性化管理。在市级政务服务大厅，流动咨询人员身披写有"您好，为您服务"字

图1 钦州市政务服务中心

样的绶带，让人感受到该区工作人员用心服务的诚意，让办事群众放心、安心。一位受访者称工作人员"服务态度比以前好太多了"。在钦北区政务服务中心，我们观察到一个窗口20分钟内能为2~3位群众办理完业务，办事效率较高。在钦南区政务服务中心，窗口前的工作人员态度和蔼，在我们查看办事桌前的材料时，主动说明不是最新版本，非常耐心地走到柜子旁给我们取出最新的办事表格等。提供指引和咨询的工作人员也会定时在整个大厅内部走动，主动询问办事人员是否遇到困难并予以帮助。

此外，限时办结是钦州的一大亮点。钦北区公开承诺一日办结，企业开办综合窗口旁写有"一日办结"的字样，非常显眼；而钦南区则在办事窗口前的宣传材料上详细写明了不同事项的办结时间。从办结时间的公开承诺可再次看到钦州政府对办事群众的用心。

除了贯彻落实高效的"限时办结"外，三个大厅也为更好地服务办事群众推出了许多别出心裁的措施。

市级政务服务中心的环境良好，坐拥一栋独立的大楼，共有三层，行政审批服务在二层，设有工商办事窗口等；电梯是可以看到楼外风景的观光电梯；其他大厅内常见的饮水机在这里被更为先进干净的饮水设备所替代；母婴室温馨舒适，靠近卫生间，贴心又便利。市级政务服务大厅还创新地推出了便民代办服务窗口，为重点投资项目等特殊群体提供政策咨询、委托代办、服务领办、预约上门等无偿代办服务。

图 2　市级政务服务中心便民代办服务窗口

钦北区政务服务中心的填单区就位于等候区和办事窗口之间的走道，有整整两排桌子，并摆放着各类填写模板和优化企业开办流程图等。此外，在被问及该大厅内最为满意的部分时，一位受访者指了指身后的空调，笑着说"冷气很足，都不想走了"。

钦南区的设施相比之下较为陈旧：自助电脑的办事系统仍是 XP 系统，使用时可能会出现卡顿现象。一位受访者说："办有些事，比如我要印一些材料的时候，就不能在这里全部印完，只能印一部分，有些就还需要往外跑，不太方便。"但值得一提的是，钦南区在细节处理上充分体现了人文关怀，如自助填单区配有老花镜和曲别针，这是其他两个大厅所没有的。

图3 钦北区政务服务中心企业开办综合窗口

图4 钦南区政务服务中心自助电脑

五 数字化建设：线上办事逐渐成为主流

在对三个大厅的实地调研中，最令我们印象深刻的便是钦州市对数字化建设的大力推广。

　　三个办事大厅都非常重视宣传本市的各种数字化平台和系统，无论是办事窗口前，还是填单区和自助电脑桌面上，都贴有电脑端和手机端政务服务系统的二维码。其中，在市级政务服务大厅，宣传栏内还提供全彩打印的"钦州市企业综合服务一网通办平台使用说明"，既有详尽的文字说明，又有清晰的截图注解，可见其推动政务服务事项实现"一网通办"的决心和努力。钦州市企业综合服务一网通办平台是在 2020 年底建成运行的，在广西数字政务一体化平台企业开办专区和广西市场监管综合业务系统的基础上，深度整合市场监管、税务等部门业务，面向市场主体，是自主建设的一款集预约服务、业务办理、在线咨询、打证出件等多种功能于一体的企业开办综合服务系统。

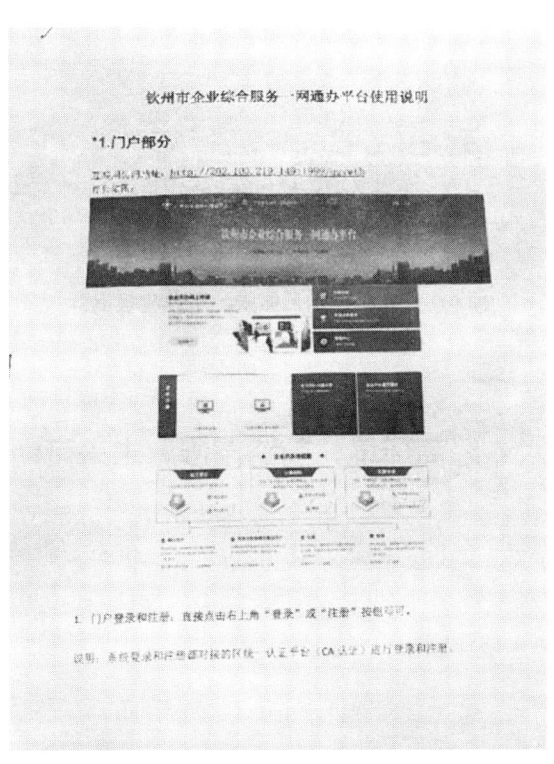

图 5　钦州市企业综合服务一网通办平台使用说明

值得一提的是，我们在市级政务服务中心的调研时间为整整一天，却只看到了寥寥数人前来办理业务，工作人员称这是因为该区自 2019 年起便大力推行"互联网+政务服务"，线上便可以完成绝大多数业务，来现场办事的群众逐渐减少。我们从宣传栏了解到，通过建设全区政务专网和行政审批网络，市级政务大厅为市民提供了政府信息查询、网上审批受理、表格下载、网上咨询投诉、智能服务等服务，实现了"内网审批、外网反馈"的工作格局。

图 6　钦南区详细且显眼的网办流程指引

六　经商环境：前路漫漫，未来可期

在钦北区，被问及本地的公平竞争环境时，也有受访者称"关系层面还是蛮重要的，招标只是一个形式"。这些令市场主体不甚满意之处，也是未来需要思考和解决的一个重点方向。

在调研过程中，我们也发现许多市民对钦州市的发展充满了期待。一位年纪较长的受访者在问及企业规模和性质时，自信满满地对我们说："我们是国家重点项目，是北部湾经济区的综合性、大型公司。钦州虽然现在不是那么富裕，但是它的发展速度可以说是非常快的了。钦州的地理区位非常好，是北部湾的中心，未来发展不会差的。"

在市场主体保护方面，受访群众希望招标投标和政府采购更加依法公平公正地对待各类所有制和不同地区的市场主体；在市场环境方面，除了放宽市场准入外，需要为市场主体健康可持续的发展创造条件，继续完善相关政策措施。

不等不靠的"钦州精神"和马上就办的"钦州速度"并不只是嘴上喊喊的口号，纵深推进"放管服"改革的确为群众和企业带来了诸多便利。然而，市场主体仍然存在一些急难愁盼问题，钦州市仍需秉持着"马上就办、真抓实干、办就办好、滴水穿石"的精气神着力解决相关问题。相信在不久的将来，随着政务服务不断优化，钦州市定会实现其"江海宜居城、小康幸福人"的美好愿景。

防城港：升级改造进行中

"放管服"改革企业调查 2021 广西分队

> 防城港市带着诚意听取群众意见，不断提升本地的政务服务质
> 量，提高市场主体信心，真正做到让企业家安心经营、放心投资、专
> 心创业。凭借兼容并包、海纳百川的特点，防城港终将拥抱璀璨的
> 未来。

广西壮族自治区防城港市位于我国海岸线西南端，南临北部湾，西南与
越南隔河相望，是"一带一路"面向东盟的"海陆双通道、南向门户城"。
防城港始建于 1968 年，于 1993 年获批成立地级防城港市，从县升至区再升
至市，可见其具有很大的发展前景。

作为中国极具潜力的沿边开放城市和北部湾经济区的新兴港口工业城
市，防城港的改革政策是否达到预期，落实过程中又有什么难点和痛点？带
着这样的疑问，我们于 7 月 23～26 日前往防城区和港口区的政务服务大厅
进行调研。

一 大厅环境差异大，数字化建设齐迈进

作为防城港市的政治、经济、金融、文化中心，港口区表现出新城区特

---

* 执笔人：黄懿琳、肖淼、孙逸平。

有的活力。这里的街道宽敞清洁，环境舒适宜人。尤其是港口区政务服务中心面向海湾，拥有独立的大院、大楼，内部的环境舒适、设施便利。大厅共两层，一楼主要有税务、不动产登记及各项事务的审批及社会事务综合窗口；二楼主要有商事登记、企业开办服务、市场监管局等窗口。大厅内部分区合理，干净整洁，电子化设施配备齐全，并附有详细的操作指引。相反，作为防城港市的老城区，防城区的道路设施、政务服务中心硬件设施相对老旧。大厅内部的功能区划分和硬件设施仍然保留旧有的模式，反映出城市规划建设对政务服务环境具有很大的影响。

图1　防城区政务服务中心门口

　　两者之间的数字化建设水平相差不大。防城区和港口区的政务服务中心内部均配有取号机、自助电脑和政务服务一体机。其中，政务服务一体机是统一的防城港市政务服务终端，拥有办事指南、自主申办、办件查询、办事预约和便民服务五个功能。两个区的工商窗口前均摆放着可供市场主体翻阅的各类办事指南，内容翔实。因此，尽管两个大厅在环境设施上存在一定差异，但在数字化政务服务优化方面，均在朝着高效便民的方向发力。

图 2　港口区政务服务中心外景

图 3　港口区政务服务中心内自助设备操作指引

二　群众心声：政务服务较满意，升级改造在路上

在政务服务方面，受访者均较为满意，表示无论是工作人员的服务态度，还是办事效率及质量，较以前都有极大的改变。办一件事基本只需跑一

次，一次基本只需半个小时左右。

在采访过程中，也有群众就数字化建设和人工服务提出改进的建议和想法。例如，大厅工作人员介绍，早在2019年12月大厅便引入了政务服务一体机等自助设备，但办事人员反映网站系统的流畅度和稳定性还可以进一步提升。我们也注意到大厅对此正在积极地想办法进行解决：大厅放置的所有柜员机上都贴上了"系统升级"的告示，并且在第二个工作日就有工作人员进行升级改造。又如，针对市、区级政务服务中心办事标准，有市场主体表示应强化工作人员培训、统一办事标准和办事流程，以便进一步提高办事效率。

图4　防城区自助服务区

三　"招工难"制约当地经济腾飞

除了商事制度改革所带来的影响外，办事群众也很关心市场环境是否有利于经商。

我们遇到了不少在当地开小饭馆的东北人，对于个体户的他们来说，商

图5　港口区自助办税区

事制度改革措施的确减少了其与政府打交道的时间和费用，但决定生意成败的还需要其他措施共同发力。其中一位受访者表示，"对于我们这些小本经营的人来说，最关键的是有钱赚。可是现在运营成本高、招工难，很难赚钱啊"。一位房地产商表示，"防城港就像刚刚改革开放时的深圳，这里适合创业，不适合就业，个体户非常多，但是做的工作大都比较辛苦，工资也给不了太高，所以很难留下人才"。虽然防城港市是小微企业的天堂，但如何吸引留住人才，是发展本地经济的关键。

　　不过，大部分受访者都表示当地经商环境还是比较公平的。其中一位受访者就说："能不能成功都看你实力嘛，你会做生意，自然就能赚更多钱啦。"

四　积极听取群众意见，持续提高服务水平

　　防城港市在提升办事体验、提高群众满意度方面表示出了极大诚意。在防城区，我们还未进入政务服务中心，就看到了一个十分显眼的红色意见箱；

在港口区政务服务中心二楼，也同样设立了政府信息主动公开的现场查阅点。

一位负责代办公司的中介告诉我们，防城港市发展初期，政务服务大厅没有对业务进行分区，但后来随着大批群众前来办理业务，政府部门采纳群众的建议将工商办事窗口的 1~9 号细分为设立区、变更区等，大大提高了办事效率。虽然目前防城港市政务服务还存在不完善之处，但政府善于听取群众意见，积极改进服务，不难预见这座城市将能够大大提升群众办事体验，充分展现经济发展的蓬勃活力。

图 6　防城区举报信箱

即使调研时间只有短短两天，我们依然感受到了防城港这座城市无限的潜力和可能，宽阔笔直的大道和凉爽清新的海风更增添了慢节奏的舒适和惬意，城市中正在建设中的一栋栋高楼大厦以及各个房地产公司的进驻，都可以瞥见其未来广阔的发展前景。防城港市带着诚意听取群众意见，不断提升本地的政务服务质量，增强市场主体信心，真正做到让企业家安心经营、放心投资、专心创业。我们相信，凭借其兼容并包、海纳百川的特点，防城港终将拥抱璀璨的未来。

图 7　港口区政府信息主动公开现场查阅点

金华：小微企业盼望"公平"

"放管服"改革企业调查 2021 浙江分队 *

　　整体来看，金华市各区办事大厅环境良好、交通便利、各种软硬件设施齐全。与以前相比，办事效率有了很大提升，数字化建设在工作人员的努力下稳步推进。但同时不公平竞争现象普遍存在，小微企业的权益难以得到保障，招工难的问题不容忽视。如何创造公平且有利于企业成长的经商环境是商事制度改革中下一步需要关注的重点。

　　金华市位于浙江中部，古称婺州，因"地处金星与婺女两星争华之处"而得名，自古就有"水通南国三千里，气压江城十四州"的美誉。7 月 20 日，我们来到金华市，对婺城区、金东区展开了调研，感受商改为这座城市带来的变化。

一　基础设施齐全，服务态度待改进

　　办事大厅分区明确，软硬件设施齐全。相较金东区大厅而言，婺城区大厅面积稍小，设施数量也更少。办事群众表示，可能是因为婺城区还有市级厅分流了办事群众，单个大厅的规模相对较小。两个大厅都设有卫生间、茶

---

　　* 执笔人：黄煜、黄子璐、李一彤。

水间等基础设施，尽可能满足办事群众的各种需求。金东区更是设置了母婴室、照相区等方便办事群众。据了解，两个大厅交通都十分便利，十分钟内就能走到最近的公交车站。

图1　金东区政务服务中心

在硬件设施方面，大厅都设有取号器、排号显示屏、电脑和等候座椅，并且都采用无声叫号的形式，办事大厅的环境整洁安静。两个大厅办事窗口处都设有显示屏供办事群众进一步了解办事人员信息，还放置了一些小册子方便群众了解办事流程。

从实地调研看，工作人员服务态度仍待改进。在婺城区，我们偶然间遇到了几个工作人员正在情绪激动地与办事群众大声争吵，虽不知缘起何事，但与大厅墙上"微笑办、暖心办、我来办、马上办、数智办"的服务标准显得格格不入。或许只有工作人员带着更好的服务态度，市场主体来办事才能办得舒心、放心、开心。

图 2　婺城区政务服务中心

图 3　金东区阅读吧

图4　金东区政务服务中心内的母婴室

二　办事效率高，数字化再好也需要人

金华市大厅办事效率有较大的提升。在采访过程中，许多办事群众都说："以前注册企业，拿到营业执照至少需要三四天乃至一个月，现在拿营业执照基本只要跑一趟，花费半小时到一小时，效率大大地提高了。"采访过程中，一位市场主体说："我们也不懂这些，都是窗口的人教我们，拿证很快，一个上午就办好了，我就在这里等它打印出来。"但也有受访者表示，他们通常需要先来一次了解办事流程和相关要求，然后再跑一次才能办成一件事。

在线上数字化建设方面，办事群众向我们反映，通常在手机、电脑上就

图5 无声叫号的排号显示屏

可以完成前期资料的填写，节省了来大厅的时间，也可以使用网上电子签章，"浙里办""浙江政务服务网"等线上办事网站也提升了办事的效率，有些事足不出户就能办成。但是一些年纪较大的受访者表示不太了解目前线上办事的情况，也没有用过相关的软件，在线上办事没有工作人员指导，有些资料不知道怎么填写，还是愿意来大厅办事。总体看来，线上的数字化建设还是较有成效的，但在特殊群体中还需继续普及。

在线下数字化建设方面，政务大厅都设置了一体机、自助电脑等设备供使用。一体机功能较为齐全，包括约十七个部门的相关业务。此外，两个大厅在自助区域都配有工作人员，指导市场主体办理业务并答疑解惑，基本可以满足群众的需求。婺城区的志愿者向我们介绍，有一些办事群众还是认为人工窗口比政务服务一体机办事更方便，更愿意去人工窗口办事，这说明政

图6　办事相关指引材料

务一体机在短时间内还无法完全代替人工窗口。

调研中我们发现，电脑窗口平均 30 分钟内就能完成营业执照的办理，每台电脑前也都有人在办理业务。值得一提的是，为了协助不熟悉操作流程的群众办理业务，有两位负责该区域的工作人员耐心地重复介绍着操作流程，包括如何选择营业范围等。不少办事群众在完成办理后，也会心情激动地感谢两位工作人员。

三　小微企业期待公平，"招工难"仍是发展难题

在受访办事群众中，多数人认为金华市的营商环境较好，当地办理营业执照的便捷度及效率有所提高，政府部门让群众"只跑一次"的努力取得了成效。

然而，企业"招工难"问题仍然普遍存在。对于目前经营中面临的困难，九成以上的群众都选择了"劳动力成本高"和"招工难"两个选项。近几年金华市区的人口流出和人口老龄化问题逐渐显现，如何破解本地人口

图 7　婺城区办事窗口

图 8　金东区电脑办事区域

流出所带来的劳动力成本高和招工难等发展难题，也同样不容忽视。对于金华市目前的商业环境，婺城区的一位年纪较大的企业家表示，"在我看来，这种营商改革已经做得很好了。但很多时候他们是错了才改，缺少真正的预防措施。像我是包装业的，目前经济不景气，还有很多人挤进来分一块蛋糕，进来的门槛低，很多优质企业就被挤出去了，事后才会想到改善，但是对整个行业来说其实都已经晚了，尤其我们这种中小企业（更是如此）"。

整体来看，金华市各区办事大厅环境良好、交通便利、各种软硬件设施齐全。办事效率和以前相比有了很大的提升，数字化建设在工作人员的努力下稳步推进。但小微企业的权益难以得到保障，不公平现象普遍存在的问题仍然较为显著，"招工难"也是企业越来越不可忽视的困难。如何创造公平且利于企业成长的营商环境是商事制度改革下一步需要关注的重点。

衢州："衢州有礼"新名牌

"放管服"改革企业调查 2021 浙江分队*

> 衢州市政府在进一步推进数字化建设的过程中稳扎稳打，在人工和数字化之间为群众提供最便捷的办事方式。在数字化建设方面成效明显，为进一步向数字化创新、营造更好的环境迈进，着力发展"衢州有礼"新名牌。

衢州，从钱塘江源头走来，从 1800 年的文礼风骨走来，"仁义礼智信"代表的中华传统文化在三衢大地熠熠生辉。"南孔圣地·衢州有礼"，这是浙西古城衢州向外展示的城市名片。这样的城市名片让我们对衢州这座城市倍感亲切，同时也深怀期待。抱着这样的期待之情，我们于 7 月 22~23 日对衢州的柯城区和衢江区的行政服务中心进行了调研，感受当地的商事制度改革成效。

一　服务态度好，基础设施完善

两个区的行政服务中心附近街道整洁、绿化丰富、交通便利、指示标识清晰，衢江区的办事大厅附近还配有电动汽车充电桩和公共自行车。

两个区大厅咨询台内均可见身着红衣的志愿者认真地为办事群众解答疑

---

* 执笔人：黄煜、黄子璐、李一彤。

图1 衢江区政务服务中心周边的交通设施

图2 衢江区政务服务中心外部环境

惑。我们随机采访的一位个体户大哥频频流露出对工作人员的赞美之情：
"我啥也不会，小姑娘帮我办，还客客气气的。"他还说："年纪大了，电脑
和手机都不太擅长，都是工作人员帮忙提交材料。我很感谢她们愿意教一个

什么也不太会的老人家做这些事。"我们注意到，这位市场主体整个办事流程不到 1 个小时，只需按照窗口工作人员的指引写材料和签名就顺利拿到了营业执照。

两个大厅都十分宽敞，办事环境安静，设施齐全，等候座椅、取号器、叫号显示屏、电脑、政务一体机一应俱全，自助区内还有一到两名工作人员指导办事群众进行操作。此外，柯城区设有政务服务大数据可视化平台，通过该设备可查看在该大厅办理业务的窗口办件量、人流量、办件热度、预约情况等；衢江区设有母婴室、残疾人轮椅等人性化设施设备，还有书吧、西饼屋等休闲区域，略显不足的是，办事的座椅太矮，许多群众不得不站起来办事。

图 3　衢江区自助服务区

二　办事效率高，数字化建设成效喜人

衢州市政务服务中心办事效率高。相比于其他政务服务中心，衢州区行政服务中心采用了更加人性化的"电子显示屏+短信+窗口人员叫号"的三

图4　柯城区政务服务大数据可视化平台

图5　政务服务大厅内部

次提醒方式，这样能有效避免有的群众不善用手机，或者因短信接收不及时而过号，导致办事时间增加的情况。一些群众反映，只需要跑一趟，花费半

图6 衢江区政务服务中心书吧

个小时，就能拿到营业执照，跟五年前的四五天相比，效率大大提高了。在柯城区一位办事群众表示，办理营业执照只需在手机 App 上将相关的信息填好，来现场进行打印就可以了。群众普遍反映，办成一项业务只需跑一次，每次 1 小时左右，且通常在一个窗口就能办好。

在线上数字化办事方面，衢州市的大部分群众对手机和电脑上的办事软件表示认可。在衢江区政务大厅，我们就看见了一位办事群众使用线上电子签章的方法，让其股东在线上签字。

办事群众对政务服务的满意程度高。我们采访到一位建筑工程队的负责人，对于政务服务，他的感觉是："变快了很多，以前是挂靠在别人的名下的小工程队，现在来办执照，以后就是有证经营，可以申请国家的贷款，办证速度很快，我这次就只是来线下拿执照的，之前在网上就已经办完了。"在被问及对政务服务的满意程度时，他表示十分满意。许多业务在电脑上办理会更加简便，办事主体会被指引到电脑台前，有专门的志愿者手把手指导如何办理业务。

此外我们观察到，使用电脑办理业务的一般都是专业办证的年轻人，年龄稍大的办事者较少使用手机或电脑办理业务。在访问办事群众的过程中，当被问及是否会用手机或电脑办理工商业务时，很多群众表示只是了解一些，却不怎么常用。虽然一体机办事更方便，但尝试人数较少，大多数还是选择到窗口办理业务。

三　商改颇有成效，经商体验稳中有升

在商事制度改革方面，群众持肯定的态度。根据办事群众的反馈，大部分办事主体对衢州市的营商环境是满意的。衢州市政府在智慧政务、企业服务等方面的目标任务也有落到实处。受访群众表示，受到疫情冲击的企业在2021年上半年有所恢复，市场整体发展态势良好。但也有个别群众反映政府各类市场检查多，较为繁杂，但是总体合理，他们会积极接受政府检查后提出的整改意见。整体来看，衢州市为优化营商环境做出了许多努力，市场主体表示认可。

近年来，衢州市把打造最优营商环境作为助推城市高质量发展的先手棋，发挥"放管服"改革的先发优势。衢州市群众表示整体经商体验佳，认可度高。在服务方面，大厅软硬件设施齐全，办事效率高，"最多跑一次"在大部分情况下得以实现。此外，衢州市政府在数字化建设方面也有新的想法和创意，正进一步向数字化创新、营造更好的经商环境迈进。

优质高效的"放管服"改革，不仅为衢州市经济高质量发展注入了新动力，也让更多的城市了解了衢州这座文化之城、文明古都，让"衢州有礼"的口号唱响全国。

丽水：数字化建设在路上

"放管服"改革企业调查 2021 浙江分队*

　　丽水市聚焦制约市场主体和群众办事创业的痛点和难点。办事大厅数字化设施齐全，服务有温度，办事效率高，基本上可以做到即办即走。数字化建设稳步推进，"只用跑一次"已成现实，商事制度改革卓有成效。良好的营商环境在未来必将成为丽水的一张新名片。

　　丽水市地处浙江西南部，位于长江三角洲和闽江三角洲两大经济圈的交汇区，是浙江第一个市级国家级生态建设示范试点地区，素有"浙江绿谷""天然氧吧"等美誉。为了揭开这座绿色之城的面纱，了解其商事制度改革的最新进展，我们于 7 月 26 日来到了莲都区行政服务中心开启调研之旅。

一　数字化水平高，服务讲求"因人而异"

　　莲都区行政服务中心旁边设有宁波银行以及 24 小时自助服务大厅，办事群众甚至不用走进大厅，就可以在自助处办理完成所需业务。据悉，这个服务大厅是在疫情期间设立的，为了让市场主体前来办理业务时尽可能减少相互接触感染的风险。自助政务服务大厅内有多台政务服务一体机、自助照

---

　　* 执笔人：黄煜、黄子璐、李一彤。

相机还有储物柜等，各类设施齐全。莲都区行政服务中心距离最近的公交站只需要步行 1 分钟，十分便利。

图 1　24 小时自助政务服务大厅

大厅环境整洁安静，设施齐全。进入大厅内部，最先可以看到一个咨询台，此外还有四十几个办事窗口，包括复印窗口、企业开办窗口、综合窗口、出件窗口等。值得一提的是，咨询台旁设立了志愿台，提供助听器和丽水市无障碍地图等，为残疾人士提供便利。大厅办事窗口呈环形分布，相对等候办事的人数，办事窗口数量略显得多，若是办理营业执照，可能在一个窗口即可办理完成。

大厅内自助电脑数量充足，即使是在办理高峰期也不会出现没有电脑可用而需要排队的情况。网上办理区域通常配备有 1~2 位工作人员提供指引，为不同的办事群众提供差异化、个性化的服务。对于不太会使用电脑办事的群众，工作人员可以帮忙代办所有流程，市场主体只需出具材料和签名即可；对于其他市场主体，工作人员则主要负责答疑解惑并帮忙打印材料。现场的市场主体大多对"只用跑一次"口号在丽水市的落实情况感到满意。

图 2　莲都区行政服务中心外观

图 3　网上办理区

图4　自助电脑区域

二　营业执照办理高效，投诉渠道公开透明

对于办事的效率，办理不同业务的市场主体反馈有所差异。办理营业执照等企业开办的业务大多效率极高，相比之下其他业务流程则稍显烦琐。

办理营业执照的市场主体对目前推行的网上服务、流程简化的商改措施都持肯定态度。其中一位大哥说："办证快啊，都不用一个小时，十几二十几分钟，拿材料到这里签字盖章就行了。"对于进入市场，国家实施相关保护、促进类政策措施，给予市场主体更大的帮助和便利，办理营业执照的速度相较几年前有了很大提升，一位大哥说："跟以前相比现在真是好多了，以前办一件很容易的事情，他就是知道你不会，才高高在上地给你办事，还让你多跑几次。现在办事很快，有什么不满意的还可以投诉。"公开透明的投诉渠道，网上易查的投诉电话，都给予了群众更强的归属感和公平感。这也是在对本地的公平竞争环境评分时，多数人都给出8～10分高分的原因。相比之下，办理其他业务的流程和所需材料则稍显烦琐。有市场主体表示，"就营业执照办理快一点，其他的事办理时间都很长"。

图5　自助电脑区域

三　网上政务普及程度高，系统仍有改进空间

政务大厅的一体机、电脑配备都十分充足，丽水市的大部分市民也习惯于网上办事的方式。来自助区办事的群众较多，自助区也有多个工作人员对群众进行指引。在采访的过程中，有多位办事群众表示自己几乎每天都会用到相关的网站。

大部分使用过电脑和手机办理业务的群众对使用的软件和网站表示肯定。但也有群众反馈，一些事项不能在网上办，必须来线下，同时还有系统操作指引不清晰等问题。有前来办理消防业务的大哥表示，"这个办事系统的界面，我连自己想办什么都不知道该点哪里，找点开的界面找了很久"。对此，他提出了一点建议，"办事系统的版面如果能够更加完整，按照一个个模块，分得更清楚一点就好了"。

图 6　咨询处设有志愿服务站

四　企业招工难，吸引人才是根本

在采访的过程中，总体来说市场主体都对当地营商环境给予肯定。大部分的办事群众都认为丽水乃至浙江的营商环境在全国都是较好的，也有部分群众认为丽水与省内杭州、衢州等地相比还有进步空间。

关于在丽水当地做生意会碰到的最大困难，很多市场主体都认为是招工难。当被问及具体原因时，一位在当地经商多年的大哥向我们解释说："现在丽水没有什么人才，工资越来越高，但还是招不到人。"由于丽水临近杭州、宁波等中心城市，如何创造优质的就业机会，吸引更多人才流入，推动地区经济持续发展是未来需要思考的重要问题。

总体而言，丽水市办事大厅的环境良好，交通便利，为各类办事群众的考虑也较为周全，办事效率高，等候时间短，基本可以做到即办即走。数字化建设稳步推进，"只用跑一次"已经成为现实。目前，"四大目标"和"五大环境"改革正在推进中，良好的营商环境在未来必将成为丽水的一张新名片。

岳阳：线上办理成为新主流

"放管服"改革企业调研 2021 湖南分队*

　　岳阳市软硬件配备齐全，全程电子化初见成效，高效率业务办理持续发展。目前，部分办事群体还不熟悉线上操作或更偏好在窗口办事，短期内线下窗口仍无法完全被替代。线上线下政务办理仍需齐头并进。

　　湖南岳阳北临长江、怀抱洞庭，素称"湘北门户"，是湖南省的副中心城市、长江中游重要的区域中心城市。作为湖南省第二大经济体，岳阳的商事制度改革成效如何？带着好奇，我们于 7 月 19～21 日展开了对岳阳市的调研，依次走访了岳阳楼区、云溪区、君山区三个区的四个政务服务大厅，其中，在岳阳楼区我们分别前往岳阳市政务服务中心和岳阳楼区政务服务中心进行了调研。

一　设施齐全，软硬兼备

　　岳阳市的各个政务服务中心美观整洁，内部软硬设施完备，取号机、叫号机、显示屏、政务服务一体机、自助电脑等电子化设备一应俱全。其中政务服务一体机的品牌基本一致且功能齐备、按键灵敏、跳转流畅。电子化设施完备，人性化设施也不落后。四个大厅均配备了饮水机、卫生间、打印复

---

　　* 执笔人：蔡育璁、林树鹏、罗广玲。

图 1　君山区政务服务中心

图 2　岳阳市政务服务中心

印设施以及咨询台。除岳阳楼区政务服务中心外，其余三个大厅均设置了母婴室；岳阳市政务服务中心还设有休息阅读区，供办事群众等候时使用；君山区政务服务中心则有智能机器人引导业务办理。

图3 云溪区政务服务中心

图4 岳阳市政务服务中心休息阅读区

　　一体化自助机器的使用率有待提高。岳阳市各级政务服务大厅都配备了"互联网+政务服务"一体化自助机器，岳阳市政务服务中心和云溪

图 5　君山区政务服务中心智能机器人

区政务服务中心更是在显眼处设立了"政务 e 站 24 小时自助服务区"。但是，由于办事群众对机器操作还不熟悉，同时也偏好在窗口办事，使用政务服务一体机的办事群众数量并不多。要使政务服务一体机充分发挥功能，还需积极引导办事群众熟悉线上操作，提高一体化自助机器的使用率。

图 6 政务 e 站 24 小时自助服务区

二 电子化助力高效服务

顺应湖南省提出的"一件事一次办""最多跑一次"等，各区都实现了高效率的办事。据观察及市场主体反馈，每次办理业务平均只需跑一两个窗口，不超过半小时即可办理完成，业务办结十分迅速。在资料齐全的情况下，工作人员审批通过、发证不超过两天。一位受访女士说："资料齐全的话十几二十分钟就能办理完成。"同时，公章刻印和营业执照领取也可以在大厅内完成，不必反复跑或去其他政府机关办理。办事效率高，群众满意度自然也高。

岳阳市大力推行全程电子化，大厅办事人数显著减少。根据岳阳楼区政务服务中心一位分管领导介绍，当地推广全程电子化已经有两年了，市场主体逐渐习惯在线上办理业务，目前，电脑端使用较多，手机 App、微信小程序也在慢慢普及中。在岳阳市的调研中，政务大厅工商办事窗口冷清，大多数受访群众表示愿意尝试更为方便的线上办事服务。窗口服务人员表示，

图7　岳阳楼区政务服务中心的一体化自助机器

"只要资料准备齐全，当天上传，次日通过审核就能拿到营业执照，所以大部分群众还是更愿意线上办理"。以岳阳楼区政务服务中心为例，前往大厅办事的受访群众中绝大多数是要线下咨询或办理线上无法办理的业务的。线上办理业务成为新主流，来到大厅的主要目的从办事变成咨询。在岳阳市政府的大力推广下，工商业务全程电子化取得显著成效。

　　线上政务平台短期内仍无法完全取代线下窗口服务。在我们的调研过程中，有个别忘记账号密码的群众表示，"电脑办事感觉还是很麻烦，需要准备的东西也挺多，我还是愿意自己亲自多跑几趟"。另外，线上办事固然方便，但线下大厅依旧不可或缺，因为全程电子化对于年龄较大的人群而言，操作较为复杂。因此，尽管工作人员积极向办事群众推荐线上办理程序，线下服务大厅在短期内仍无法被完全替代。继续优化线下窗口服务，实现线上线下齐头并进，才能更好地服务群众。

图 8　君山区"一件事一次办"专窗

图 9　云溪区"最多跑 1 次"口号

图 10　岳阳市政务服务中心

图 11　君山区政务服务中心

三 市场主体因疫情受困

　　岳阳市的四个政务服务中心业务办理效率高，开办和注销企业难、办证难已经不再是市场主体面临的主要困扰。当前，被访市场主体普遍认为做生意面临的主要困难集中在税负重、市场竞争激烈、招工困难三个方面。新冠肺炎疫情对企业冲击大，国家税收优惠政策给中小企业带来的实际获得感仍然较弱。而在后疫情时代中，外需不足成为新常态，这使得大量企业面对着需求不足的状态，也间接导致了激烈的市场竞争和劳动力短缺。调研中我们发现，大多数企业近半年的业绩出现了下滑。我们也遇到了不少前来办理企业注销业务的市场主体。

　　总体而言，岳阳市的政务服务中心积极推动全程电子化的成效显著，完备的硬件设施与人性化设施为市场主体提供了优质的服务，高效的办公效率让市场主体"最多跑一次"。相信基于数字化和高效服务的助力，岳阳市的经济活力将在商事制度改革中进一步得到释放！

常德：办事群众"消失了"

"放管服"改革企业调研 2021 湖南分队*

常德市积极将线上平台与线下服务大厅有机结合，努力实现市场主体从"最多跑一次"到"一次也不跑"的转变。目前，税负重、市场竞争激烈、招工难是困扰企业发展的主要难题。我们期待常德继续有新举措新作为，促进经济蓬勃发展。

常德位于湖南北部、洞庭湖西侧，取名自《老子》"为天下溪，常德不离"，是江南著名的"鱼米之乡"，肩负着粮食供给的重担。在商事制度改革进程中，常德能否同样扮演排头兵的角色呢？我们于 2021 年 7 月 22～23 日，走访了常德市鼎城区、武陵区和市级政务服务中心，了解当地商事制度改革取得的成效。

一　大厅各具特色

初到常德，我们便被整洁的市容市貌所吸引，道路宽敞而整洁，车辆行驶井然有序，主干道交通情况比起部分一线城市更令人心情愉悦。

常德市民之家的规模之大、容纳部门之全，令人震撼。位于市城区的常德市民之家为群众提供了市政务服务中心、市公共贸易中心、市云计算中心

---

*　执笔人：蔡育璁、林树鹏、罗广玲。

图1　整洁的市容市貌

图2　有序的城市交通

三大中心一站式服务。其中，政务服务中心入驻部门数量达到23个，满足了群众"一趟解决"的办事需求；内部各种设施完备齐全，还特别设有照相区域；咨询台、区域导引台的设置则为办事群众提供了有效的指引。服务中心配有四到五名志愿者为市场主体介绍办事流程和要求，工作人员认真耐心，积极解决市场主体提出的各种问题。

图3　常德市民之家外部

图4　常德市人民政府政务服务中心数据屏

作为新时代文明实践政务中心示范点，武陵区政务服务中心极度现代化。大厅内部环境明亮、整洁舒适，各类设施服务齐全。一楼的导引台配备有两位工作人员提供咨询服务。工作人员面带笑容，讲解细致，能很好地解答办事群众提出的疑问。

图 5　武陵区政务服务中心外部

鼎城区政务服务中心基础设施完备。相比上述两家政务服务中心，鼎城区政务服务中心位于市区一栋商业大楼 5 层。大厅内基础设施配备齐全，有一整面墙体印刷了企业登记全程电子化申报流程介绍，大厅内配备了自助一体机，但数量相对较少，并且没有常见的 LED 显示屏叫号提示。政务服务中心的两位安保人员负责为办事群众答疑解惑或引导群众前往办事窗口。

乘坐公共交通工具前往三个政务中心均十分便利。各大厅附近站点有多辆公交车可以抵达，从公交站步行前往政务中心也只需两三分钟即可。三个大厅均配置了停车场供市民使用。无论办事群众是乘坐公共交通工具还是自驾前往，都非常方便。

图6　武陵区政务服务中心内部情况

二　"消失的办事群众"

（一）"一件事一次办"收获成效

走进常德各级政务服务中心，"一件事一次办"等各类标语随处可见。"一件事一次办"专窗非常显眼，经过在办事大厅的观察与访谈调研我们发现，"一件事一次办"推行已经取得了一定的成效：所有受访市场主体都表示，办成一件事情，只需要跑一次、跑一个办事窗口就可以完成，时间最多一个小时，甚至10分钟左右就可以完成。绝大多数市场主体表示，商事制度改革措施能降低企业与政府部门打交道的时间成本和费用，对企业有积极影响。这足以显示常德市在商事制度改革方面的措施切实惠及各类市场主体。常德市业务办结十分迅速，在资料齐全的情况下，由工作人员审批、通过、发证不超过两天即可取证。有了高效的政务服务，群众一来就能办，办完就能走，一件事一次办成，自然不会有群众苦苦守候，于是等候区的办事群众"消失了"。

图7　鼎城区政务服务中心外部

（二）数字化全面普及，"一次都不跑"成为新主流

在常德市，线上工商业务办理的普及率极高。据常德市人民政府政务服务中心企业开办"一窗通"窗口工作人员介绍，线上办理企业开办的业务量占到了将近80%。在网上给企业"起名"登记后，线上平台会提供详尽的资料填写模板，群众只需要打印填写并在线上平台提交审核，审核完成后就可以获得工商营业执照，十分方便。如果遇到问题，也可以选择电话咨询，实在无法办理的群众才会选择到政务大厅现场询问。对于办事大厅市场主体数量少的情况，工作人员表示，"现在来大厅的大部分都是来咨询，咨询完都会选择线上提交审核，基本都没有人选择线下来办理"。在我们调研期间，前来政务大厅的市场主体不超过5组，其中一组仅花了一小时就在工作人员协助下使用自助电脑成功完成业务办理。

图8　鼎城区政务服务中心内部情况

图9　"一件事一次办"专窗

"大家在家里都能办理的事情，为什么要大热天的来大厅跑一趟"，在与窗口办事人员进行交谈时，这是我们经常听到的一句话。常德市线上电子一体化政务平台经过两年的全面推广，基本已经做到"无人不知、无人不晓"。工作人员表示，"除了股东在外省的，比如外资企业开分公司的营业执照办理、变更、注销，其他的都可以在网上办理"。

图 10　线上业务办理平台

湖南政务一体化服务平台上，内容细化到开办每一种企业需要何种材料、具体接办时间，应有尽有。在简单的咨询后，市场主体独立完成线上申报的可操作性极高，技术门槛低，极大地方便了市场主体办事。

图 11　湖南政务一体化服务平台

目前，常德市业务办理已经形成线上为主、线下为辅的形式，线上业务一条龙办理，从申请到寄送证件的流程愈发方便快捷。"最多跑一次"逐渐被"一次也不跑"所替代，商事制度改革成果显著，工商办事流程烦琐不再是市场主体面临的主要困扰。对于受访市场主体提出的竞争激烈、税负重、招工难等发展难题，我们期待常德继续有新举措新作为，促进经济蓬勃发展。

怀化:"失宠"的办事窗口

"放管服"改革企业调研 2021 湖南分队*

怀化电子化进程成效显著,广受群众好评。90%的群众选择自助办理,线上办事率达八成,办事窗口日渐"失宠",群众的选择折射出怀化推行数字化建设取得的成效。在进一步完善线上指引、办事流程,扩展线上业务办理范围等方面,我们期待怀化有更多新举措。

怀化又被称作为"鹤城",依山而建,群山环绕,是湖南省第三交通枢纽,四通八达。7月26~27日,我们在怀化开启调研之旅,对怀化市政务服务中心和鹤城区智慧政务服务中心进行了调研。在这两天的实地调研中,这座充满生机、孕育机遇的城市,给我们留下了深刻的印象。

一 办事窗口"失宠"

两个大厅整洁大方,均配备了 LED 显示屏和供市场主体自主使用的电脑,人性化设施也相对齐备,配有饮水机、母婴室、卫生间、便民的打印复印机,以及进门处引导办事群众的咨询台。

在怀化市政务服务中心我们观察到,前往办事窗口的办事群众寥寥,而在自助登记区的办事群众则络绎不绝,反映出办事群众更青睐于企业自

---

* 执笔人:蔡育璁、林树鹏、罗广玲。

图1　怀化市政务服务中心

图2　鹤城区智慧政务服务中心

助登记区。

　　据了解，怀化市的线上办事率已达到八成，业务办结十分迅速，在资料

图 3　办事窗口

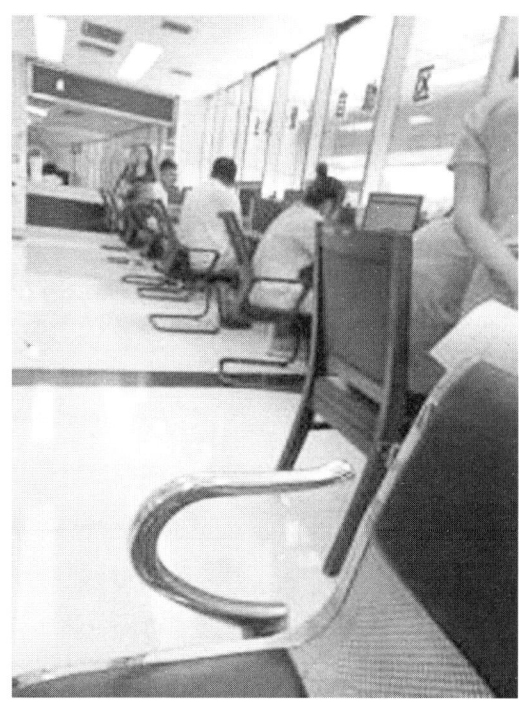

图 4　企业自助登记区

齐全的情况下，工作人员审批、通过、发证不超过两天即可取证。据观察，90%的群众直接都去往企业自助登记区办理业务，而去办事窗口的市场主体基本上都是在自助登记区遇到问题后才到人工窗口进行相关咨询。

在谈及对线上办事的满意程度等问题时，我们得到的答复都是正面的。市场主体基本上对线上办事流程表示满意，认为能减少办事的时间与费用，办事很方便，只要第一次学会了以后都可以线上办理。

二　政务服务处处温情

怀化的数字化建设成效突出，群众好评不断。在这背后，怀化有自己的"独门秘籍"。

虽然大多数政务大厅都设置了电脑提供给市场主体使用，但怀化市政务服务中心还专门设立了"企业自助登记区"为市场主体提供服务。该区域除了提供常规的文件打印服务外，还能利用企业登记全程电子化平台为市场主体办理业务。在该区域，不仅有完整的办事服务流程指引，还专门配备了一名认真负责且耐心的工作人员对线上办事流程进行详细说明。在我们调研过程中，有一对老年夫妇前往该区域进行自助登记，因为作为法定代表人的儿子并未到场，因此业务办理需要许多额外的手续，尽管如此，工作人员仍然耐心且负责。在不断的沟通交流和操作指引下，他们顺利解决了问题，工作人员专业的服务也获得了他们的认可。

在鹤城区智慧政务服务中心我们发现有许多办事群众与工作人员较为熟悉，关系良好。该区工作人员了解相关业务办理流程，非常热情亲切，在我们调研过程中给予了不少的帮助。据了解，除少数线上办理不畅的群众外，大部分前来大厅办理业务的都是居住在附近的市场主体。就近办理业务让市场主体与工作人员有较多的接触，热情亲民的服务无形中升温了双方之间的情谊。

据我们观察，来办事大厅办理业务的群众主要分为两类，一类是没有办

图 5 企业自助登记区

图 6 工作人员正在指导办事群众办理

理经验需要到现场咨询的，另一类是在线上办理遇到困难的。前者显然需要工作人员的帮助，而对于后者，如果没有工作人员详尽的指导，很有可能仍然无法解决问题。因此，大厅在企业自助登记区配有专门的工作人员进行指导，通常能够事半功倍，群众对此也是颇为赞叹。

优质的政务服务不应只是冷冰冰的数字化，还需要人性化的服务来保温。用细致热情的线下咨询指引，补充线上业务的不足之处，是怀化交出的答卷。

三　即来即办即走

各政务大厅基本实现了一件事一次办，办事效率非常高。据我们观察，大厅的等候区通常是空空如也，而各个窗口的办事群众也大多能在半小时内办结业务。一位受访女士说："资料不齐的话可能要跑几趟准备相应的文件；但如果资料齐全的话十几二十分钟就能办理完成，也不需要怎么排队。"群众即来即办、办完即走，办事过程中出现的问题也能得到工作人员的耐心解答。另外，大厅开设了专门的窗口为新设公司刻章领证，使得市场主体成立公司的整个流程可一次性在大厅内完成。高效率的办公极大地便利了前来办事的群众，即来即办即走，办事窗口自然"冷清"下来。

四　人才缺口问题突出

在调研中我们发现，市场主体普遍认为当前做生意面临的主要困难是"招工难"。一位女士说："现在的人期望薪资普遍跟实力不匹配，所以我们招适合的员工就变得很困难。主要还是人才缺口的问题。"另一位市场主体则说："现在赚钱不难，回收钱难，合同实现之后的账款很难收回。"年轻高素质劳动力流出造成的招工难问题以及疫情影响下的资金周转问题成为当前企业经营中的两大难点。

当下怀化市政府积极作为，切实优化了政务服务，线上业务办理也极大地便利了市场主体，有利于激发企业活力。"失宠"的办事窗口也印证了电子化道路行之有效。在未来，如何更好地便民利民、提供更优质的线上办事服务、吸引人才流入，我们期待怀化有更多新举措。

蚌埠：打造以人为本的自由贸易试验区

"放管服"改革企业调查 2021 安徽分队[*]

蚌埠有着活跃的市场氛围和蓬勃发展的势头，在进一步深化商事制度改革的过程中注入了以人为本的服务理念。从实地走访的四个区来看，蚌埠网络业务办理卓有成效，但仍有进一步提升的空间。

2020 年 1 月，"中国城市科技创新发展指数 2019"发布，蚌埠位列百强；8 月，入选"2019 年中国外贸百强城市"；10 月，入选全国双拥模范城市。是什么让这座位于安徽北部的小城屡获殊誉？带着这个疑惑，2021 年 7 月 17 日我们来到蚌埠，开始了为期 4 天的调研之旅。调研期间，我们走访了禹会区、蚌山区、龙子湖区、淮上区的政务服务中心。

作为网络热词"蚌埠住了"的起源地，蚌埠让我们看到了它的年轻活力。市区内宽阔干净的道路，便捷的交通，正在开发建设的楼盘，独具特色的奶茶小店、创新与传统相结合的百年老店都给我们留下了很深的印象。初入蚌埠，我们就感受到了当地人民的热情：帮忙搬运行李的司机师傅、主动提醒我们有更划算的住房方案的酒店前台、温柔耐心的核酸检测护士……来自陌生人的善意让我们对后续的蚌埠调研之行更加期待，也对蚌埠这座城市充满了好感——这是一座有人情味儿的、暖人心扉的小城。

---

　　[*] 执笔人：林海涵、王彩怡、孙逸平。

图 1　淮上区政务服务中心

图 2　龙子湖区政务服务中心

图3　禹会区政务服务中心

一　政务大厅：以人为本

硬件设施建设方面，每个大厅内部都设有24小时自助服务大厅和完善的便民服务点——母婴室、茶水间、雨伞借出点、常用药物箱和手机充电点等一应俱全、分布集中，能够为有需要的市民第一时间提供帮助。

相较而言，禹会区政务服务中心占地面积最大。在进门处有咨询台，可提供各项业务的办理咨询；大厅内设有志愿服务站，有志愿者负责电脑自主办理业务的教学。由于来办理业务的群众人数较少，办事窗口数量较多且工作人员业务办理效率较高，在调研当日我们未见群众排队等号现象。一位办理业务的男士说："现在办事都不用等的，即办即走，最多半小时。"

蚌山区政务服务中心占地面积最小，但办理业务群众数量最多。供市场主体使用的电脑前有工作人员指导，服务态度很好，会主动提供复印、打印

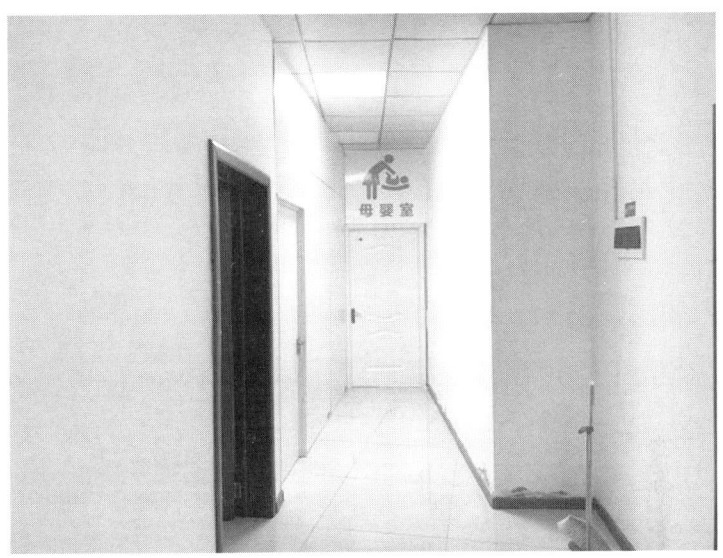

图 4　政务大厅内均设有母婴室

图 5　志愿者帮助办事群众办理电脑业务

服务；窗口叫号屏虽然有时出现延迟现象，但窗口工作人员都会主动人工叫号。

图6　蚌山区自助电脑与打印区

　　龙子湖区政务服务中心的办事窗口虽不多，但未出现排队现象。大厅内除设有母婴室外还设有手机充电处、雨伞自取处等；工作人员态度很好，为方便群众办理业务还建有QQ咨询群，群内会提供办理业务所需资料模板。

　　淮上区政务服务中心在进门显眼处设有总服务台，可提供咨询服务；大厅内有一张大桌子可供市场主体填写资料。大厅共有15个窗口，实际开放可办理业务的窗口有六七个，办理群众数量较多，出现了排队现象。有位办事的女士向我们反映，她几乎每次前来办理业务都会遇上排队的情况，不过如果不用排队办理业务就还挺快的。

　　除了基础设施，工作人员的服务态度也让我们打破了以往对服务窗口的刻板印象，特别是禹会区的窗口工作人员与办事群众间的交谈亲切得让我们感觉仿佛是朋友之间的对话。一位前来办理事务的小伙子对我们说："因为我公司业务的原因，所以来办理业务的次数比较多，跟这里工作人员慢慢熟了，他们都很热情。"完善的便民基础设施、热情的大厅工作人员，让我们切切实实地感受到蚌埠这座城市的温暖。

图 7 龙子湖区政务服务中心提供便民设施

图 8 龙子湖区政务服务中心办事窗口

提到商事制度改革时，许多受访群众脸上都露出了满意的微笑。"现在都只用办理一个证了，那当然方便呀！"一位办理业务的女士提到当初她们成立公司时还没有这样的窗口，需要跑不同的地方办理证件，十分麻烦，现在"三证合一"后办理证件数量减少了，大厅环境也变好了。

图9 淮上区政务服务中心企业开办综合窗口

二 数字化建设：再接再厉

随着"互联网+政务"的快速发展，电子化逐渐走向各个业务。据介绍，蚌埠市2019年便开展线上办理业务，提出"一网通办"的口号。在实际调研中，我们发现网络办理业务既有亮点，也有进一步提升的空间。

在禹会区政务服务中心，我们发现了一大亮点——"自助服务点+志愿者服务站"。因为很多业务需要在电脑端完成，大多数群众并不具备独立完成电子业务办理的专业能力，而因人工成本的限制，设置专人在自助服务点提供流程指导是不现实的。为了解决这个矛盾，禹会区政务服务中心将自助服务点与志愿者服务站结合，召集志愿者为办事群众提供指导服务，据观察，这个措施大大减轻了原有工作人员的负担，提高了办事效率。

但是，老年群体在网络办理业务上仍面临困难。大多数办事群众认为电脑办理能大大减少办事时间，但也有群众表示电子化业务办理作为政务服务的新手段和新形式，对年龄较大的群体并不友好。据当地群众反映，本市办理如申请工商营业执照等业务时必须先通过电脑提交资料，这样的数字化建设对于年纪较大的市场主体来说会造成困扰，因不会使用电脑而不得不到办事大厅寻求工作人员帮助。而这样的问题并不是个例，在淮上区调研时我们多次遇到子女陪同父母办理业务的情况。有位男士表示，他希望政府可以按年龄段划分办理业务的方式，对于 50 岁以上的办事群众可采取线下办理的方式，减轻其操作电脑的难度。

图 10　龙子湖区政务服务中心自助服务区

三　商改之路：任重道远

在蚌埠市的四天调研中，虽然多数市场主体对商事制度改革措施都不太了解，但听到"三证合一""五证合一"这些词语时，都会给予肯定的态度，认为商改可以减少他们与政府打交道的次数和时间。在谈及对本地商事制度改革的评分时，基本所有受访者都给出了较高的分数，对政府的服务表示满意。曾经的"珍珠之城"，今日的自由贸易实验区，蚌埠，这座徽北小城，在自由贸易试验区的建设中注入了以人为本的理念和根深蒂固的人情味。

淮北："一网通办"已实现，"随时随地办"在路上

"放管服"改革企业调查 2021 安徽分队[*]

> 淮北政府大力进行数字化建设，投入大量资金购买自助业务办理机器，提高办事效率。淮北市杜集区与烈山区政务服务大厅楼层多、面积大、办事窗口总数多，基础设施齐全，便民设施人性化，工作人员态度好，群众对此表示认同。

淮北别名"相城"，位于安徽东北部，属于长江三角洲城市群，是我国重要的资源型城市。2021 年 7 月 22 ~ 27 日，我们来到淮北的杜集区与烈山区，通过调研当地的政务服务大厅，了解淮北的"放管服"改革取得的成效。

一 基础设施完善，自助办理范围差异大

淮北市杜集区和烈山区政务服务大厅均为综合办理点。楼层多、面积大、办事窗口总数多是两个区政务服务大厅的共同特点。杜集区政务服务大厅有 3 层，烈山区政务服务大厅有两层。大厅进门处设有总服务台，办事群众一入门便会有志愿者上前询问其需要办理业务类型，服务态度获得普遍好

---

* 执笔人：林海涵、王彩怡、李一彤。

评。其中,工商类办事窗口都位于 2 楼,可办理业务种类较多;大厅都配备洗手间、母婴室、饮水机等。杜集区为方便群众,还在显眼处配备了手机自助充电点,而烈山区办理业务等候区座位为全皮,舒适度较高。

图 1　杜集区政务服务大厅进门处的总服务台

两个区政务服务大厅内都设有 24 小时自助服务大厅。其自助机器种类的差别在于:杜集区多为税务业务相关自助机器,有发票申领自助终端、发票代开自助终端、签注自助一体机等;烈山区自助机器涉及业务则更广,包括社保服务、就业服务、发票服务等。

二　工作人员效率高,业务办理清晰有序

杜集区政务服务大厅内工商类办事窗口虽然只有 3 个,但工作人员效率较高,因此并未出现排队现象。一位女士在采访时提到,大厅 2019 年搬到新大楼以后环境好了很多,并且办事只用跑一个窗口,工作人员态度也很好,办事很方便。

相较于杜集区,烈山区办事群众数量更多。烈山区政务服务大厅的工商

图 2　烈山区 24 小时自助服务大厅

类办事窗口同样只有 3 个，但由于前来办事的群众较多，存在排队等号的现象。所幸工作人员办事效率都较高，最多半小时就可以完成业务办理。办事窗口前的 LED 显示屏会显示该窗口负责的办理事项、工作人员姓名/工号以及叫号信息，方便群众及时了解各窗口办事进程，办理信息一目了然。窗口旁有较多可供群众自助使用的电脑，且电脑旁会有工作人员指导，服务态度良好。

三　"一网通办"已经实现，"随时随地办"正在路上

大厅内随处可见"一网通办"的标语，即通过安徽政务服务平台可以实现一次登录、一个页面、一次申请、全程零见面就完成业务办理。据市场主体反映，目前除资质审核外的大部分工商类业务均已实现线上办理。在访问过程中，一位女士向我们表达了她对网上政务服务的认可："网上办理当然方便呀，如果可以网上办理，谁愿意这么热的天气跑到这里来办呢？"

在大厅内我们也注意到了移动端政务办事软件"皖事通"的宣传海报，

并提出了"随时随地 办理生活大小事"的口号。但在调研过程中，也有一位群众反映手机端业务办理操作不方便，他还未能成功在手机端办理过业务。如何普及推广移动端办事软件，改善办事群众的使用体验，真正培养起用户习惯，是淮北进一步提升办事效率需要考虑的重要问题。

图 3　"皖事通" App 下载二维码

当我们问及商改成效时，大多数群众都表示满意，一位女士在采访时对改革带来的变化赞不绝口，她说："基本上只要跑一次的，今天几分钟就办好了，而且现在办理业务都是免费了，政府真好呀！"同时我们也了解到，办事群众对大厅业务办理的细节方面有更多的期待。一位群众说："如果大厅能对办理业务所需的证件信息有更详细的说明就更好了，就不用跑那么多次了。"

　　在调研中，我们发现"放管服"改革的相关措施让当地群众享受到了实实在在的便利，群众的办事效率明显提高了。政府大力推进数字化建设，投入大量资金购买自助业务办理机器，提高了用户体验。淮北通过"放管服"改革激发了企业活力，已经走在高质量发展的道路上，相信在各种细化政策落实后，淮北未来一定可期！

常州:"无声叫号"获好评

"放管服"改革企业调查 2021 江苏分队*

　　随着商事制度改革的推进,常州市的政务服务进步显著。"无声叫号"的方式收获了大量好评,政务大厅办事效率很高,市场主体办事越来越方便。当前,常州市数字化建设稳步推进,"线上一条龙服务"未来可期。

　　江苏常州地处长江三角洲腹地,东临无锡,西接南京,是长江三角洲地区中心城市之一,也是先进制造业基地与文化旅游名城。作为一座有着三千多年历史底蕴的古城,商事制度改革能否在常州激起"一池春水"?我们带着疑问于 7 月 19~21 日依次完成了对新北区、武进区和天宁区的调研,了解当地商事制度改革取得的成效。

一　数字化建设未来可期

　　各个政务大厅的数字化设备都较为完善和先进,业务办理指引明确。每个大厅基本都配备了自助电脑、柜员机、打印机以及样表查询机,其中样表查询机提供了各类表格的电子化填写模板,大大减少了纸张的使用,也提高了效率。每个大厅都配备了政务服务一体机,可供市场主体自行操作,其功

---

　　* 执笔人:陈文静、罗梓丹、罗晓悦。

能以查询为主,同时提供少部分业务办理服务。其中,武进区和天宁区政务大厅的数字化设施最为完备,天宁区政务大厅还安排了工作人员提供指引服务。

江苏线上办事系统已较完善,常州"线上一条龙服务"建设正在路上。"江苏政务服务"和"我的常州"这两个线上办事系统已经推出了两三年,覆盖网络端和移动端,为市民足不出户进行业务办理提供了极大便利。在采访过程中,约有一半的市场主体表示不太了解线上业务办理,多数业务仍未能实现全程电子化,需要到现场办理手续和提交材料。但是,值得期待的是,几乎所有受访者都愿意尝试在线上办理业务。有受访者表示,"(线上办事)就不用特地出门跑一趟了,那肯定是愿意的"。

图1 新北区政务大厅的自助申报打印区

二 "无声叫号"让市民点赞

各个政务大厅均采用了"无声叫号"的方式。在取号机取号后,办事群众可通过电子叫号显示屏或是短信了解排队进度,且每个窗口前的显示

图2 武进区政务大厅的柜员机

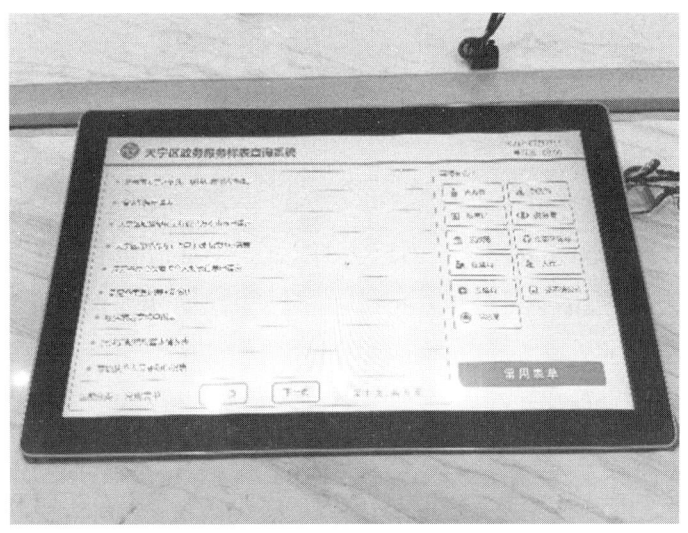

图3 天宁区政务大厅的样表查询机

图4　天宁区的柜员机和信息显示屏

屏上也会显示正在服务的号码。这一技术使得大厅环境整体改善，减少了不停叫号的声音干扰，及时的短信通知也避免了因没有注意看屏幕而过号的情况。

三　政务服务便民

大部分市场主体对于政务服务取得的进步表示认可。一位中年女士表示，"我觉得我们江苏这块还是蛮透明和公正的，都很满意的。从我大学毕业后，政府的改变的确是很多，而且越来越便民，进步很大，在为大众服务方面做得挺好的"。

对于商事制度改革取得的成效，大部分市场主体认为"三证合一""五证合一"十分方便快捷，实现了"一证走天下"。有位女士认为，现在比起十多年前方便很多，"之前我就不太理解，为什么一个企业要那么多证？我刚开始工作时，工商有工商营业执照，税务有税务执照。但现在就像我们的身份证一样，有一个身份证你就可以办好所有的事情，用不着在不同的场合用不同的证"。这位女士还认为商事制度改革是需要技术支撑的。"其实我觉得我们国家网络技术发展是可以实现'一证走天下'的，有技术的支持很重要的，要靠技术实现不同部门间的相互融通。"

四 办事效率高

市场主体办事多集中在个别窗口。武进区政务大厅审批局窗口划分为7个区，尽管共有超过40个窗口，但仅有少部分的窗口频繁有市场主体办理业务。除了办理企业登记、企业迁移、股权冻结等业务的窗口，其余大部分窗口的办事群众相对较少。

多位市场主体认为办理业务的等候时间虽长，但办理效率高。我们发现虽然每个大厅都不乏等候的身影，但当被问及办事效率时，几个大厅中的市场主体都认为"办事情是挺快的，没多久，就是等的时间长""实际办事的时间很快的，十几分钟就好了，最多半个小时"。群众表示，"政府有他们的办事流程，现在已经很好了"。

图5 武进区部分办理频率高的窗口

图6 武进区办事频率低的窗口

图7 天宁区部分市场监管窗口

在商事制度改革和政务服务数字化建设中常州市政务服务提升效果显著。政务大厅数字化设备的引入和使用，有利于常州市加快数字化建设。当

图8 天宁区空闲窗口

前，"排队久但效率高"是常州政务服务的一大特点，如何在继续保证效率的同时减少市场主体的排队时间是常州政务服务下一步需要解决的问题。我们相信，随着商改的进一步推进，常州经济发展将迈入新的阶段！

广州：智慧政务快速便民

"放管服"改革企业调查 2021 广东分队*

　　信息技术革命日新月异，用创新和技术深入推进商事制度改革、优化政务服务是大势所趋。整体而言，广州市政务服务中心发展势头良好、成效显著，市场主体满意度普遍较高，商事制度改革正向纵深发展。

　　广州别称"穗城""羊城"，地处中国南部、珠江下游，是粤港澳大湾区、泛珠江三角洲经济区的中心城市以及"一带一路"的枢纽城市。作为首批国家历史文化名城、世界一级城市，广州拥有极强的开放性、自由性和包容性，始终走在国家各项政策改革发展的前列。7 月 19~21 日，我们先后走访了从化、越秀、海珠和黄埔四个区的政务服务中心，通过实地观察和访谈，深刻感受到"放管服"改革在不断深化过程中，群众的满意度和获得感切实提升。

一　硬件设施齐全完备，数字化设施一应俱全

　　通过调研，我们了解到广州大多数政务服务中心在 2018 年进行了数字化升级改造，内部设施一应俱全。此次所调研的四个政务服务中心大厅都设

---

　　* 执笔人：刘程熹、李子文、孙逸平。

立了自助网办区域，引入了自助取号机、LED 屏显示器以及政务服务一体机等设备，个别区专门设置了智慧政务体验区，极大地方便了前来办事的群众，增强了市场主体的满意度。

第一，基础设施齐全完备。在走访的四个政务服务中心中，茶水间、卫生间、空调、等候区、电梯等硬件设施建设良好。其中，海珠区政务服务中心设有消防电梯，黄埔区政务服务中心内部除了配有升降梯外，还有扶梯。

图1　海珠区政务服务中心消防电梯

第二，数字化服务设施一应俱全。我们注意到政务服务一体机、取号机、LED 叫号显示屏、自助打印机、自助照相亭、自助办理区的电脑等信息化设备已经成为每个大厅的标配。其中，越秀区人流量较大，设备使用效率最高，并且在每一层楼都配备有智能问答机器人，为群众答疑解惑；海珠区政务服务中心设有专门的"海珠政务 智慧小屋"，智慧小屋设置在政务服

图 2　黄埔区政务服务中心的扶梯

务中心一楼，小屋内部设置了平板电脑，主要可以提供"互联网+"政务服务，还专门配有办事流程指导；黄埔区政务服务中心硬件设施是四个区里最好的，该区还有专门的"一窗式"集成服务改革事项清单二维码，二维码墙上是各个部门办事二维码，扫码就可以进入相应部门的办事页面，方便群众线上办事。除了从化区有较多群众因不熟悉电脑办事或认为人工办理更放心而选择人工窗口之外，其他三个区的自助网办区的使用效率都比较高。

第三，指引信息明确，问询人员齐全。四个政务服务中心指引信息非常明确，各大厅也都设有咨询台。从化区政务服务中心共分为四层，每层分为四个区，但办事群众并不需要担心大厅业务分布太广，因为在每层电梯口都摆放有该楼层的业务分布图，可以方便群众查找业务办理窗口的所在位置；越秀区政务服务中心则一次性展示了各楼层的业务分布情况，还有专门的资

图 3　越秀区政务服务中心智能问答机器人

图 4　"海珠政务 智慧小屋"

图 5　黄埔区"一窗式"集成服务改革事项清单二维码

料取阅架供市场主体查阅；黄埔区政务服务中心提供的电子信息查找屏集合了包括楼层指引、政务亮点、大厅简介在内的各种信息，真正做到"一屏知一厅"。

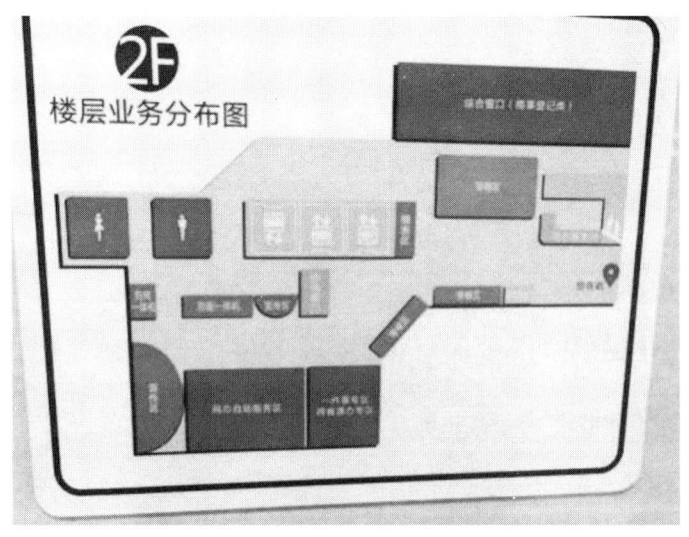

图 6　从化区政务服务中心楼层指引信息

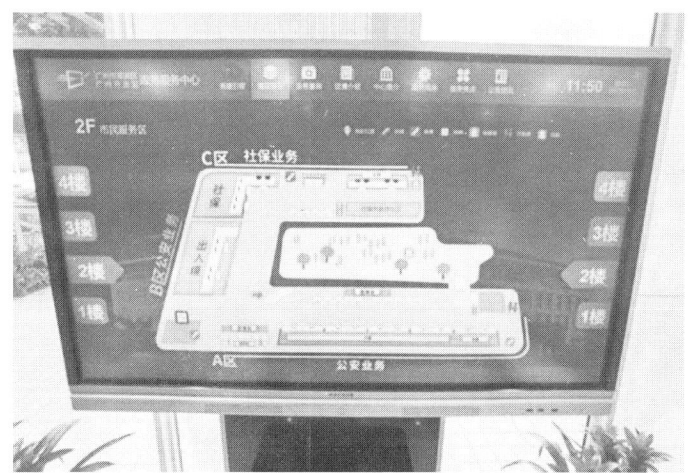

图 7　黄埔区政务服务中心电子信息查找屏

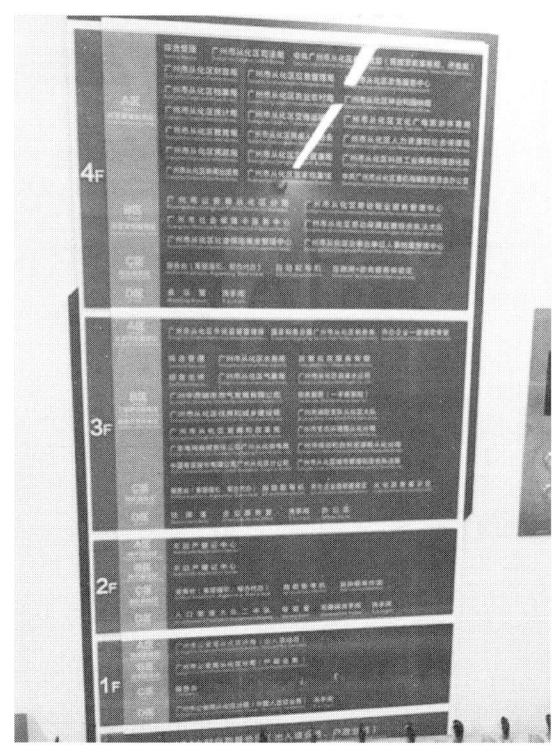

图 8　越秀区政务服务中心楼层指引信息

图 9　越秀区政务服务中心资料取阅架

图 10　从化区政务服务中心咨询服务台

　　四个政务服务中心每一层都设有咨询服务台，工作人员服务态度普遍较好。不过在黄埔区政务服务中心，也有群众认为咨询服务台提供的信息还不够全面，表示"有些东西不问她就不说，如果她能一次把所有要准备的东西都告诉我就更好啦"。

此外，大厅外部环境较为良好。从化区和黄埔区政务服务中心附近绿化环境良好，前拥公园，依湖而建；黄埔区政务服务中心内部设有园林式绿化休息区，令人心旷神怡。

图 11　从化区政务服务中心附近公园

图 12　黄埔区政务服务中心附近池塘

图 13　黄埔区政务服务中心内部绿化休息区

二　"一网通办"动力足，"一窗通取"潜力大

我们了解到，自 2020 年 5 月 25 日开始，广州市已在全市范围内推行"一网通办，一窗通取"模式，以"一网通，一窗取，零成本，半天结"为目标，致力于提升政务服务效率，提高政务服务水平和质量。

图 14　智能政务一体机可办理的业务

在与受访者的访谈中，九成以上的群众表示，他们愿意在电脑和手机上办理相关业务，有七成以上的群众使用过手机和电脑上的办事系统办理业务，线上办理已经是大势所趋。我们听到了市场主体对于办事系统的认可，"现在用电脑系统非常方便，假如我忘带了一份材料，原来需要再跑一次，现在直接在网上传给办事人员就可以了，很方便"。不过，在采访中，也有年长的市场主体表示，"我是十五位身份证号，网上的办事系统都没法用啊。我根本登录不上去，所以只能到大厅办事"。另一位受访群众则表示，"网上的办事系统有时很慢，会闪退，传文件也传不上。而且机器不能随机应变啊，资料不够就是办不了，不像在大厅里能和工作人员沟通"。

四个区的政务服务中心皆设有"一窗通取"窗口。在与办事群众的交谈中，我们发现有六成以上的群众都是先在电脑上办理，然后前往线下取证，有不少群众表示"一窗通取"提高了办事效率。不过，在海珠区的调研中，也有市场主体反映，各区之间的资料审核标准有所不同，因此存在业务不互通的情况。有一位受访群众表示，"不同区之间业务是不互通的，你到别的区办理业务，他们可能不受理"。

当被问及目前的商事制度改革措施带来的影响时，多数市场主体都表示会有积极影响，尤其是"一网通办，一窗通取"能够降低与政府打交道的时间。只要在网上正确提交相应的资料，或者来办事大厅之前通过电话咨询工作人员，带齐材料来现场，很快就能办完，在办事大厅的办事效率能够提高。受访群众表示，"开办企业一天就能拿到证书，很快"，"现在比之前是快多了，原先注册企业至少都得一个月，而且还是要先办齐了各类证件才能营业，现在办一个营业执照也就一天，后续的证件可以开始营业之后补齐，更方便了"。据调研员观察，20 分钟内"一窗通取"窗口即可为六位群众办理业务，十分高效。

此外，在调研的四个区中，政务服务中心皆设有"企业开办"的相关服务窗口。其中黄埔区、越秀区、海珠区都专门设有企业开办服务区，提供相关咨询的"一站式""一条龙"服务，免去群众开办企业时需要"多头跑""跑多次"的烦恼。

图 15　海珠区政务服务中心内部

　　整体而言，广州市政务服务发展势头良好，成效显著，市场主体满意度普遍较高。我们期待未来广州能继续扩大"放管服"改革效应，进一步激发市场活力和创造力，为企业出实招，为群众办实事，在优化政务服务的道路上行稳致远！

深圳：群众办事拼速度，政务服务有温度

"放管服"改革企业调查 2021 广东分队*

深圳政务服务大厅的环境良好、服务质量高，商改措施和数字化转型都取得了较为显著的成效，办事效率上展现了"深圳速度"，办事服务上展现了"深圳温度"。

深圳是中国改革开放设立的第一个经济特区。从中国南海之滨的小镇，到聚集了一大批顶级科技企业的现代化城市，深圳是中国改革开放和现代化建设的精彩缩影。作为改革开放的先行地，深圳一直是我国经济发展的第一方阵。为了深入了解深圳"放管服"改革取得的成效，我们于 2021 年 7 月 22~23 日走访了深圳市罗湖区、龙岗区、光明区和南山区的政务服务中心，与前来办事的群众进行了交流，聆听了办事群众的真实感受。

一　办事环境舒适，服务意识较强

交通便利、设施先进齐全、办事环境良好、工作人员服务意识较强，是深圳市政务服务中心的共同点。本次调研所前往的四个办事大厅均坐落于各区中心，临近地铁口和公交站，交通便利，崭新敞亮。除龙岗区政务服务中心外，其他三个政务服务中心附近均有较大的地上或地下停车场，停车便

---

　　* 执笔人：刘程熹、李子文、孙逸平。

利。在硬件设施上，以南山区政务服务中心的大厅建设尤佳，不仅在大厅旁边有一个等候的咖啡厅，而且门口的墙与大厅外的绿化设计很有特色，把科技与自然结合的美感体现得淋漓尽致。

图1　深圳市光明区行政服务大厅

图2　南山区政务服务大厅门口的宣传墙

图3　南山区政务服务大厅门口的绿化建设与吉祥物

在区域划分上，四个政务服务大厅均为 1~2 层，功能区划分清晰合理、一目了然。大厅都设有自助服务区、休息区、办事窗口、填表区等，办事群众一眼望去就能找到对应的区域。

在硬件设施上，茶水间、卫生间、空调、等候区、电梯等基础设施非常完备。政务服务一体机、自助照相机、复印机、自助网办电脑等数字化服务设备齐全，数字化、智能化、信息化产品设备较为普及。值得一提的是，各政务服务大厅均提供冰饮用水，这为炎炎夏日中前来办事的群众消暑解热。智能的叫号系统不仅显示号码，还会显示办事群众姓名的一部分，方便办事群众查看是否叫到自己。南山区和光明区政务服务大厅的等候区座椅非常舒适，每个座椅附近都有充电插头，龙岗区还设置了专门的综合等候区以及5G 体验区。

深圳市政务服务给我们留下最深印象的就是工作人员的服务意识，他们给办事人员带来了非常暖心的体验。各政务服务大厅均采取先预约再取号的办事模式，在进入大厅前，安保人员会首先询问是否预约，如果没有预约就会指引办事人员到隔壁的自助服务小屋进行预约，屋内会有一到两个工作人员询问办事群众需要办理的业务，并指导办事人员通过政务服务一体机或线

图4　南山区等候区座椅及充电插头

图5　光明区等候区座椅

上小程序进行信息登记与预约。在取号处、自助打印区、政务一体机旁、网上自助办理区等地方，政务服务中心也都有专门的工作人员提供专业指导。强烈的服务意识大大提高了办事群众的办事体验感和服务效率。

　　除了专门的工作人员，在南山区政务服务中心，还有来自深圳大学的大学生志愿者提供志愿服务。值得一提的是，大厅内设有专门的外语服务窗

图 6　光明区 5G 体验区

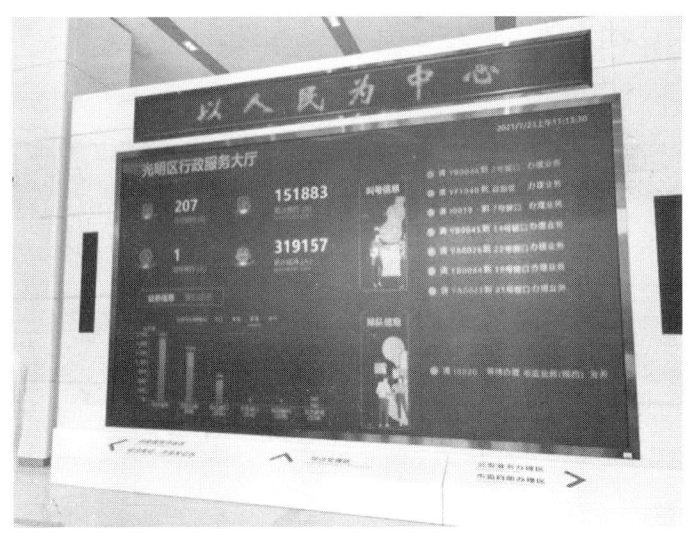

图 7　光明区门口特色显示屏

口，为不熟悉中文的办事群众提供服务，考虑周全，不愧为改革开放的前沿
城市。政务服务中心这些举措都让前来办事的群众感到暖心。一位年长的女

图 8　龙岗区 24 小时自助政务服务区

性受访群众表示，"工作人员的态度都还挺不错的，有问题也会给你解决，服务态度肯定是越来越好的啦"。有不少办事群众也表示，来办事之前如果提前电话询问好相关事宜就能很快办完。

图 9　南山区外语服务窗口

图10　南山区自助服务区的工作人员

二　自助办理普及高

　　深圳市作为中国最有活力的城市之一，年轻人口占比较大，各类线上办理、自助办理业务普及率较高、办事效率高。根据我们的观察与采访，深圳的政务服务大厅总体的办事效率较高，数字化建设成效较为显著。在提前预约和现场取号的情况下，办事群众大部分不会长时间停留在办事大厅；20分钟内每个窗口就可以为2~3名群众办理业务。大部分受访群众都明确表示，商事制度改革措施能够降低他们与政府打交道的时间，并表示现在很多业务都是免费的。当我们问及来办事大厅办事的次数和时间时，一位受访者回答："现在办理都很快的，预约好并准备好材料，在相应时间段来，只需要在1个窗口办理10~20分钟就可以搞定了。除非你要办证或拿证才要多来一次。"大厅的数字化建设与商事制度改革措施提高了办事效率，办事群众对商事制度改革成效的获得感也较强。

　　在调研中，部分群众也提出了需求。根据观察，四个政务服务大厅均设置有自助办理区域，提供十台以上的电脑，但由于前来办事的群众较多，存在供不应求的现象。例如，在办事群众较多的龙岗区和南山区政务服务大厅中，线上自助办理区域人满为患，使用电脑需要排队等候。因此，有受访群众表示自助办理的区域可以再细分一些，"一些修改文档之类的小事情去一个区，另一个专区可以给我们这些需要网上办业务的呀，节省时间提高效率嘛"。

在数字化建设的推进之中，人们已逐渐习惯了在线上办理业务。大部分受访群众都表示，如果能够在电脑或者手机上办理业务都愿意尝试。在采访过程中，也有小部分群众表示"不知道"或者"没有使用"过线上办事系统、"线上系统不好用，所以会选择来线下"等。这部分办事群众反映，个别预约号网上较少，存在预约难的问题；部分线上办事系统不兼容，只能到线下办理；或者操作系统运行速度较慢等。

三 市场环境良好

在与受访群众的访谈中，七成以上的群众认为深圳市的市场环境比较公平。多位受访群众表示，"深圳差不多是中国公平竞争环境最好的地方了吧，各类监管比较严格与合理，市场乱象也不多"。

此外，不少市场主体都提到了"业绩相比于疫情那时候好"。可见，在疫情防控常态化之后，遭受疫情冲击的创伤正在慢慢恢复。此外，疫情后部分政策有所调整，有市场主体表示，疫情期间采用的是视频审批方式，而疫情之后又需要现场重新审批，自己的小店原本视频审批通过了，但后来现场审批却不通过，造成了一定的困扰。

当被问及目前在当地做生意面临的困难时，受访群众普遍认为"劳动力成本高""房租贵""市场竞争激烈"等是主要的困难。一位群众表示，"目前招工用人成本太高了啊。现在年轻人都吃不了多少苦，很多人都是干一干就走了，用人成本太大了"。言语中透露出中小企业在招工上的无奈。

　　总体来说，深圳政务服务大厅的环境良好、服务质量高，商改措施和数字化转型都取得了较为显著的成效，办事效率上展现了"深圳速度"，办事服务上展现了"深圳温度"。未来，在深圳这片热土上，现代化、智能化的政务服务将会有怎样新的发展？我们将拭目以待。

驻马店:"最多跑1次"落在实处

"放管服"改革企业调研 2021 河南分队 *

从软件上的咨询服务、帮办代办、全国一体化在线政务服务平台,到硬件上的柜员机、填单台,驻马店极力"让数据多跑路,让群众少跑腿",落实"最多跑 1 次",积极优化政务服务,促进政务服务转型升级。

驻马店位于河南中南部,地处淮河以北的黄淮平原南域,是河南重要的人口大市、农业大市和新兴工业城市。近年来,驻马店大力实施"富强驻马店、文明驻马店、平安驻马店、美丽驻马店"建设,经济社会持续、健康、快速发展。良好的区位条件和便捷的交通,使驻马店日益成为投资创业的理想之地。

配合经济的发展,驻马店以"放管服"改革为抓手,积极为企业发展创造良好的营商环境。7 月 25~28 日,我们在驻马店市行政服务中心进行调研,对驻马店市的营商环境有了更进一步的认识和了解。

一 环境优良,功能布局完善

驻马店行政服务中心位于天中广场,处于驻马店市中心区域,交通便

---

* 执笔人:冯乔、王曦池、罗广玲。

图 1 驻马店市城市风貌 I

图 2 驻马店市城市风貌 II

利，距离最近的公交车站只有 5 分钟路程。行政服务中心内部设施齐全，配备有不少数字化设施，如定额发票自主领取机与智能文件柜。大厅的入口处均配备有多名咨询人员，取号机等电子机器旁亦有志愿者，部分业务窗口旁也设有咨询台解答办事群众的疑惑。

图3　驻马店行政服务中心外部环境

图4　驻马店行政服务中心内部环境

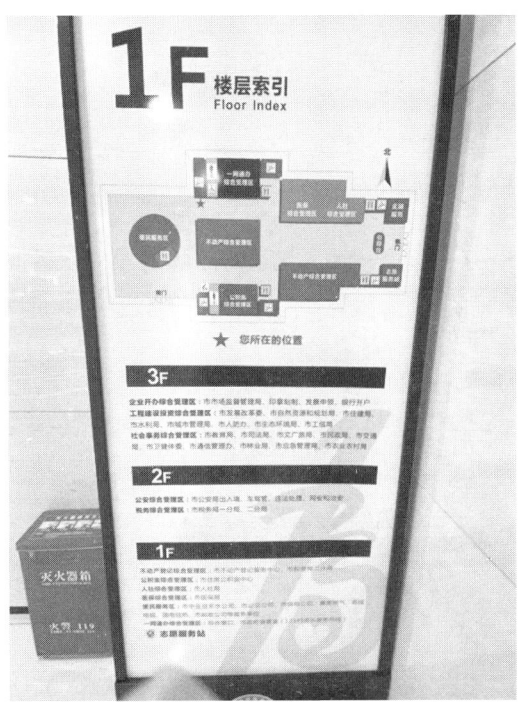

图 5　驻马店行政服务中心窗口划分

行政服务中心功能布局完善。驻马店行政服务中心进驻了 49 个部门、可办理 1224 项审批服务事项，实现了"应进必进"。三个楼层分别设置了 9 个综合受理功能区和配套的后台审批区，有 189 个窗口和近 500 名工作人员。一层有不动产登记综合受理区、公积金综合受理区、人社综合受理区、医保综合受理区、便民服务区、一网通办综合受理区；二层有公安综合受理区、税务综合受理区；三层除企业开办综合受理区、工程建设投资综合受理区、社会事务综合受理区外，另设有用于审批集中会商会审、联合审图、机关办公及文化建设的会议室和中心榜公示。每层都设有咨询台可供办事人员询问，还有穿红色马甲的志愿者、维护秩序的监督员，帮助办事群众较快地了解办事流程、准确找到办事窗口。

二　"最多跑1次"

（一）让群众少跑腿

驻马店行政服务中心站在办事群众的立场上设计服务制度，约束、规范政务服务，推进事项的高效率办理，让"最多跑1次"成为常态。

图6　"最多跑1次"宣传口号

其中，"一门办理制"要求进驻行政服务中心的审批服务事项，统一在行政服务中心大厅内受理、办结、封闭运行，原部门办公场所不再办理，严禁"两头受理"和"体外循环"，防止了因办公地点分散而需要办事人员"两头跑"的情况出现。"一窗受理制"则要求政务服务事项"前台综合受理、后台分类审批、统一窗口出件"，大厅分别设置咨询辅导区、综合受理区、后台审批区和统一发证窗口。由综合受理区分类无差别受理所有事项，让办事群众在大厅内少跑腿、便捷办事。

在提升审批效能和服务创新上，驻马店行政服务中心有许多亮点。例如，驻马店行政服务中心对各专区实行统一标准管理，大力推进减材料、减环节、减时限，通过线上线下结合的办事模式，大幅提高即办件比例，推动合法合规的事项"马上办"，力求实现即来即办、立等可取。驻马店行政服务中心还大力推行证照免费邮寄服务、延时预约服务、帮办代办服务、上门服务，方便群众办事。

在采访过程中，两位从事服装业的市场主体对驻马店的制度变革颇感满意，表示"现在和前两年比起来方便了不少"。在创业之初，为了一份经营许可证，他们奔波许久仍未能办成，无奈之下选择在外地开基立业。现在，为了扩大营业规模，两位市场主体返回驻马店重办许可证，惊讶地发现流程手续简明，很快就拿到了许可证。不少群众也反映，大厅的业务与前些年相比，更加人性化、更加便利。

（二）让数据多跑路

要想让人民少跑腿，就需要进行数字化建设，提升信息通达度，优化线上服务，"让数据多跑路"。驻马店行政服务中心在这方面颇有成效。

在驻马店自助服务终端上，有"跨省通办""我要查""我要办""便民服务"等多个分区。在"我要办"界面，从公积金、水电费到养老机构，几乎涵盖了居民衣食住行各个方面的事项，可以说是居民办事的百宝箱。在"我要查"界面，有个人办事、法人办事、部门服务、事项查询四个分区，分区下的子目录里详细列出了业务办理的审批条件、申请材料、咨询方式等相关信息。在柜员机上，市场主体除了可以打印办事指南外，还可以直接申报。

驻马店行政服务中心设有填单台，里面保存了不同部门所需材料的样本，还有常用的政务服务小知识。填单台的存在，减少了市场主体因材料格式不规范而反复前往大厅的情况。以关于合并成立广播电视台的文件为例，示范文本已经按照规范写好了所有格式的部分，办理事项的人们只需要填写自己相应的信息，即是一份正确无误的材料。

同时，大厅每一层设有的供办事人员使用的电脑中，都登录了驻马店市

图7　自助服务终端"我要办"界面

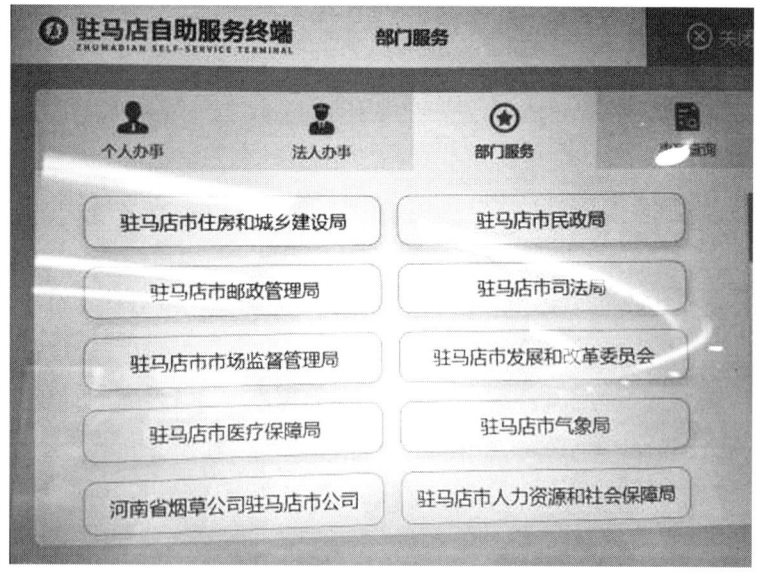

图8　自助服务终端"我要查"界面

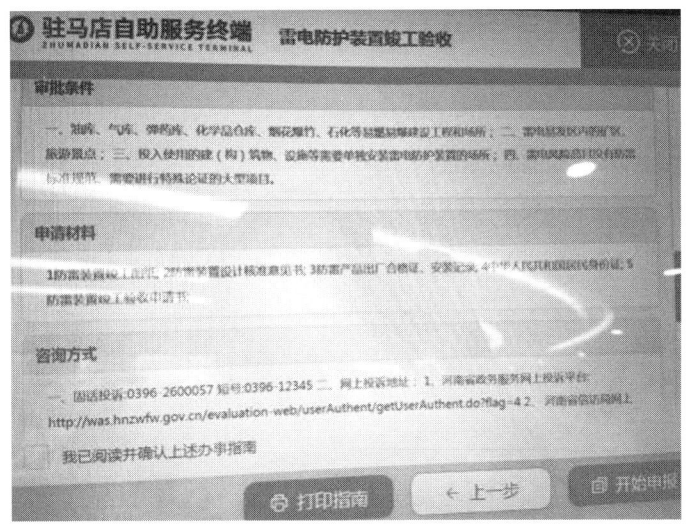

图9 "雷电防护装置竣工验收"相关内容

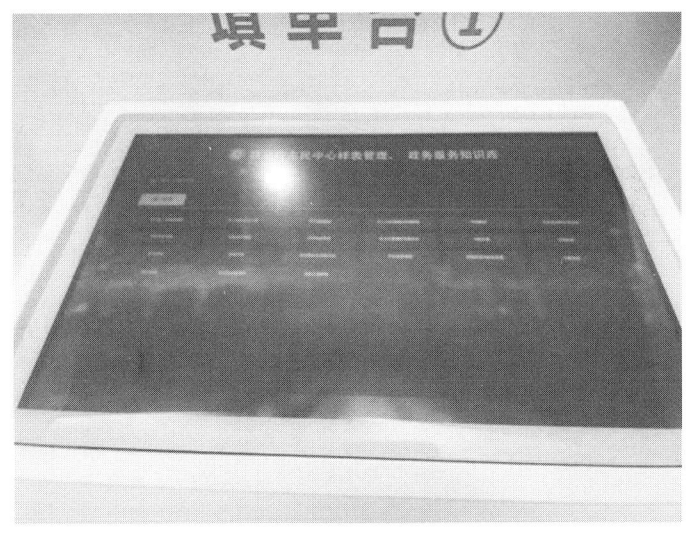

图10 填单台

全国一体化在线政务服务平台。市场主体可以通过这一平台办理业务，平台上含有个人服务、法人服务、特色创新、跨省通办等多个科目，每个科目下都有相对应的办事指南，方便办事群众快速查找到自己需要的信息。

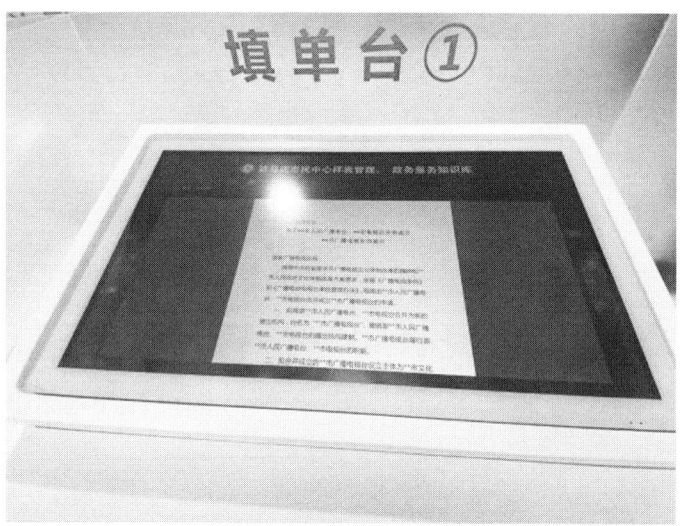

图 11 填单台文件格式示例

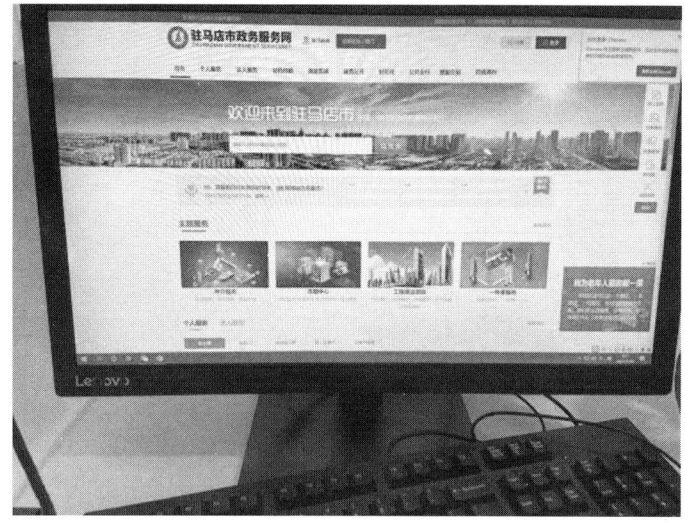

图 12 驻马店市在线政务服务平台

　　此外，驻马店行政服务中心积极推行线上评价机制。为给市场主体提供更好的办事体验，也为查缺补漏促进大厅内部的发展，大厅在多处放置有线上评价相关的宣传板，适应了办事群众使用习惯。

图 13　跨省通办专区

驻马店行政服务中心配置信息化、智能化服务设施，力图将所有审批服务事项纳入全流程在线办理，实现线上线下一个办理平台，推动数据资源共享，着力打造"智慧大厅"，深化驻马店政务服务网建设。通过让"数字多跑路"代替"群众多跑腿"，从更深层次上实现"最多跑1次"。

驻马店行政服务中心依托数字建设与便民利民的服务制度，积极推动"一次告知、一网通办、一窗受理、一次办妥"，提高大厅办事效率，将"最多跑1次"落到实处。这深刻体现了驻马店市在建设服务型政府方面的尝试与努力，相信未来驻马店的营商环境将越来越好，也将吸引更多的市场主体来到驻马店，共同建设这座美丽的城市。

信阳：用"新"的便民设施提速度

"放管服"改革企业调研2021河南分队*

信阳市的政务服务以创新的便民设施提升办事效率。数字化建设可圈可点，通过与时俱进的便民设施，让办事效率大幅提高。但同时，服务窗口的配置效率有待提高、业务全程线上办理有待完善。我们相信，随着经济和科技的发展，以及商事制度改革的推进，信阳的营商环境定会更上一层楼。

信阳位于河南省最南部，地处中原城市群、武汉城市圈、皖江城市带三个国家级经济增长板块的接合部，是中部地区经济文化交流的重要通道，也是京广、京九"两纵"经济带的腹地，素有"江南北国、北国江南"的美誉。2021年7月18~25日，我们走访了信阳市政务服务中心、信阳市平桥区政务服务中心、信阳市浉河区政务服务中心，对信阳这座城市及其商事制度改革取得的成效有了更多的了解。

一 业务办理之"易"：数字化建设进程可喜

我们调研的三个政务服务中心均坐落于信阳市老城区中心地带，交通便利，每个大厅和最近的公交站点直线距离都小于300米。

三个政务服务中心大厅环境舒适，设施齐全，均配备茶水间、卫生间、自助打印机。信阳市政务服务中心共有五层，按照不同职能部门和不同业务

---

* 执笔人：冯乔、王曦池、罗广玲。

图 1　信阳市政务服务中心外部

图 2　平桥区政务服务中心外部

划分每层窗口，第一层主要为工程审批、供水供电；第二层主要为市场准
入、公积金办理；第三层主要为商品房过户、不动产手续办理等。政务大厅
窗口指引清晰，分区合理。办事人员进入大厅自动分流，大大提高了大厅办

图3　浉河区政务服务中心外部

事效率。此外，为了更方便群众表达诉求，大厅均在较明显位置设置了意见箱并张贴了投诉号码。

图4　浉河区政务服务中心的复印机

图5 平桥区政务服务中心的母婴室

数字化设施助力办事效率提高，亦不忘"以人为本"初心。调研中我们发现，每个政务服务中心均设有柜员机，柜员机操作简单，可以办理多种业务。如浉河区柜员机可以办理公共服务、缴费服务、便民服务；信阳市政务服务中心的社会保险政务一体机，可以办理养老金相关业务等。三个政务服务中心都采用了电子叫号系统，办事人员只需在取号机刷身份证取号，窗口 LED 显示屏就会显示相应等待人数，实时排号信息一目了然，提高了整体办事效率。在信阳市级大厅，因大厅空间较大，还同时配备有语音叫号系统。对于这一设置，一位年纪较大的市场主体将其与区级厅对比后并表示了肯定："在区级大厅办事的时候，我得一直站在屏幕底下盯着叫号信息，（市级大厅）这个叫号，我听得很清楚。"

值得一提的是，市级厅的便民服务设施尤其能体现出与时俱进的特点。信阳市政务服务中心设有照相受理一体机，即拍即取；大厅一层有一个可以对话互动的智能机器人，为办事群众答疑解惑并指引办事窗口，是一个非常

图 6　平桥区 LED 显示屏

图 7　信阳市政务服务中心办事区

专业的"咨询员"；大厅的警医通设备配有自助体检系统，能为办理相关业务的市场主体提供一站式服务。除此之外，大厅的智能展板，通过大数据技术，能够为办事群众实时展示可视化的政务服务数据信息。

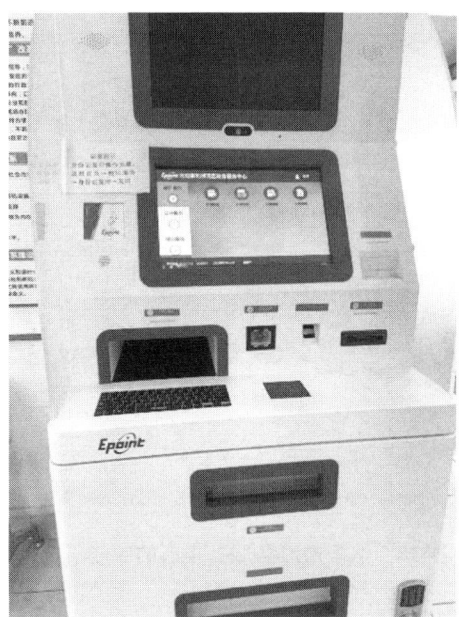

图8 浉河区的柜员机

图9 信阳市政务服务中心的照相机

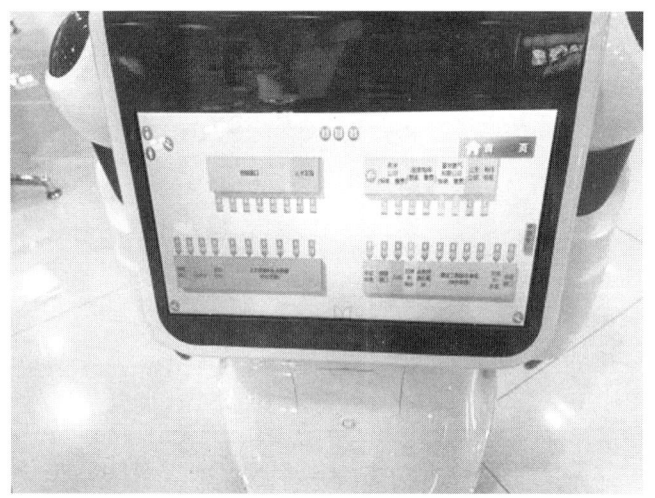

图 10 信阳市政务服务中心的智能机器人

图 11 信阳市政务服务中心的警医通

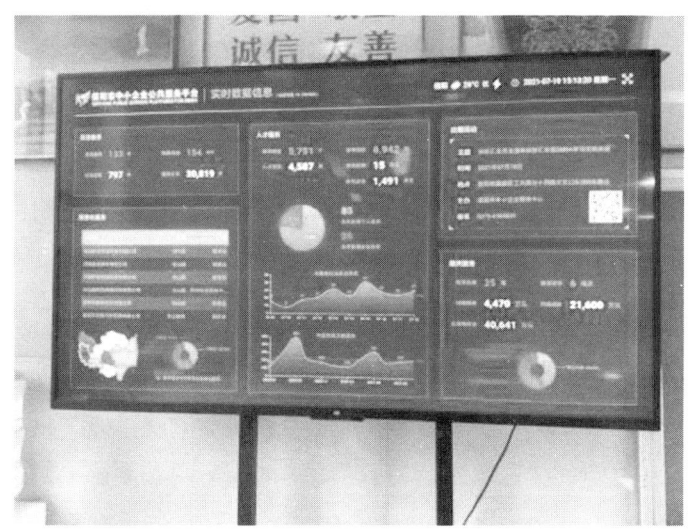

图12　信阳市政务服务中心的智能展板

二　业务办理之"难"：窗口配置效率待提高，全程线上办理待完善

河南政务服务方面的数字化建设可谓如火如荼，我们调研时遇到的近半受访对象都知道"豫事办"这一线上政务办理平台，此外各个区还推出了各自的政务服务网站、小程序、App，有效减少了人们跑腿的次数，提高了办事效率。信阳市政务服务整体情况好，办事窗口多、职能齐全，引入了柜员机等自助办理机器，数字化建设也是可圈可点。

在调研过程中，也有部分群众反映，等候时间较长、部分业务还未能实现线上全程办理等问题。例如，在浉河区政务服务中心，窗口总量相对较少，加之窗口划分与群众需求不匹配，出现了群众排队等候的现象。此外，尽管线上有十余个办事系统，但仍有部分办事群众表示，线上平台基本只能进行材料上传，最终还得到大厅办理业务。而对于经常来政务大厅办理业务的群众来说，则是由于他们熟悉流程，全程线下办理更节省时间。

　　信阳市的政务服务呈现出以创新的便民设施提升办事效率的特点。数字化建设可圈可点，通过与时俱进的便民设施，让办事效率有了较大提高，同时，服务窗口的配置效率有待提高、业务全程线上办理有待完善。我们相信，随着经济和科技的发展、商事制度改革的推进，信阳的营商环境会更上一层楼，数字化的便民程度会走上一个新的台阶，未来一定可期！

贵阳：政暖人心，服务万家

"放管服"改革企业调研 2021 贵州分队*

贵阳坚持人性化的政务服务：政务大厅的母婴室、儿童游乐区、文化休息区、和善耐心的工作人员与志愿者、便捷的"一网通"线上办理系统等。贵阳软件硬件兼顾，乘着大数据发展的春风持续发力，"爽爽贵阳"政暖人心。

贵阳是贵州省的省会，也是贵州省的经济、文化、科教、交通中心，素有"林城"的美誉，在西南地区有着举足轻重的地位。近年来，伴随着国家大数据灾备中心落户贵州，贵阳在大数据产业方面风头日健，同时也获得了"数谷之都"的美誉。作为一个在新旧碰撞中谋发展的内陆城市，贵阳的"放管服"改革进展如何。我们于 7 月 26~28 日走访了云岩区、观山湖区、南明区的政务大厅，开展了实地调研。调研中我们发现，政暖人心，是这座城市政务服务的主旋律。

一 政暖人心，硬件设施是亮点

整体而言，贵阳的三个政务大厅取号机、LED 叫号显示屏、供办事主体操作的电脑等硬件设施基本齐全。让我们眼前一亮的是政务大厅里一些暖心

---

* 执笔人：吕言吉、温晴、罗广玲。

图 1　观山湖区政务大厅周边环境

图 2　城市交通情况

的小细节设计。云岩区政务大厅配有可以供特殊人群使用的轮椅，还有从门口一直延伸到办事大厅任一角落的无障碍通道。南明区政务大厅一楼设置了自助咖啡机，操作快捷，给政务服务带来满满的暖意。政务大厅都设置了母婴室，南明区的母婴室内部设置了哺乳室，为有哺乳需求的女士提供了温暖。云岩区政务大厅入口处设置了儿童游乐区，为儿童设置了专属的场所的同时，也减少了孩童玩闹对其他办事市场主体的影响。在办事过程中，南明区还设置有文化休息区，摆放了一些摄影集、作品集供办事主体等候时阅览。

图3　南明区政务大厅的自助咖啡机

图4　云岩区政务大厅的儿童游乐区

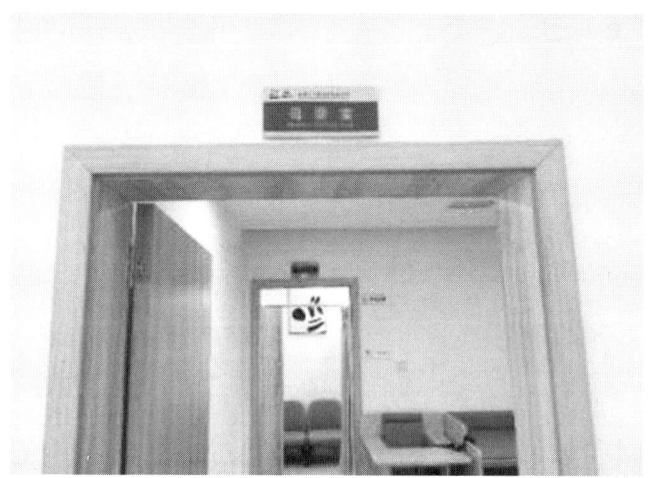

图 5　母婴室

图 6　南明区文化休息区

相较而言，观山湖区在硬件设施宣传方面略有不足。大厅将打印复印服务设置在咨询台，由负责咨询的工作人员进行操作，由于缺少明显标识说明此处可以提供免费打印复印服务，很多市场主体并不知情，仍是自费到周边店铺打印资料。

二　大厅特点鲜明，暖心服务持续推进

南明区政务大厅的软硬件设施可圈可点，2019 年 8 月政务大厅搬到了现在的地址，明亮整洁的办事大厅给前来办事的群众身心愉悦之感，体现了政务大厅为民服务的初衷。大厅内的各个区域都配有一定数量的志愿者，工作划分清晰，态度十分和善。我们了解到志愿者们都是来进行暑期志愿活动的大学生，大厅会在"贵州志愿"App 上定期发布志愿者招募信息，为学生们提供暑期实践的机会，从而为办事群众提供更高质量的服务。在政务服务的速度方面，南明区以绝对优势领先于其他两区。南明区高效的办事速度使其能在更短的时间内为更多的市场主体提供服务。我们在与工作人员交流中得知，南明区市监局区域在繁忙时段半日服务人次能达到 200 余人次，服务效率高。

走进云岩区政务大厅，黄绿的墙纸地板配色、随处可见的绿色植物给人一派温馨舒适的感觉。来云岩区政务大厅办事的群众普遍表示，工作人员效率高，负责咨询的志愿者们专业知识储备良好，总是耐心地解答他们遇到的问题。我们观察到由于前来办事的群众较多，到了下班时间仍有相当一部分的群众在排队等待，相较于前几年到五点就不再叫号的情况，现在工作人员会加班为五点前取号的群众办理业务。

与前两个区相比，观山湖区政务大厅的服务有待进一步提升。初到大厅附近，我们便感受到了浓浓的现代商业气息，坐落于商务中心的大厅硬件设施基本齐全，但服务好评度相对较低，有办事主体向我们反映，他希望工作人员工作更加积极主动，一次性告知需要准备的所有材料，而不是机械地解答市场主体的相关困惑。"不论是咨询台前的工作人员、电脑办理区的指导人员，还是自助服务区的引导人员，态度都还可以更好"。

三　数字化建设渐入佳境，线上系统频获群众好评

数字化建设方面，乘着贵阳方兴未艾的大数据春风，三个区在数字政务

方面都取得了不错的进展，按照"一网通办"目标推进"互联网+政务服务"优化升级，构建起政务服务"一张网、一朵云、一个号、一扇门、一支笔、一次成"六个一的新模式，相较于前几年，办事效率有了明显的提升。大部分市场主体都表示现在办成一件事情基本只需要跑一趟，每次也只需要和一个窗口打交道，办事流程简化，节省了许多时间。不论是云岩区、观山湖区还是南明区，都有设置专门的"一网通办"指导员，对用电脑自助办理业务的市场主体进行指导。三个区都开设了专门的公众号为市民提供行政审批、便民服务事项咨询服务，为市场主体了解政务服务中心的新闻发布提供了渠道，南明区还专门开设了"南明市场监管"抖音号。在云岩区调研时，我们感受到了负责人对贵州政务服务网的重视：领导、电脑系统技术维护专家以及市场监管局窗口负责人正在一起认真商讨网络办事系统的优化升级工作，以便简化操作流程，更好地实现便民利民的目标。

图7　观山湖区"一网通办"工作人员与市场主体交流

谈及贵阳市的数字化建设，90%以上的受访群众都表示曾经使用过电脑或手机办理业务，对办事系统都给予了较高的评价。"还挺好用的。"大多数市场主体给出积极评价的同时，也表示如果线上能够办理其所需的业务，

图8 云岩区"一网通办"引导员

图9 南明区工作人员讲解各二维码的使用

会愿意去尝试。在贵阳，使用电脑办理业务的用户比使用手机的多，究其原因，是贵州省并没有相对统一的政务服务 App。"贵州政务服务网"广为人知，但大多数市场主体都不太清楚手机上对应的客户端是哪个。因此，尽管贵阳的商事制度改革相对前几年取得了不小的进步，但政务数字化建设仍在路上。

图10　"罢工"状态的柜员机

四　生意难做，人才、公平问题突出

商事制度改革方面，"三证合一"和"五证合一"等举措逐渐深入人心。不少市场主体表示，商事制度改革措施能够大大降低其与政府打交道的时间成本，对企业有积极影响。在回答企业在开始营业之前大致需要办理多少个证件时，多位市场主体表示，"以前需要办理的证可能多些，'三证合一'后，基本一个或两个证就可以搞定，大大降低了手续的复杂程度"。

关于本地的营商环境，近九成的受访者都认为在本地做生意遇到的主要困难包括招工难、房租成本高、市场竞争激烈等。与群众的交流中我们得知现在生意越来越难做，本地人才流出、区域发展不平衡等问题制约了当地经济的发展。办事主体的公平竞争问题也备受关注——"公平说着容易，实现起来可太困难了"。

随着贵阳的经济乘上了大数据发展的春风，其政务服务水平也必须与之匹配。线上系统的优化、柜员机的使用、工作人员的态度以及群众关注的公平问题，都是贵阳商改进一步的工作重点。如何更好地便民利民、缩小区域间的政务水平差距、打造老百姓心中满意的服务型政府，贵阳还需继续努力。

毕节：书写"脱贫攻坚"新篇章

"放管服"改革企业调研 2021 贵州分队*

> 打赢脱贫攻坚战需要运用市场主体力量。在日新月异的变化中，毕节正在深化数字化建设中下功夫，以更开放包容的心态，积极进行数字化建设尝试，以提升办事效率。目前，办事效率高已经成为毕节政务大厅的新名片，如何进一步优化政务服务，更好地推广落实相关政策，解决民众关心的问题是未来思考与努力的方向。

位于贵州西北部的毕节市，是名副其实的"避暑天堂"。初至毕节，在大暑时节仍旧凉爽的天气给我们留下深刻印象。7 月 23~26 日，我们来到七星关区政务服务中心，了解毕节市"放管服"改革的最新进展。据统计，"十三五"时期以来，七星关区营商环境持续优化，新增市场主体 9.47 万家，经济开发区入驻企业 149 家，民营经济蓬勃发展，解决就业 1.5 万人，在七星关区脱贫攻坚中发挥了重要的作用。通过观察办事大厅的软硬件设施，并与工作人员和办事群众进行深入交流，我们感受到"放管服"改革在激发经济潜能、实现脱贫攻坚中发挥的重要作用。

一 基础设施完备，大厅建设未来可期

毕节市七星关区政务服务中心坐落在老城区较为繁华的路段，位于

---

* 执笔人：吕言吉、温晴、罗广玲。

图1　毕节市容市貌

两条街道交界的十字路口处，步行两分钟便可到达最近的公交站，交通便利。

图2　七星关区政务服务中心周边交通情况

政务大厅一共有四层，细致地划分了不同业务的办理区，并将同类业务合并在同一区，方便市场主体集中办理。大厅设置了充足的座椅，可供市场主体使用的电脑数量也充裕，可以充分满足市场主体的使用需求。政务大厅内的基础设施完备，取号机、休息座椅、饮水机、显示叫号的 LED 屏等均设置在了显眼处，能够满足办事主体的需要。

同时，七星关区政务服务中心在窗口秩序方面仍有较大的改进空间。由于办事窗口的显示屏未处于叫号状态，办事群众无法了解办事进度，窗口常出现等候的办事群众。一位市场主体无奈地表示，"我都不知道到我了没有"。对此，工作人员表示，他们也一直在努力寻求解决的办法，如通过入口处的引导员将办事流程及所需资料悉数告知市场主体，以减少市场主体在窗口的问询时间；提倡线上办理业务，以减少线下办事人流量等。工作人员坦诚地表示，"确实是有一些不足"，"但我们从没放弃为市场主体提供便利的努力"。

图 3　办事窗口上的显示器

二　数字化建设成效初显

整体而言，政务大厅办事群众较少，与前几年人声鼎沸的局面形成鲜明对比。在询问了工作人员后，我们了解到，通过"十三五"期间采取一系列便民措施，服务流程不断简化，数字化建设成效显著。与前几年相比，该区的各项业务向线上转移的趋势更加明显，大厅会将每日办结业务在网络上进行公示，让群众能够更好地监督工作人员。以办理工商营业执照为例，相关手续及资料提交可在贵州政务服务网上操作完成，办事主体只需到线下执行"双向告知"程序后即可领取执照。经查询，在我们调研的前一天（7月22日），贵州政务服务网站公示的办结业务就超过了100件。线上办结业务量的增加，说明了越来越多的市场主体逐渐从线下办事转向线上办事。

图4 略显空荡的政务大厅

群众对工作人员的服务态度和办事效率都给予了高度的肯定。咨询台的工作人员会主动向不太了解线上办事流程的群众讲解并提供帮助，尤其是对年纪稍大并且不熟悉电脑操作的市场主体极为耐心。我们刚进入政务大厅，就有工作人员上前询问需求并引导操作。

　　在服务效率方面，"快"已经成为毕节政务大厅的代名词。市场主体普遍认为大厅办事效率高，"他们办的真的挺快的，材料交过去，十几分钟就可以了""一件事来一趟就行，每次也就半个小时吧"。在大厅内部悬挂着的标语由 2018 年"承诺 1.5 天办结"变成现在的"承诺 2.5 小时办结"，据我们观察，绝大多数业务在一小时内即可办结。同时，大厅推出的集成业务套餐服务窗口为有需要的市场主体提供一站式办理服务，最大限度地提升效率，极大地节省了办事群众的等待时间。

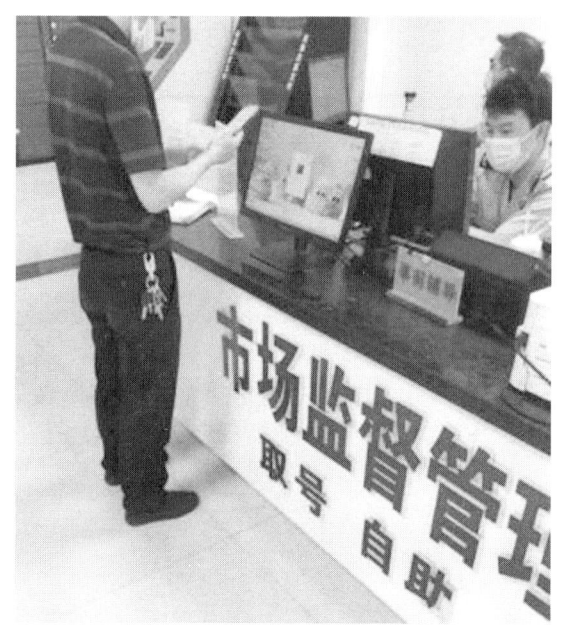

图 5　正在咨询的市场主体

三　市场主体获得感提升，期盼公平竞争环境

　　让百姓深入了解商事制度改革措施，感受到政策带来的便利，提升市场主体的获得感，对毕节政府而言至关重要。近几年，交通条件的改善推动了毕节与其他一线城市的交流，新城市中心的开发也拓宽了毕节的市场缺口，

图 6　"当日办结"专区

2020 年脱贫攻坚战的胜利更是让毕节人民的生活水平大幅提高。在调研中我们发现，来办事大厅办理业务的大多是来登记成立新的公司、初次申领营业执照的办事群众，虽然他们对于近些年来的改革具体措施并没有很清晰的了解，但都不约而同地表示，"现在办事节约时间又方便""三证合一那确实是好政策"。

谈及市场环境，办事群众普遍反映"走关系"是毕节市公平竞争环境中最重要的干扰因素。一位市场主体直言不讳地说："毕竟是小城市嘛，走关系是通病，谁关系好谁就跑得快，我们根本竞争不过那些有关系有后台的企业。"

毕节市曾是贵州省最大的贫困地区，经过三十多年的努力，人民生活水平实现了从普遍贫困到全面小康的跨越。目前，毕节市正稳步推进"放管服"改革，优化营商环境，政务数字化建设亮点多多。但深化改革任重道远，如何进一步提升办事效率，更好地推广落实相关政策，解决民众关心的问题，是未来需要思考与努力的地方。

泉州：一窗一网便民利企

"放管服"改革企业调查 2021 福建分队*

总体而言，泉州的工商窗口政务服务水平逐步提高，24 小时政务服务中心的创新和半小时办结的高效都为市场主体带来了实实在在的获得感。相信随着数字化建设的持续推进，"放管服"改革的深化，这座商贸古城能够焕发出当代魅力。

泉州，别称鲤城，位于福建东南部，是我国首批历史文化名城、联合国认定的海上丝绸之路起点。传承商风美誉的泉州，其爱拼敢赢的精神有力助推了经济繁荣。我们怀揣着对泉州的期待，于 7 月 26~28 日开展了对丰泽区、鲤城区、洛江区三个行政服务中心的调研。

一　自助服务方便快捷，基础设施"随机应变"

三个行政服务中心交通便捷，道路秩序井然。办事群众步行前往最近的公交车站只有不到五分钟的路程。并且三个行政服务中心周边都有停车位，洛江区行政服务中心附近还配有新能源汽车充电桩。

三个行政服务中心都配备有叫号机、自助电脑、LED 屏等电子化基础设施，还设有等候休息区、卫生间、茶水间等为市场主体提供人性化

---

* 执笔人：张弛、廖婉淇、李一彤。

图1　丰泽区行政服务中心

服务。值得一提的是，各区行政服务中心基础设施状况不尽相同，其原因多与办事主体特点相关。例如，来到丰泽区行政服务中心的办事主体多数是中介，比较熟悉操作流程，而丰泽区的电脑等办事设施设置充足，材料填写区域设置合理，考虑周全，便于办事主体操作；来到鲤城区行政服务中心的办事主体大多是年龄较大的个体户，不太习惯数字化的办事方式，而鲤城区也保留传统的人工叫号方式；洛江区虽然没有设置可供市场主体补充材料的区域，但是我们注意到，来到这里的办事主体并不多，而且办事效率非常高，即使需要补充材料也可以直接在办事窗口完成。

三个区都支持市场主体借助自助服务区的机器实现完全自主办事，方便快捷，无须排号，群众只需要刷身份证即可使用。24小时自助服务中心都配有能够办理所有工商业务的综合柜员机以及办理特定业务的专用柜员机。自助服务区内有空调，办事环境舒适。

图2 丰泽区行政服务中心的座椅

二 办事效率有所提高，数字化建设颇有成效

办事群众需要往返大厅的次数较少，基本不需要排队。不少市场主体都表示，"如果资料带得齐全，基本上跑一趟就能把事办好"。而对于排队等候时间，大多数市场主体表示，只要在微信上提前预约，就不会出现排队很久的情况。

在办事速度方面，洛江区行政服务中心的效率最高。在洛江区市场主体几乎不需要排队，即到即办，在窗口办事时间也不会超过10分钟。在洛江区采访时，一位阿姨说："来办事前只要先在微信预约，在网上提交材料，再来大厅办理一下就可以办好了。"洛江区的高效率也得益于其较高的数字政务水平，仅排队叫号就包含了大厅LED显示屏、到号提醒短信和公众号"无声叫号"系统等方式，办事主体可以通过多渠道极为方便地了解排号情

图 3　鲤城区行政服务中心的座椅

图 4　洛江区行政服务中心的座椅

图 5　鲤城区自助服务区

图 6　丰泽区 24 小时行政自助服务区

况。相较而言，鲤城区与丰泽区行政服务中心办事效率有待进一步提高，但市场主体在窗口办事的时间平均都不会超过半个小时。鲤城区大多数受访者表示，现在办事尤其是办理营业执照比以前快很多，基本上来一次，在一个窗口就可以办到营业执照。

福建省于 2014 年引入了电脑端政务服务系统"福建省网上办事大厅"，实现了全省信息互联互通、统一规范化线上办事流程，在各区的行政服务中心都可以通过该网站完成事务办理。同时移动端"闽政通"App 也正在积极推广中，力求实现随时随地办事。此外，每个行政服务中心都创建了各自的微信公众号，提供按时段预约取号服务。

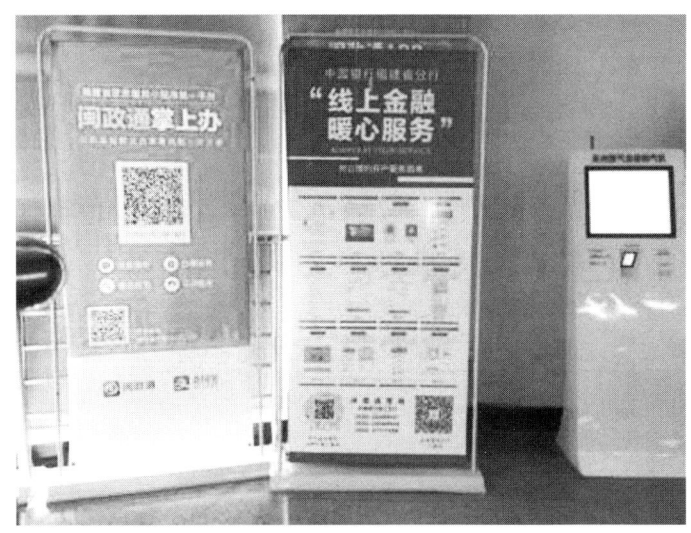

图 7　洛江区"闽政通"App 宣传海报

在我们的采访中，几乎所有受访者都表示，如果业务在手机或电脑上能办，他们非常愿意尝试。在洛江区调研时，一位中年女士向我们介绍，福建省网上办事大厅上可以完成部分材料的提交，将等候审核时间提前，后续到大厅继续办理剩余业务的时候非常方便，基本不需要再额外补充材料。

三　市场竞争激烈成难题，"关系户"普遍存在

多数受访者认为，现在做生意所需要的证照数量变少了，开办企业愈发

快速便捷。在鲤城区采访时，一位先生表示，现在他办营业执照非常快，来一次在一个窗口就可以办理，相比于以前要两三天跑两三次才能办成快了不少。丰泽区的一位女士说："如果材料齐的话，来一次就好了！"但目前做生意面临最大的困难是市场竞争激烈，此外招工困难、房租成本高等都是企业发展中遇到的困难。

关于公平竞争环境的问题，不少受访者都提到了"关系户"的存在，认为借助关系通常能更快地办成事。值得一提的是，许多意识到关系网络存在的市场主体并不认为其是完全不公平或有碍市场发展的。一位中介认为，关系户确实能更方便地办事，但也为此付出了更多的资源来打通渠道；还有一位市场主体则表示，虽然关系户确实存在，但整体办事的效率很高，因此对自己影响不大。

在被问及做生意哪个城市的环境比较好时，大多数人都选择了"北上广深"这样的超一线城市，但也有不少人选择了西部城市。一位阿姨告诉我们，她发现西部像四川、重庆这些地方的政策相对优惠，办事也很方便。

总体而言，泉州的工商窗口政务服务水平逐步提高，24 小时政务服务中心的业务创新和半小时办结的高效都使市场主体感受了实实在在的获得感。市场竞争激烈、招工难、房租成本高等难题仍然存在。相信随着数字化建设的持续推进，"放管服"改革深化，泉州这座商贸古城将焕发出当代魅力，激发出新的发展潜能。

宜宾："万能"的政务一体机

"放管服"改革企业调查 2021 四川分队*

整体而言，宜宾市各区的政务大厅都具有较为良好的环境和较为完备的数字化设施。由于市场主体对于信息化办理流程尚不熟悉，许多办事人员会选择中介代办。此外，如何公平对待各类市场主体、提高公信力，是宜宾市有待解决的重要问题。

宜宾市坐落于四川省东南部，地处云贵川三省接合部，位于金沙江、岷江、长江三江交汇处，有"万里长江第一城、中国酒都、中国竹都"之称。宜宾市面积较大，城市中心是人口相对密集的翠屏区，而南溪区则人口较少。7月20~23日，我们走访了位于叙州区、南溪区、翠屏区的区级政务中心，感受"放管服"改革给这座城市带来的改变。

一 政务中心：基础设施便利群众

南溪区与叙州区的政务中心环境舒适，基础设施完善。两处政务中心近几年刚投入使用，大厅内部干净明朗、宽敞舒适，基础设施较为先进，各职能部门的布局十分人性化，引导标识十分清晰。此外，两处大厅的等候区都配备了舒适的软座，空调温度适宜，且大厅分布着供市场主体自助办理业务的政务一

---

* 执笔人：张睿子、周奕嘉、罗晓悦。

体机和电脑。值得一提的是，叙州区大厅内部还设有母婴室等，十分暖心。

叙州区政务中心的数字化设施集成化效果最好。该区的政务一体机涵盖了取号、办事进度查询、简单手续办理、各项信息查询与采集等功能。市场主体可以先在政务一体机上提交申请，填写信息，完成大部分办事流程，然后再前往人工窗口进行办理，大大节约了时间、提高了办事效率。

此外，叙州区政务中心采用分中心方式进行两地分办服务。叙州区面积较大，横跨南北，考虑到相当一部分市场主体虽在叙州区设立企业，但主要活动范围在翠屏区，故叙州区政务中心在南岸设立了分中心，提供业务办理服务，业务内容与主政务中心基本一致，大大方便了市场主体。

图 1　南溪区政务中心

翠屏区政务中心位于宜宾市中心区域，与其他政府机构同处于一个庭院，从庭院内部即可看到各机构部门的名称，其与市政务中心同设在一处，由此，可以一次性满足办事群众所有需求，既可节省时间，又可以少跑路。政务中心建设时间较早，面积相对较小，近年来随着市场主体增加，办事大厅内显得较为拥挤，群众排队时间较长。调研过程中，一位办事中介告诉我们，"以前做生意的人少，这里（翠屏区政务中心）完全没问题，这几年做生意的人多了，这里就有些周转不过来了"。

图2 叙州区政务中心的政务一体机

图3 翠屏区政务服务中心所处的庭院

二 线上平台: 稳步推进

目前, 四川省的线上政务平台建设已经较为完善。在调研的过程中我们发现, 四川省的手机端 App "天府通办"以及电脑端网站"四川政务网"

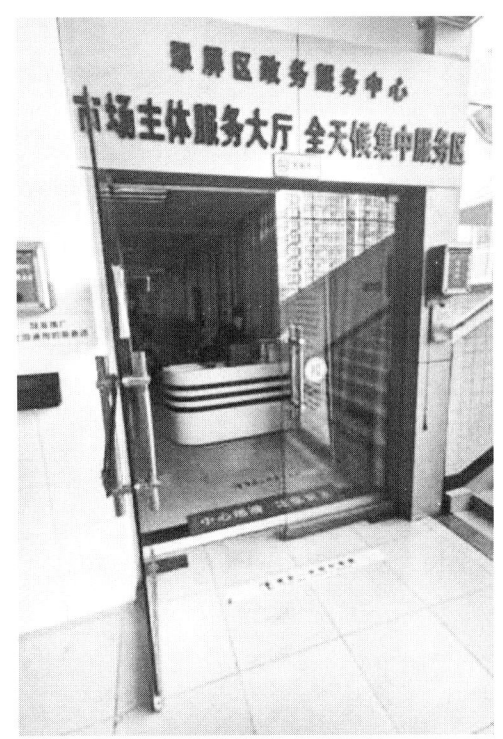

图4 翠屏区政务服务中心外部

已广泛普及，来自全省各地的市场主体都可以在这两个系统上办理相关业务，省市县统一的互联网政务服务平台也已经建成。在询问信息化办理的相关问题时，绝大多数受访者都表示如今可以在手机端和电脑端上办理相关业务，且主要使用的 App 基本在 3 个以内。线上平台整合了主要的办事业务，方便了市场主体。调研时，一位女士告诉我们："最开始能用 App 的时候，我记得要下载很多软件，但是这几年基本不用下载软件了，在微信的公众号里就可以办，正常情况下一个公众号就能搞定要办的事情。"

但当地的市场主体依旧偏向于选择在线下办理业务。在调研中我们发现，大部分年纪稍长的市场主体不习惯使用数字政务平台进行业务办理，表示已经习惯于来政务大厅办理业务。并且，不少市场主体表示由于半年内只会来政务大厅办理一次业务，学习网上办理的时间成本相对来说过于高了。

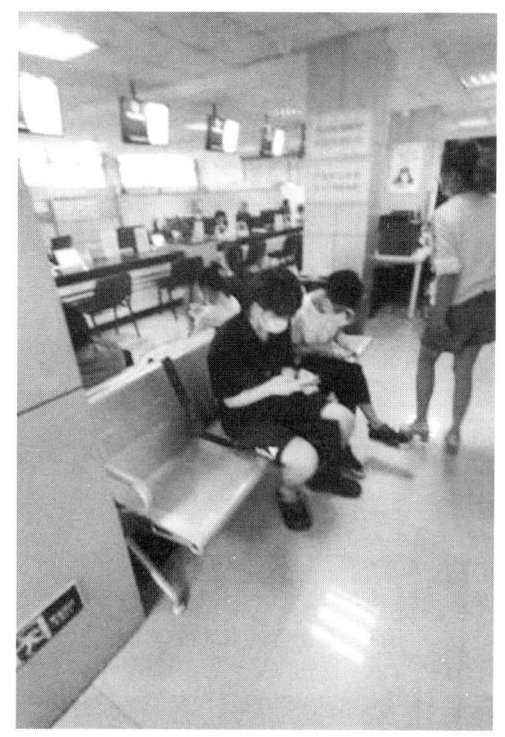

图5　翠屏区政务大厅内部

一些市场主体表示，担心在线上办理会"缺手续，不规范"，认为有专业的柜台业务人员指导才更加放心，这使得线上办理业务偶尔遭到"冷遇"。因此，如何普及线上平台办理业务还需进一步努力。

三　代办中介：市场化手段提高办事效率

不少市场主体对信息化办理流程尚未熟悉，寻求中介或熟人代办已经成为最主要的办事方式。近年来，政策和营商细则不断调整与完善，但宜宾的市场主体大多是个体户，对政策变动不敏感，办理业务时对很多流程十分陌生。此时，购买熟悉流程的中介服务就成为受欢迎的办事方式。一位来自翠屏区的中介表示，"最近政策变化太快，很多人一年半载也来不了这里几

图 6　南溪区的自助办理电脑

图 7　南溪区的排队取号一体机

次，也就没法顺利办事，像我们这样几乎天天来的中介，对这里的业务自然非常熟悉"。

图8　翠屏区的工商办事窗口

四　竞争环境：期待平等对待

当前，宜宾市"靠关系"的现象仍然存在。在调研中，有办事群众认为存在"走后门的太多""政府没有做到无差异审批"的情形。但据我们了解，随着新鲜血液流入政务大厅，这种风气也在潜移默化地发生着改变。在南溪区，一位帮熟人办理开办幼儿园相关证照业务的中年女士告诉我们："我要去给这里的一个年轻的小妹妹写表扬信，因为她态度很好。"在叙州区的调研中，一位男性中介也自豪地认为当地营商环境很不错。

整体而言，宜宾市各区的政务大厅都具有较为良好的环境和较为完善的数字化设施。由于市场主体对于信息化办理流程尚未熟悉，许多办事人员会选择中介代办。此外，如何公平对待各类市场主体、提高公信力，是宜宾市

图9　叙州区政务中心的政务一体机

未来需要思考和解决的重要问题。我们相信，在不远的将来，"放管服"改革的成效能够体现到宜宾市的政务服务中，在为企业带来更多便利的同时，让宜宾的经济发展迈上新的台阶。

附　录

附录一：理论框架

一　理论基础

党中央、国务院高度重视深化"放管服"改革优化营商环境工作。自2015年5月12日国务院召开全国推进简政放权放管结合职能转变工作电视电话会议，正式提出"放管服"改革以来，国务院每年都召开"放管服"改革电视电话会议，并发布重点任务工作方案。2021年6月2日，李克强总理在全国深化"放管服"改革着力培育和激发市场主体活力电视电话会议上发表重要讲话，7月印发深化"证照分离"改革、提高监管的精准性有效性、推进政务服务标准化规范化便利化等具体措施和要求，持续推进"放管服"改革，培育壮大市场主体，更大激发市场活力和社会创造力。

全面深化改革必须坚持正确指导思想，习近平新时代中国特色社会主义思想是新时代中国改革发展的根本指针。习近平总书记在党的十九大报告中指出，转变政府职能，深化简政放权，创新监管方式，增强政府公信力和执行力，建设人民满意的服务型政府。这是以习近平同志为核心的党中央作出的重大战略部署，为推进"放管服"改革指明了方向。党的十九届三中全会进一步指出深入推进简政放权，强化事中事后监管，提高行政效率，全面提高政府效能，建设人民满意的服务型政府；十九届四中全会提出使改革发展成果更多更公平惠及全体人民；十九届五中全会提出全面深化改革、激发各类市场主体活力。因此，中国"放管服"改革取得的显著进展和成效离不开党中央和国务院自上而下的政策推动，是在党全面领导下取得的重大成果。

"为谁改"是改革发展中的核心问题，中国"放管服"始终坚持以人民为中心的发展思想，满足人民对美好生活的向往。习近平总书记明确指出，把以人民为中心的发展思想体现在经济社会发展各个环节，做到老百姓关心什么、期盼什么，改革就要抓住什么、推进什么，通过改革给人民市场主体带来更多获得感。"放管服"改革始终坚持以人民为中心的发展思想，树立以人民为中心的工作导向，从市场主体最关切、最迫切的"准入难""准营难"等问题入手，不断深化，为市场主体破题解难，提高市场主体获得感。因此，在以人民为中心的发展思想引领下，"放管服"改革的起点来源于人民的需求，成败取决于人民的评价，成效由人民所共享。

以人民为中心的发展思想意味着，评价"放管服"改革要跳出政府自身评判改革的传统局限，将评判权交给市场主体。课题组以习近平新时代中国特色社会主义思想为指导，践行以人民为中心的发展思想，以市场主体的感受为依据，评价中国"放管服"改革进展和成效，查找"放管服"改革存在的问题和不足。

二　指标体系

在以人民为中心的发展思想的指导下，本报告从市场主体的视角出发，以市场主体获得感为依据，构建中国"放管服"改革需求侧建设的三维指标体系。

附表 1　全国"放管服"改革需求侧指标体系

一级指标	二级指标	三级指标
放管服	市场准入	完成登记注册所需时间(天)
		完成登记注册所需窗口数量(个)
		办理许可证的数量(个)
		认为办理许可证数量减少的市场主体占比(%)
	市场监管	国家企业信用信息公示系统使用率(%)
		被上门检查的市场主体占比(%)
		被上门检查次数增多的市场主体占比(%)
		被上门检查部门数量增多的市场主体占比(%)
	线下服务	进驻部门数量(个)
		窗口开放率(%)
		"最多跑一次"的市场主体占比(%)
		"一窗办理"的市场主体占比(%)
	数字政府	网上办事大厅和移动端办事系统想用率(%)
		网上办事大厅和移动端办事系统知晓率(%)
		网上办事大厅和移动端办事系统使用率(%)
		政务服务一体机数量(台)
		政务服务一体机上进驻部门数量(个)
	主观感受	认为与政府打交道时间降低的市场主体占比(%)
		认为与政府打交道费用降低的市场主体占比(%)
		认为"放管服"改革对经营有积极影响的占比(%)
	经济绩效	过去半年员工增加的市场主体占比(%)
		过去半年进行创新的市场主体占比(%)
		过去半年业绩变好的市场主体占比(%)
	公平竞争	企业对本地公平竞争环境的打分(分)
		在与政府职能部门或其他企业打交道的过程中遇到不公平的企业占比(%)
		面临不公平竞争时,不进行处理的企业占比(%)

（一）"放"：市场准入

从服务型政府建设来看，放宽市场准入是"放管服"改革的第一步；从市场主体来看，完成登记注册、进入市场是生命周期的第一步。2021 年印发的《全国深化"放管服"改革着力培育和激发市场主体活力电视电话会议重点任务分工方案》指出，工作重点之一是深化"证照分离"改革，着力推进照后减证并证，让市场主体尤其是制造业、一般服务业市场主体准入更便捷。本报告从"照"和"证"入手，在"照"上，构建完成登记注册所需时间、完成登记注册所需窗口数量，共 2 个三级指标；在"证"上，构建办理许可证的数量、认为办理许可证数量减少的市场主体占比，共 2 个三级指标。完成登记注册所需时间越少、窗口越少、办理许可证数量越少，市场准入越便利，是负向指标。认为办理许可证数量减少的市场主体占比越多，市场准入越便利，是正向指标。

（二）"管"：信用监管

"管"是"放管服"改革的第二步，随着大量市场主体的进入，事中事后监管工作量倍增，信用监管成为新型监管模式。2021 年印发的《全国深化"放管服"改革着力培育和激发市场主体活力电视电话会议重点任务分工方案》指出，在监管上，要坚持把"放"和"管"统一起来，把有效监管作为简政放权的必要保障，健全监管规则，创新监管方式，完善事中事后监管，深入推进"双随机、一公开"监管、跨部门综合监管、"互联网+监管"和信用风险分类监管，提高监管的精准性、有效性。为此，本报告构建了四个指标，其中在信用监管上，国家企业信用信息公示系统使用率是正向指标，使用率越高，信用监管的普及率越高；在线下监管上，本报告关注被上门检查的市场主体占比、被上门检查次数增多的市场主体占比、被上门检查部门数量增多的市场主体占比，共 3 个指标。

（三）"服"：线下政务服务效率

2021 年印发的《全国深化"放管服"改革着力培育和激发市场主体活力电视电话会议重点任务分工方案》指出，推进政务服务标准化、规范化、便利化，用好政务服务平台，推动电子证照扩大应用和全国互通互认，实现更多政务服务网上办、掌上办、一次办。线下政务服务大厅进驻部门数量越多、窗口开放率越高，越有利于提高线下政务服务效能。政务服务效率是否提升，从市场主体来看，就是每次办事要跑的次数、打交道的窗口有没有减少。具体而言，本报告从市场主体需求侧建设出发，计算办成一件事平均跑的次数、打交道的窗口数，数值越低，代表服务效率越高。

（四）"服"：线上数字政府建设

1. 想用率

本报告将网上办事大厅、移动端办事平台等办事渠道统称为数字政府。想用率是指，如果在数字政府能办理所需业务，愿意使用的市场主体比例，代表数字政府的发展基础与空间。

2. 知晓率

知晓率是指市场主体中知晓网上办事大厅、移动端办事平台等数字政府平台的市场主体比例。知晓是使用的基础，知晓率体现了数字政府在市场主体中的普及程度。

3. 使用率

使用率是指实际办事的市场主体中使用数字政府的比例。数字政府的实际使用率越高，代表数字政府使用规模越大。

4. 政务服务一体机数量和集成部门数量

随着数字政府建设，政务服务一体机成为提供线上全流程、自动化政务服务的典型代表，政务服务一体机数量越多、集成部门数量越多，越有利于提高服务效率。

（五）"放管服"的成效：市场主体获得感

我国"放管服"改革始终坚持以市场主体获得感为导向，改革成效好不好，市场主体最有发言权。本报告从认为与政府打交道时间降低的市场主体占比、认为与政府打交道费用降低的市场主体占比、认为"放管服"改革对经营有积极影响的占比三个方面考察市场主体获得感。

（六）"放管服"的成效：市场主体成长

1. 就业：以创造新增就业的市场主体占比度量

十九大报告指出，就业是最大的民生，要鼓励创业带动就业，实现更高质量和更充分就业，为高质量发展提供民生保障。创造新就业机会越多，对高质量发展的支撑度就越高。

2. 增长：以业绩增加的市场主体占比度量

把市场主体的活跃度保持住、提上去，是促进经济平稳增长的关键。业绩增加体现为市场主体的成长，能为高质量发展提供质量支撑。

3. 创新：以进行创新的市场主体占比度量

创新是推动高质量发展、动能转换的迫切要求和重要支撑。市场主体中从事创新活动的比例越高，越能为高质量发展提供新动能。

这3个指标均为正向指标，市场主体中创造新增就业岗位的比例越高、业绩增加的比例越高、服务业的比例越高、创新的比例越高，对高质量发展的支撑度越高。

（七）"放管服"的成效：公平竞争环境

只有市场主体公平竞争，才能有效激发市场活力，使竞争成为创新和发展的不竭动力。2021年印发的《全国深化"放管服"改革着力培育和激发市场主体活力电视电话会议重点任务分工方案》指出，要切实维护公平竞争的市场秩序，对包括国企、民企、外企在内的各类市场主体一视同仁。对垄断和不正当竞争进行治理，清理纠正地方保护主义、行业垄断、市场分割等不公平做法。为此，本报告从市场主体的主观感受和经历出发，构建 3 个指标，一是企业对本地公平竞争环境的打分；二是在与政府职能部门或其他企业打交道的过程中遇到不公平的企业占比；三是面临不公平竞争时，不进行处理的企业占比。

附录二：实地调研

一　调研抽样

课题组在 2018 年、2019 年、2020 年三次全国实地调研基础上，于 2021 年 7 月 19 日至 7 月 28 日在 14 省 26 市 68 个区开展第三次全国调研。

（一）2018年第一轮调研，采用分层随机抽样，抽取了16省84市182个区

首先，在省级行政区划层面抽取样本，遵循三条规则。一是，考虑到下辖地市级和区县级政务服务大厅的数量以及省内交通等因素，剔除了新疆、西藏、内蒙古、青海和海南等 5 个省级行政单位，在 26 个省级单位中抽取 16 个省级单位。二是，区分直辖市与非直辖市，至少抽中一半的直辖市。三是，抽中的 16 个省级单位与未抽中的 15 个省级单位在 2015 年的名义 GDP 以及规上工业总产值上不存在显著差异。

基于以上三条规则，调研抽取了 16 个省级行政区划单位，具体包括 2 个直辖市：北京和天津；12 个省：吉林、浙江、安徽、福建、山东、河南、湖南、广东、贵州、云南、陕西、甘肃；2 个自治区：广西壮族自治区、宁夏回族自治区。其中，北京、天津、浙江、福建、山东、广东属于东部地区，安徽、河南和湖南属于中部地区，贵州、云南、陕西、甘肃、广西和宁夏属于西部地区，吉林属于东北地区。

其次，在抽中的省级行政单位中，抽取地级及副省级城市，遵循四条规

则。一是，省级行政单位下辖地级及副省级城市数量如果不高于 12 个的，则抽取一半；如果高于 12 个的，则抽取 6 个。二是，确保抽中省会城市。三是，在省级行政单位内部，抽中的城市与未抽中的城市，在 2015 年的名义 GDP 以及规上工业总产值上不存在显著差异。四是，在全国范围内，抽中的城市与未抽中的城市，在 2015 年的名义 GDP 以及规上工业总产值上不存在显著差异。基于以上四条规则，调研抽取了 72 个地级市。

最后，在 72 个地级市中随机抽取区，遵循三条规则。一是，只抽取市辖区作为调研区域。二是，市下辖区的个数如果不超过 8 个的，则抽取一半；如果超过 8 个的，则抽取 4 个。三是，在调研市内，抽中的区与未抽中的区在 2015 年名义 GDP 和总人口上无显著差异。

（二）2019年第二轮调研，通过分层随机抽样，扩大至24省110市281个区

首先，新增了 8 个省份。一是增加了上海、重庆两个直辖市，实现四个直辖市全覆盖。二是增加了山西、江苏、河北、湖北、海南、青海六个省份。

其次，新增了 34 个地级市。一是，在山西、江苏、河北、湖北 4 个省份内进一步进行分层随机抽样，抽取地级市样本。抽样遵循三条规则：（1）省级行政单位下辖地级及副省级城市数量如果不高于 12 个的，则抽取一半；如果高于 12 个的，则抽取 6 个。（2）确保抽中省会城市。（3）在省级行政单位内部，抽中的城市与未抽中的城市，在 2015 年的名义 GDP 以及规模以上工业总产值上不存在显著差异。二是，增加海南海口市、青海西宁市两个地级市。三是，在随机抽样的基础上，补充 20 个省和自治区的第二大城市样本。将各省省会城市外、2015 年名义 GDP 排名第一的城市定义为第二大城市，例如广东省深圳市、山东省青岛市、河北省唐山市。若抽样样本中不包含第二大城市，则进行补充。基于此，2019 年共覆盖 106 个地级市。

进一步，在 2 个新增直辖市和 34 个新增地级市中进一步抽取市辖区。

在调研市内，市下辖区的个数如果不超过 8 个的，则抽取一半；如果超过 8 个的，则抽取 4 个，保证抽中的区与未抽中的区在 2015 年名义 GDP 和总人口上无显著差异。

基于这一规则，2019 年调研共覆盖 24 省（包含 4 个直辖市、18 个省、2 个自治区）106 个地级市 281 个市辖区。

（三）2020年第三轮调研，覆盖28省67市245个区

2020 年调研在 2019 年分层随机抽样的基础上进行了一定调整。根据防疫要求，2020 年调研在调研员所在地市进行，覆盖 28 省 67 市 245 个区。

（四）2021年第四轮调研，覆盖14省26市68个区

首先，在 2019 年调研的基础上，去掉 5 个省份，新增 1 个省份。一是去掉了山西、河北、湖北、海南、青海 5 个省份。二是增加了四川省。

其次，新增 7 个地级市。在四川省内进一步进行分层随机抽样，抽取地级市样本。抽样遵循三条规则：（1）省级行政单位下辖地级及副省级城市数量如果不高于 12 个的，则抽取一半；如果高于 12 个的，则抽取 6 个。（2）确保抽中省会城市。（3）在省级行政单位内部，抽中的城市与未抽中的城市，在 2015 年的名义 GDP 以及规模以上工业总产值上不存在显著差异。二是在随机抽样的基础上，补充第二大城市样本。将各省省会城市外、2015 年名义 GDP 排名第一的城市定义为第二大城市，例如广东省深圳市、山东省青岛市。若抽样样本中不包含第二大城市，则进行补充。基于此，2021 年初始抽样共覆盖 94 个地级市。

随后，7 个新增地级市中进一步抽取市辖区。在调研市内，市下辖区的个数如果不超过 8 个的，则抽取一半；如果超过 8 个的，则抽取 4 个，保证抽中的区与未抽中的区在 2015 年名义 GDP 和总人口上无显著差异。

进一步，根据往年经验与实际情况对调研城市进行微调：将四川省达州市替换为四川省遂宁市，将山东省枣庄市替换为济宁市，去掉广西壮族自治

区崇左市，此时包含 93 市。

最后，在实际调研的过程中，因为疫情原因提前结束调研，调研员最终前往 14 省 24 地级市 68 区。

二　调研过程

（一）工作人员招募与方案确立

2021 年 5~6 月，经过简历筛选、培训考核等，项目组最终招募 5 名调研督导、36 名调研员、17 名数据质量监察员。2021 年 6 月，在 2018 年、2019 年和 2020 年调研方案的基础上，经过多方讨论，确定调研方案、制定调研规则及调研方法。同时，针对国内的疫情形势，课题组制定了暑期调研疫情预案。

（二）问卷系统及电子问卷系统调试

2021 年 6 月，在 2018 年、2019 年和 2020 年电子问卷系统的基础上，完成问卷设计、电子问卷系统调试等工作，调研过程全程电子化，电子问卷系统可实现调研员定位、实时上传问卷信息。

（三）人员培训

2021 年 6~7 月，开展三次线上培训，组织调研员了解调研流程、熟悉调研问卷、操作电子问卷系统。此外，对督导和数据质量监察员进行 2 次培训，建立督导及监察员工作标准。

（四）全国正式调研

2021 年 7 月 19~28 日，开展正式调研。

三　调研方法

（一）调研对象

一是抽样地区的政务服务中心、市场监督管理局办事大厅等政务大厅。
二是前来政务大厅办理业务的市场主体代表。

（二）调研内容

一是各地政务大厅的硬件、软件等设施。
二是各地市场主体眼中的营商环境。

（三）实地调研方法及过程

一是调研员进入调研政务大厅后，根据问卷内容，观察办事大厅的硬件、软件及服务情况，在电子问卷系统中如实填写、上传后台。

二是调研员进入调研政务大厅后，随机选取前来办理业务的市场主体，主要是在等候区等待叫号的市场主体。调研员说明调研目的、询问市场主体是否愿意接受采访，然后根据电子问卷内容，从市场准入、市场监管、互联网+政务、服务效能等维度进行访谈，由调研员在电子问卷系统中如实填写、上传后台。

（四）替代方案

如果调研员的正常调研工作受到干扰、无法完成调研，则选择邻近的非调研区作为替代。

四 质量控制

（一）调研前后精准定位

调研规则要求，调研员在调研前（后）在办事大厅门口合影，并将所拍照片及 GPS 定位信息上传检验，以确保调研地点、调研人员准确无误。

（二）调研数据实时上传

调研采取全程电子化的方式进行，调研数据可实现实时上传，调研数据可回溯追踪。

（三）调研过程专人审核

调研规则要求，督导在调研员开始调研前，核对调研员上传的照片以及 GPS 定位信息，确保调研地点、调研时间准确无误。督导及检查人员每天审核调研员上传的调研数据，确保调研过程符合规范。

（四）调研数据严格质检

一是整体检查。调研规则要求，检查人员在收到调研员的调研数据后，根据以编写调试的检查程序，自动对调研数据进行技术性检查，对在技术性检查中质量不合格的数据与调研员进行双向核对。出现调研数据不合格的情况，要求调研员重新调研，确保调研质量。

二是"双随机"抽查。通过"双随机"的方式，检查程序自动从每日产生的问卷中随机抽取 10%，随机匹配给检查人员，进行二次检查。对质量检测不合格的问卷，要求调研员重新调研。

五　调研团队

调研组：

蔡育璁、陈牧天、陈文静、邓弘睿、翟恒宇、冯乔、傅悉彤、黄凯潼、黄学纯、黄懿琳、黄煜、黄子璐、李楚昭、李丹淳、李文朴、李子文、廖婉淇、林海涵、林树鹏、刘程熹、罗子英、罗梓丹、吕言吉、马锦超、谭雯文、汪子涵、王彩怡、王曦池、温晴、文佳煜、肖淼、谢颖莹、张弛、张睿子、赵雯清、周奕嘉

保障组：

毕青苗、曹钰潇、陈俊豪、陈邱惠、程弋洋、符舜、郭栩、李隽、李凌晗、李一彤、林子榆、刘凯瑞、刘懿瑾、陆佩婷、罗广玲、罗晓悦、马晶、欧阳婷婷、欧阳雯雯、施丹雨、施嘉劲、孙逸平、唐思、王威、王秀莉、王子晗、魏锦萌、肖泽林、谢松峰、喻楚凌、张永光、章睿屹、赵小慕、郑育舟、周嘉怡、周荃

报告撰写组：

毕青苗、陈邱惠、冯雨、符舜、韩思昊、黄学纯、黄子璐、李楚昭、李文朴、李粤麟、林海涵、林树鹏、刘懿瑾、欧阳婷婷、王文茂、王子晗、吴婷、肖淇泳、肖泽林、谢颖莹、张弛、张睿子、张永光、赵雯清、钟彤奇、周荃、周奕嘉

附录三：相关数据

附表1 全国受访市场主体的地区分布

单位：%

省 份	占比	省 份	占比
北京市	6	河南省	10
上海市	14	湖南省	5
江苏省	5	广东省	9
浙江省	10	广西壮族自治区	8
安徽省	6	四川省	3
福建省	4	贵州省	7
山东省	1	陕西省	11

数据来源："深化商事制度改革研究"课题组。

附表2 全国受访市场主体代表的基本情况

单位：%

分类	类别	占比
性别	男	47
	女	53
年龄	小于30岁	33
	30~40岁	47
	40~50岁	16
	50岁以上	4

数据来源："深化商事制度改革研究"课题组。

附表 3　全国受访市场主体的基本情况

单位：%

分类	类　别	占比
登记注册年份	2014 年以前	35
	2014 年	3
	2015 年	5
	2016 年	6
	2017 年	9
	2018 年	8
	2019 年	8
	2020 年	9
	2021 年	17
所有制	国有企业	8
	民营企业	71
	外资企业	1
	合资企业	2
	个体户	18
所属行业	农林牧渔业	4
	工业（除建筑业）	7
	建筑业	8
	服务业（除互联网平台行业）	55
	互联网平台行业	5
	新兴行业	21
企业规模	少于 10 人	33
	10~20 人	23
	20~100 人	26
	100~500 人	10
	大于 500 人	7

数据来源："深化商事制度改革研究"课题组。

图书在版编目（CIP）数据

中国营商环境调查报告.2022／徐现祥等编著.--
北京：社会科学文献出版社，2022.6
（中国商事制度改革丛书）
ISBN 978-7-5228-0043-1

Ⅰ.①中… Ⅱ.①徐… Ⅲ.①投资环境-研究报告-
中国-2022 Ⅳ.①F832.48

中国版本图书馆 CIP 数据核字（2022）第 066038 号

中国商事制度改革丛书
中国营商环境调查报告（2022）

编　　著／徐现祥　毕青苗　周　荃

出 版 人／王利民
责任编辑／吴　敏
责任印制／王京美

出　　版／社会科学文献出版社·皮书出版分社（010）59367127
　　　　　地址：北京市北三环中路甲29号院华龙大厦　邮编：100029
　　　　　网址：www.ssap.com.cn
发　　行／社会科学文献出版社（010）59367028
印　　装／三河市龙林印务有限公司

规　　格／开　本：787mm×1092mm　1/16
　　　　　印　张：23.5　字　数：354千字
版　　次／2022年6月第1版　2022年6月第1次印刷
书　　号／ISBN 978-7-5228-0043-1
定　　价／89.00元

读者服务电话：4008918866